この本の

この本は5教科の中学入試に出る重要ポイントを効率よく学習できるようにまとめました。

社会・理科・算数は，簡潔な文章や図解・表解・写真，例題などによる説明で理解しやすくしました。

国語は，入試頻出の漢字・ことわざ・慣用句・四字熟語などの一問一答式・穴埋め問題と，言葉のきまりの重要事項を掲載しました。

...学習して，入試を突破できる力をしっかり身につけましょう。

また，本書で学んだ大切なポイントは『中学入試 全科一問一答』で確認することもできます。

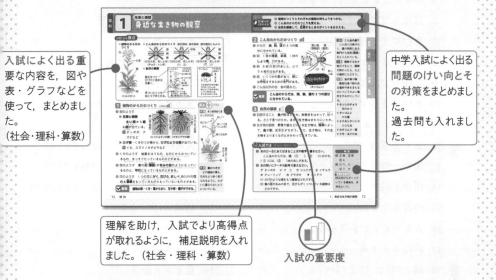

入試によく出る重要な内容を，図や表・グラフなどを使って，まとめました。
（社会・理科・算数）

中学入試によく出る問題のけい向とその対策をまとめました。
過去問も入れました。

理解を助け，入試でより高得点が取れるように，補足説明を入れました。（社会・理科・算数）

入試の重要度

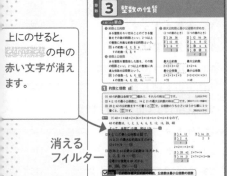

上にのせると，　　　の中の赤い文字が消えます。

消える
フィルター

国語は要点内容をふまえたチェックテストが入っています。

もくじ

算　数　p.142～175

英　語　p.176～195

国　語　※国語は巻末から始まります　p.196～223

1 地理 地図の見方

入試に出る要点

●八方位

北西　北　北東
西　　　　東
南西　南　南東

（北）

北を示す
方位記号

●縮尺の実際の距離

地図の縮尺	実際の距離1kmの地図上での長さ	地図上1cmの実際の長さ
2万5千分の1	4cm	250m
5万分の1	2cm	500m

●等高線の種類

等高線	2万5千分の1	5万分の1
太い線	50mごと	100mごと
細い線	10mごと	20mごと

●平面図と断面図

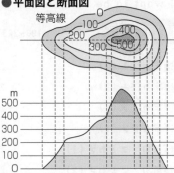

等高線

100 200 300 400 500

m
500
400
300
200
100
0

●おもな地図記号

◎ 市役所　○ 町村役場　Y 消防署　⊗ 警察署

✕ 交番　〒 郵便局　凸 城あと　文 小・中学校

⊗ 高等学校　⊞ 病院　♯ 神社　卍 寺院

血 博物館（美術館）　📖 図書館　⌂ 老人ホーム　‖‖ 田

ⅴⅴ 畑　ôô 果樹園　QQ 広葉樹林　∧∧ 針葉樹林

●リアス海岸の地勢図

（20万分の1地勢図「一関」。縮小して掲載。）

1 方位　入試重要度 ■■□

❶ **方位**　東・西・南・北に北東・南東・南西・北西を加えた八方位などで表す。

❷ 方位記号　方角を示す記号。矢印の向きが北を示す。方位記号や緯線・経線がない場合は、地図の上が北。

2 縮尺 ■□

❶ **縮尺**　実際の距離を地図上でちぢめた割合。

❷ **地形図**　2万5千分の1地形図、5万分の1地形図など。
　　　↳ 測量や写真をもとにつくられた基本的な地図

✓ **重要**　実際の距離＝地図上の長さ×縮尺の分母

得点＋プラス

ことば 国土地理院
　地形図の発行は国土交通省の国土地理院が行っている。

参考 2点間の距離のはかり方
　直線の道のりはコンパスや定規を、曲線の道のりはキルビメーターという器具や糸を使ってはかる。

3 等高線・地図記号

❶ **等高線** 海面から同じ高さの地点を結んだ線。5本ごとに太い線となり，縮尺によって表し方が異なる。

❷ **土地の傾斜** 等高線と等高線の間がせまいと土地の傾斜は急で，広いとゆるやかである。

❸ **断面図** 土地の傾斜を横から見た図。

❹ **地図記号** 建物の種類や土地利用のようすを，簡単な記号で表したもの。

4 地図から見る特徴的な地形

❶ **扇状地** 川が山地から平野に流れ出るところに，土砂が積もってできる扇形の傾斜地のこと。
→水はけが良く，果樹園などに利用される。

❷ **三角州** 大きな川の河口に，川が運んできた土砂が積もってできる三角形の平地のこと。
→広島県の太田川下流域など。

❸ **リアス海岸** 山地が海にしずみこんでできた，複雑に入り組んだ海岸線のこと。
→三陸海岸・若狭湾沿岸・三重県南東部など。
→湾内は波が静かで，養殖に適している。

参考 等高線の形
山頂からふもとに向かって等高線が張り出すところは尾根，ふもとから山頂に向かって食いこむところは谷という。

参考 地図記号
2006年には，新しい地図記号として老人ホーム（⌂）と風車（⚡）が定められ，2019年には自然災害伝承碑（|▯|）が定められた。

参考 扇状地の地形図

（2万5千分の1地形図「石和」。縮小して掲載。）

Q 入試では [立教新座中]

右の地形図を見て，次の問いに答えなさい。

(1) 地図中の○の記号は何を表しているか，答えなさい。

(2) 地図中から果樹園の記号を選び，答えなさい。

（2万5千分の1地形図「韮崎」より作成。縮小して掲載。）

解答
(1) 電子基準点
(2) ○

ワンポイント
(2)果樹園の地図記号は，広葉樹林や官公署の地図記号とよく似ているので注意。

社会
理科
算数
英語
国語

2 世界の大陸・海洋と日本の位置・領域

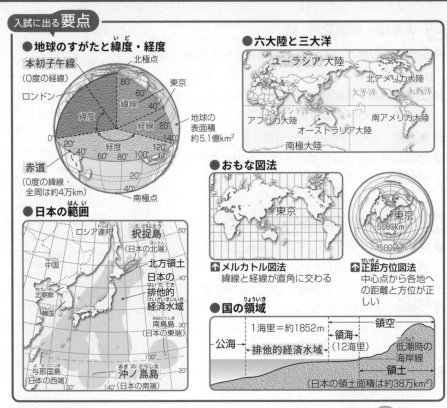

入試に出る要点

●地球のすがたと緯度・経度

- 本初子午線（0度の経線）
- ロンドン
- 北極点
- 東京
- 緯線
- 緯度
- 経線
- 経度
- 地球の表面積 約5.1億km²
- 赤道（0度の緯線・全周は約4万km）
- 南極点

●日本の範囲

- ロシア連邦
- 択捉島（日本の北端）
- 北方領土
- 中国
- 北朝鮮
- 韓国
- 日本の排他的経済水域
- 南鳥島（日本の東端）
- 与那国島（日本の西端）
- 沖ノ鳥島（日本の南端）

●六大陸と三大洋

- ユーラシア大陸
- 北アメリカ大陸
- 太平洋
- 大西洋
- インド洋
- アフリカ大陸
- 南アメリカ大陸
- オーストラリア大陸
- 南極大陸

●おもな図法

- 東京

↑ **メルカトル図法**
緯線と経線が直角に交わる

- 東京
- 5000km
- 15000km

↑ **正距方位図法**
中心点から各地への距離と方位が正しい

●国の領域

- 1海里＝約1852m
- 領海（12海里）
- 領空
- 公海
- 排他的経済水域
- 低潮時の海岸線
- 領土（日本の領土面積は約38万km²）

1 地球のすがたと緯度・経度 📊

❶ 六大陸と三大洋 地球上には６つの大陸と３つの大洋がある。三大洋は**太平洋・大西洋・インド洋**。
> 最大の大陸はユーラシア大陸

❷ 緯度と経度 ある地点を緯度・経度を用いて表せる。

> ✓**重要** 地球全体の陸地と海洋の面積比はおよそ３対７。

2 おもな図法 📊

❶ 図法 地球の表面を平面の地図に表す方法。使いみちに合わせて適切な図法を選ぶ。

❷ 地球儀 地球を縮小した模型。距離・方位・面積・形などを同時に正しく表すことができる。

得点➕プラス

参考 六大陸

六大陸はユーラシア大陸・アフリカ大陸・北アメリカ大陸・南アメリカ大陸・南極大陸・オーストラリア大陸（面積順）。

ことば 緯線と経線

緯線は赤道を境に南北90度，経線は本初子午線を境に東西180度まである。

3 日本の位置・領域

❶ **日本の位置**　**ユーラシア大陸**の東。島国（海洋国）。

❷ **日本の緯度・経度**　北緯 20 度～北緯 46 度。東経 122 度～東経 154 度。標準時を決める経線は<u>東経 135 度</u>。日本と
　　　　　　　　　　　　　　　　　　　　　→兵庫県明石市を通る経線
緯度が近いのはイタリア・スペイン・アメリカ合衆国など。

❸ **日本の領土**　東西・南北それぞれ約 3000km。面積は約 <u>38 万 km²</u>。日本はロシア連邦の約 45 分の 1 の大きさ。
　　　　　　　　　　　　　　　　　　　　　　　　　　　→世界で最も面積が広い国

❹ **排他的経済水域**　海岸から <u>200 海里</u>までの海で、沿岸の国が水産資源や海底資源を利用する権利をもつ。
　　　　　　　　　　　　　　　　　　　　　　　　→領海は除く

❺ **北方領土**　北海道の東に連なる**国後島・択捉島・色丹島・歯舞群島**。日本固有の領土だが、第二次世界大戦後にソ連に占領され、現在は<u>ロシア連邦</u>が占拠。

4 日本の人口分布

❶ **過　密**　大都市などの限られた地域に人口が集中すること。

❷ **過　疎**　農山村部などで人口が減少し、地域社会を維持することが難しくなること。

❸ **政令指定都市**　政令で指定された人口 50 万人以上の市のこと。横浜・名古屋・京都・大阪など 20 市（2020 年 8 月現在）。

参考 **世界の島国**
　日本のほか、ニュージーランドやイギリスなど。

参考 **護岸工事が行われた沖ノ鳥島**（北小島）

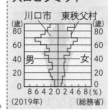
自然の島

参考 **埼玉県川口市と埼玉県東秩父村の人口ピラミッド**

（2019年）　　　　（総務省）

Q 入試では　［晃華学園中］

次の表を見て、あとの問いに答えなさい。

(1) この表は、日本の国土の範囲を示している。①・②にあてはまる語句を答えなさい。

(2) 沖ノ鳥島では、経済水域を守るため、海にしずむのを防ぐ護岸工事が行われた。なぜ経済水域を守る必要があったのか、説明しなさい。

東の端	南鳥島	（ ① ）153度59分
西の端	与那国島	（ ① ）122度56分
南の端	沖ノ鳥島	（ ② ）20度25分
北の端	択捉島	（ ② ）45度33分

解　答

(1) ① 東経
　　② 北緯

(2)（例）日本が水産資源や海底資源を優先的に利用できる水域が失われないようにするため。

---

3 日本の地形・気候

入試に出る**要点**

●**日本のおもな山・川・平野**

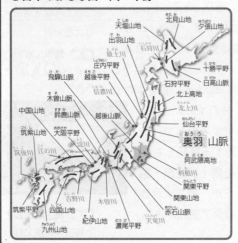

●**日本の気候と海流**

北海道の気候
日本海側の気候
太平洋側の気候
中央高地の気候
瀬戸内の気候
南西諸島の気候

冬の季節風

親潮（千島海流）

黄海

日本海

対馬海流

東シナ海

太平洋

黒潮（日本海流）

夏の季節風

暖流 ▶
寒流 ▷

1 日本の山地・山脈

❶ **山がちな国土** 山地や山脈が背骨のように日本列島を走る。本州の中央に連なる飛驒山脈・木曽山脈・赤石山脈はまとめて「**日本アルプス**」とよばれる。

❷ **活発な火山活動** 多くの火山が帯のように連なる火山帯があり，火山の噴火が発生しやすい。火山の近くには湖や温泉が多く，観光地となっていることも多い。

 国土の約4分の3を山地がしめる。

2 日本の川と平野

❶ **日本の川** 大陸の川と比べると，**短くて流れが急**である。季節による流量の変化が大きい。最長の川は**信濃**川。流域面積が最大の川は**利根**川。

❷ **日本の平野** 大きな川のまわりに，濃尾平野・石狩平野などの平野が発達している。最大の平野は**関東平野**。山
　　　　　　　　　　　　　　　　　　　↳ 利根川が流れる
間部には**盆地**が見られる。
　↳ まわりを山に囲まれた平地

得点➕プラス

ことば フォッサマグナ

日本列島を東北日本と西南日本に分ける大地溝帯。糸魚川（新潟県）と静岡を結ぶ線がその西の端。

日本のおもな川

川の名	（km²）	（km）
利根川	16840	322
石狩川	14330	268
信濃川	11900	367
北上川	10150	249
木曽川	9100	227

(2020 年版「理科年表」)

3 日本の海岸と周囲の海流

❶ 海岸の地形　リアス**海岸**が，**三陸海岸**などに見られる。
　　地震のとき津波の被害が大きくなりやすい

❷ 暖　流　**黒潮（日本海流）**，**対馬海流**が北上する。

❸ 寒　流　**親潮（千島海流）**，リマン海流が南下する。
　　　　→ 黒潮とぶつかり三陸沖に潮目（潮境）を形成

4 日本の気候

❶ 気候の特色　季節風の影響で降水量が多く，
　　　　　モンスーンともいう　　　　　　農作物の生育にとって重要な降雨
四季の変化がはっきりしている。初夏の**つゆ**
（**梅雨**），夏から秋にかけての**台風**。

❷ 気候区分　→右のグラフ㋐～㋔

　㋐**北海道の気候**　冬が長く，1年を通して雨
　が少ない。

　㋑**日本海側の気候**　雨や雪の日が続く冬の降
　水量が多い。

　㋒**太平洋側の気候**　夏は雨が多く，むし暑い。
　冬は雨が少なく，晴れの日が多い。

　㋓**中央高地の気候**　1年を通して雨が少なく，
　夏と冬の気温差が大きい。

　㋔**瀬戸内の気候**　1年を通して雨が少なく，晴れの日が
　多い。
　　→ 中国山地と四国山地が季節風をさえぎる

　㋕**南西諸島の気候**　1年を通して気温が高く，雨が多い。

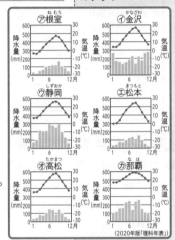

（2020年版「理科年表」）

社会　理科　算数　英語　国語

Q 入試では ［自習館中等教育学校］

次の図を見て，あとの問題に答えなさい。

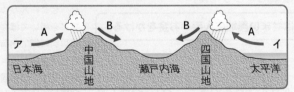

(1) 夏の季節風を示しているのは**ア**と**イ**のどちらですか。
(2) 乾いた風を示しているのは**A**と**B**のどちらですか。

解答

(1) イ

(2) B

ワンポイント
アは冬の季節風で，Aがしめった風を示している。

4 日本の農業・水産業

●おもな産物の生産（飼育）上位3都道府県

- 米
- りんご
- みかん
- ぶどう
- なす
- レタス
- 乳牛（飼育数）
- ぶた（飼育数）

釧路
石巻
境
焼津
銚子

（2020/21年版「日本国勢図会」）
↓おもな漁港（水あげ量10万t以上）

●年齢別の農業就業人口

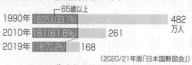

―65歳以上

1990年　160万人(33.1%)　482万人
2010年　161(61.6%)　261
2019年　118(70.2%)　168

（2020/21年版「日本国勢図会」）

●漁業別の漁獲量の変化

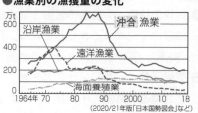

沿岸漁業　沖合漁業　遠洋漁業　海面養殖業

万t 600 400 200 0
1964年 70 80 90 2000 10 18

（2020/21年版「日本国勢図会」など）

1 日本の農業の特色

❶ **農業のにない手**　機械化が進み，人手が少なくてすむようになったり，農業での収入が少なかったりすることから，日本では兼業農家が多い。あとをつぐ若者が減少し，高齢化も進む。

❷ **せまい耕地面積**　日本の1戸あたりの耕地面積は約3ha（北海道は約29ha）（2019年）。家族単位の小規模経営の農家が多い。

❸ **耕地の開発・改良**　八郎潟や有明海，児島湾などで干拓。

❹ **農業技術の改良**　農業機械で作業を効率化。肥料や農薬の利用，品種改良などで単位面積あたりの生産量を増やしている。一方で有機栽培なども発達。

✓**重要**　日本の農業はせまい農地に人手・お金をかける。

2 各地の農業

❶ **米**　東北地方・北陸地方が「日本の米どころ」。各地で良質な銘柄米（ブランド米）を生産している。米の消費量が減ってきたため，**生産調整（減反）**を行ってきた。
→ 転作や休耕により米の作付面積を減らす。2018年度に廃止

得点 ➕ プラス

ことば 有機栽培
化学肥料や農薬を使わない栽培方法。

ことば 銘柄米
コシヒカリ（新潟県）やあきたこまち（秋田県）など。

参考 促成栽培と抑制栽培
暖かい気候を生かし，ビニールハウスなどを用いてほかより早い時期に出荷するのが促成栽培。高原のすずしい気候を利用してほかより出荷時期を遅らせるのが抑制栽培。

❷ **野菜づくり**　大都市の近くでは**近郊農業**。**宮崎平野**や**高知平野**ではピーマンやなすの**促成栽培**。長野県や群馬県ではレタスやキャベツの**抑制栽培**。
→新鮮な農産物を出荷する

❸ **果物づくり**　みかんは暖かい地域で，りんごはすずしい地域で，ぶどう・ももは盆地でおもに栽培される。

❹ **畜産のさかんな地域**　乳牛は広い牧草地がある**北海道**，肉牛は北海道・**九州**地方，ぶたは九州地方などに多い。
→乳牛を飼育し，牛乳などを生産する農業を酪農という

③ 日本の食料自給率 📊

❶ **食料自給率**　国内で消費される食料のうち，国内生産でまかなわれる**割合**のこと。

❷ **日本の食料自給率**　米は97％と高いが，肉類は51％，果実は38％，小麦は12％，だいずは6％と低い(2018年)。

④ 日本の水産業 📊

❶ **漁場**　日本の近海には**大陸だな**が広がり，**潮目**(潮境)もある。
→水深200mくらいまでの浅い海底
→暖流と寒流が出合う場所

❷ **漁業の種類**　遠くの海で長い期間にわたって漁をする**遠洋漁業**，海岸近くで日帰りの漁をする**沿岸漁業**，これらの中間の海域で漁をする**沖合漁業**がある。

❸ **つくり育てる漁業**　水産資源が減らないようにするため，**養殖業**や**栽培漁業**が行われている。

参考 日本のおもな食料自給率

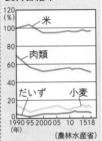

(農林水産省)

参考 遠洋漁業
　1970年代後半以降，燃料代の値上がりや各国の排他的経済水域の設定により，おとろえた。

ことば つくり育てる漁業
　いけすや水そうで育ててとる**養殖業**と，育てた稚魚を放流し成長してからとる**栽培漁業**がある。

入試では [関東学院中]

　東北地方や北陸地方で稲作がさかんになった理由として誤った説明を次のア～エから1つ選び，記号で答えなさい。

ア 広い平野や盆地があり，雪解け水をふくむ豊富な水が得られる河川があるため。

イ 肥料をあたえた土地を冬の間に休ませることで土地が肥えるため。

ウ 品種改良や土地改良の努力を長年続けてきたため。

エ 裏作の小麦や野菜づくりが稲の生育を助けるため。

解答
エ

ワンポイント
東北地方や北陸地方は冬は雪がたくさん降るため，裏作を行わない。水田単作地帯となっている。

社会 理科 算数 英語 国語

5 日本の工業と資源・エネルギー

入試に出る要点

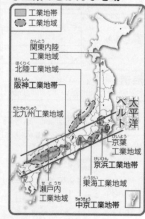

●工業のさかんな地域

凡例
■ 工業地帯
▨ 工業地域

関東内陸工業地域
北陸工業地域
阪神工業地帯
北九州工業地域
京葉工業地域
京浜工業地帯
瀬戸内工業地域
東海工業地域
中京工業地帯
太平洋ベルト

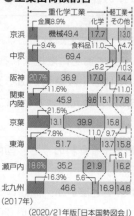

●工業出荷額割合

	重化学工業			軽工業	
	金属8.9%	機械	化学		その他
京浜	8.9%	49.4	17.7		13.0
中京	9.4%	69.4	食料品11.0		4.7
阪神	20.7%	36.9	17.0	6.2	14.4 / 10.3
関東内陸	11.6%	45.9	9.6	15.1	11.0 / 17.8
京葉	21.5%	13.1	39.9		15.8
東海	7.8%	51.7	11.0 / 9.7	13.7	8.1 / 15.8
瀬戸内	18.6%	35.2	21.9		16.2
北九州	16.3%	46.6	5.6	16.9	14.6

(2017年)

(2020/21年版「日本国勢図会」)

●発電所の分布

※福島第一原発,福島第二原発は廃炉。

凡例
▲ 火力発電所
● 水力発電所
★ 原子力発電所

(2020年版「日本のすがた」)

1 日本の工業 📊

❶ **特徴** **重化学工業**が中心。高い技術で質の良い製品を
→かつては加工貿易が中心だったが,製品輸入が増えている
つくる。原料はほとんどを海外から輸入している。

❷ **工業の変化** 1950年代～1970年代には,沿岸部に**石油化学コンビナート**がつくられた。1980年代以降は,電子(エレクトロニクス)工業が高速道路沿いや空港付近で発達した。また,機械工業を中心に工場の海外移転が進み,国内
→貿易まさつの解消が目的,円高も原因
では産業の空洞化がおこった。

❸ **工場の規模** 工場数では**中小工場**が大部分をしめているが,出荷額では大工場と中小工業はほぼ半々の割合。

2 さまざまな工業 📊

❶ **金属工業** 鉄鋼業の原料は鉄鉱石や石炭。アルミニウムの原料はボーキサイト。近年は**レアメタル**の需要が増加。

❷ **自動車工業** 関連工場から**ジャスト・イン・タイム**で部
→在庫をなくし,むだを減らす
品が届く。海外生産が年々増えている。

❸ **半導体・集積回路** 東北や九州の高速道路沿いなどに工場。
→シリコンアイランドともよばれる

得点➕プラス

参考 産業の空洞化
近年,大工場は賃金の安い海外に工場を移して生産を行うようになった。この結果,国内の工業生産がおとろえる「産業の空洞化」が進んでいる。

レアメタル
埋蔵量や生産量が少ない金属のこと。コバルトやチタン,インジウム,ニッケルなど。先端技術産業には欠かせない。

合格への
アドバイス

❶ 日本の工業の特色やさまざまな工業を理解する。
❷ 各工業地帯（地域）の中心となる工業の種類を理解する。
❸ 資源・エネルギーと発電所の分布をおさえる。

③ 工業のさかんな地域 📊

❶ 太平洋ベルト 平野が広がり，人口が多い地域。多くの工業地帯・地域が集中している。

❷ おもな工業地帯 中京工業地帯・京浜工業地帯・阪神工業地帯，北九州工業地域を中心に工業が発達し，その後，瀬戸内・東海・関東内陸などへ工業地域が広がった。
　└→ 工業用地の不足などが原因で工業地域が内陸へ拡大

✅ **重要** 全国で最も出荷額が多いのは中京工業地帯。

④ 日本の資源・エネルギー 📊

❶ 鉱産資源 アメリカ合衆国・ロシア連邦・中国などが資源大国。日本は鉱産資源にめぐまれず，多くを輸入にたよっている。

❷ 石　油 ペルシア湾沿岸に油田が集中している。日本は約90％近くを西アジアからの輸入に依存している。

❸ 火力発電 燃料の輸入に便利な海沿いに発電所を建設。
　　　　　　　└ 都市部に建設されることが多い
発電時に多くの二酸化炭素を排出する。

❹ 水力発電 ダムの水力で発電。発電所は山岳地帯に建設される。環境への負担は少ないが，建設地は限られる。

❺ 原子力発電 ウランを燃料にして発電。発電時に二酸化炭素を出さないが，安全性や放射性廃棄物の処分が問題。
　　　　└→ 人口密集地をはなれた海沿いに建設される

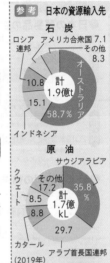

参考 日本の資源輸入先

石　炭
ロシア連邦 アメリカ合衆国 7.1
その他 8.3
オーストラリア 58.7%
10.8
15.1
インドネシア
計 1.9億t

原　油
サウジアラビア 35.8%
その他 17.2
クウェート 8.5
8.8
カタール
29.7
アラブ首長国連邦
計 1.7億kL

（2019年）
（2020/21年版「日本国勢図会」）

参考 再生可能エネルギー

　環境の汚染が少ない自然エネルギーを利用する，太陽光・風力・波力・地熱などの新しい発電方法が試みられている。

社会

理科

算数

英語

国語

Q 入試では ［湘南学園中］

　ダムをつくらない小水力発電は「再生可能な自然エネルギー」だとされている。次のア～エから「再生可能な自然エネルギー」にあてはまらないものを1つ選び，記号で答えなさい。

ア 潮の満ち引きを使った潮力発電
イ 太陽光パネルを使った太陽光発電
ウ ウラン燃料を使った原子力発電
エ 温泉や火山の熱を使った地熱発電

解答
ウ

ワンポイント
ア・イ・エのほか，生ごみなど焼却したエネルギーを使うバイオマス発電も試みられている。

6 日本の貿易・運輸・情報

入試に出る要点

●日本の貿易品の変化

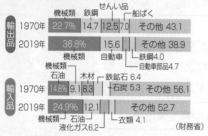

輸出品	機械類	鉄鋼	せんい品	船ぱく	
1970年	22.7%	14.7	12.5	7.0	その他 43.1
2019年	36.8%	15.6			その他 38.9

機械類　自動車　鉄鋼 4.0　自動車部品 4.7

輸入品		石油	木材	鉄鉱石 6.4		
1970年	機械類 14.8%	9.1	8.3	石炭 5.3	その他 56.1	
2019年	24.9%	12.1			その他 52.7	

機械類　石油　衣類 4.1　液化ガス 6.2

（財務省）

●日本のおもな貿易港と貿易額・品目

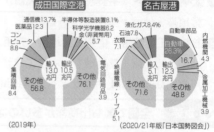

成田国際空港

通信機 13.7%　半導体等製造装置 8.1%
医薬品 12.3　科学光学機器 6.2
コンピュータ 8.8　金（非貨幣用） 5.7
集積回路 8.4　その他 56.8
輸入 13.0兆円　輸出 10.5兆円
その他 76.1　電気回路用品 3.9　絶縁電線・ケーブル 5.1

名古屋港

液化ガス 8.4%　自動車部品
石油 7.8　自動車 26.3%　内燃機関 4.3
衣類 7.1　16.7　金属加工機械 3.9
その他 71.6　輸入 5.1兆円　輸出 12.3兆円　その他 48.8

（2019年）　（2020/21年版「日本国勢図会」）

●輸送手段別の輸送量の割合

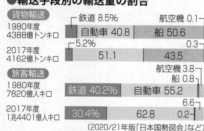

貨物輸送

1980年度 4388億トンキロ	鉄道 8.5%	自動車 40.8	船 50.6	航空機 0.1
2017年度 4162億トンキロ	5.2%	51.1	43.5	0.3

旅客輸送

1980年度 7820億人キロ	鉄道 40.2%	自動車 55.2	船 0.8	航空機 3.8
2017年度 1兆4401億人キロ	30.4%	62.8	0.2	6.6

（2020/21年版「日本国勢図会」など）

●インターネットの長所と短所

長所	短所
・大量の情報を簡単に手に入れることができる。 ・最新の情報を知ることができる。 ・個人が情報を世界中に発信できる。	・誤った情報が流される可能性がある。 ・個人のプライバシーが侵害される可能性がある。 ・いったん公開されると訂正するのが困難。

1 日本の輸出・輸入

❶ **おもな貿易品**　かつてはせんいなどの軽工業中心の貿易だったが，その後，重化学工業中心の貿易に変化した。現在の輸入品は原料・食料のほか，工業製品の割合が増加。輸出品は**機械類・自動車**・鉄鋼などが中心である。

❷ **輸入の多い品目**　石油・石炭・鉄鉱石などの原料・燃料，小麦・だいずなどの食料。

❸ **日本の貿易黒字**　日本の輸出額が輸入額を大きく上回っていた時期，アメリカ合衆国などとの間に**貿易摩擦**がおこった。その対策として，日本の企業は海外に工場を移し，現地で生産した工業製品を輸入するようになった。
→産業の空洞化が深刻な問題

2 貿易相手国と貿易港

❶ **おもな貿易相手国**　**中国・アメリカ合衆国**との貿易額が特に多い。
→輸出・輸入とも中国がアメリカ合衆国をぬいて1位に

得点＋プラス

参考　日本の原料・燃料輸入割合

石油	99.7%
石炭	99.6%
天然ガス	97.7%
木材	63.4%

（2019年）

ことば　ハブ空港

地域の輸送の中心になっている国際空港のこと。そこから自転車のスポークのように，放射状に航空路線が広がっている。

❷ **おもな貿易港** 成田国際空港は貿易額が最大で，IC（集積回路）のように小型で値段の高い品目の取りあつかいが多い。**横浜港**には，コンテナ用の埠頭が集まっている。

3 日本の運輸・交通

❶ **鉄道による輸送** 環境にやさしく，発車・到着時刻が正確。

❷ **船による輸送** 重くかさばる品目の輸送に適している。
　　　　　　　　　　↳自動車，石油，鉱石など

❸ **航空機による輸送** 長い距離を短い時間で運べる。

❹ **自動車による輸送** 戸口から戸口へ運べる。
　　　　　　　　　↳トラックによる宅配便が急成長

❺ **交通網の発達** 1960年代から**高速道路**が整備，1980年代には**瀬戸大橋**で本州と四国が結ばれた。1990年代以降は**新幹**
岡山県～香川県　　　　　　　　　　↑本州～四国
線が山形・秋田・長野・青森・鹿児島・石川・北海道へのびた。
　　↳2015年3月に北陸新幹線の長野－金沢間開業↲

❻ **モーダルシフト** 目的地まで**複数**の交通手段を組み合わせ，貨物を運ぶ方法。一部で鉄道などを用いることで，環境負担を減らす。
　　　　　↳より環境にやさしい交通手段を選ぶ

☑ **重要** 　航空機輸送では集積回路や生鮮食品など。

4 くらしと情報

❶ **マスメディア** 多くの人びとに向けて大量の情報の伝達を行う手段。**新聞・ラジオ・テレビ**など。

❷ **現代社会の伝達手段** インターネット・電子メールなど。

参考 **名古屋港の輸出品目**
豊田市などで自動車産業がさかんなので，輸出品目の第1位は自動車である。

参考 **輸送手段ごとの短所**
　鉄道は駅から駅までしか運べない。船は輸送に時間がかかる。航空機は多くの量を運ぶことができない。空港周辺の騒音。自動車は交通渋滞をひきおこす。排出ガスは大気汚染の原因。

ことば **インターネット**
　世界中のコンピューターと情報をやり取りするしくみ。

Q 入試では ［麗澤中一改］

(1) 日本が2018年に石油を最も多く輸入した国はどこか，答えなさい。

(2) 右の円グラフはある鉱産資源の輸入相手国である。資源名を答えなさい。

(3) 自動車と比べた船の輸送の長所を2つ答えなさい。

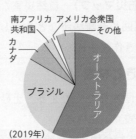
（2019年）
（2020/21年版「日本国勢図会」）

解答

(1) サウジアラビア

(2) 鉄鉱石

(3) （例）一度に大量の荷物を運ぶことができる。二酸化炭素の排出量が少ない。

入試に出る要点

●ハザードマップ

●四大公害病

公害病	発生した地域	原因
水俣病	水俣湾沿岸	メチル水銀
新潟水俣病	阿賀野川下流域	メチル水銀
イタイイタイ病	神通川下流域	カドミウム
四日市ぜんそく	四日市市	亜硫酸ガス

●リサイクルに関するマーク

 リサイクルされた紙につけられる。
グリーンマーク

 アルミ缶につけられる。
あき缶はリサイクルへ

 スチール缶につけられる。
あき缶はリサイクルへ

 リサイクルされたペットボトルにつけられる。
PETボトル再利用品

●地球環境問題

砂漠
砂漠化が進む地域
現在の熱帯林
失われた熱帯林
○酸性雨の被害がめだつ地域

1 日本の自然災害

❶ **地 震** 土砂くずれや**津波**などが発生する。

❷ **台 風** 高潮，集中豪雨による**洪水**・土砂くずれ。

❸ **その他** 冷害，かんばつ，雪害など。

❹ ハザードマップ（防災マップ） 自然災害などの被害を予測し，被害予想範囲や避難場所などを示した地図のこと。**減災**の考えに基づき作成されている。

2 森林のはたらきと林業

❶ **森林のはたらき** 雨水をたくわえる。土砂くずれを防ぐ。
→森林は「緑のダム」とよばれている
生き物のすみか。観光・森林浴。

❷ **林 業** 安い輸入木材が増え，自給率が低下。働く人の高
近年は国産木材の生産量が少しずつ増えている←
齢化が進み，後継者も不足している。

得点+プラス

参考 **ナショナルトラスト運動**
　貴重な自然環境をとどめている土地などを，地域の住民が募金を集めて買い取ったり，寄贈を受けたりして保護していく運動。

合格への アドバイス
① 自然災害の原因と影響，森林のはたらきをおさえる。
② 日本で発生した公害と国や企業の公害対策をおさえる。
③ 地球環境問題の原因と発生地域，対策を理解する。

③ 日本の公害と地球環境問題

① 公害の種類 車などの排出ガスによる大気のよごれ，廃水による水のよごれ，鉄道などの振動・騒音，地盤沈下など。
→ 苦情件数では騒音が最多

② 四大公害病 1950年代以降の**高度経済成長**の時期に，工場や鉱山からの排水や排気が原因で，**イタイイタイ病**，**水俣病**，**新潟水俣病**，**四日市ぜんそく**が発生した。
→ いずれも裁判では原告の患者側が全面勝訴した

③ 公害対策 環境庁を設置(2001年に環境省に移行)。

④ ラムサール条約 1975年(日本では1980年)に発効された，湿地を保全するための国際条約。

⑤ 環境を守るために **リデュース**，**リユース**，**リサイクル**の
→ ごみの発生をおさえる →くり返し使う →再利用して使う
３Ｒをもとに，**循環型社会**づくりが進められている。
スリーアール

⑥ おもな地球環境問題

▶**地球温暖化**…**二酸化炭素**などの**温室効果ガス**が原因で，
→ 石油や石炭にかわるエネルギー源の開発が急がれる
地球表面の気温が上がる。

▶**砂漠化**…森林の伐採や行き過ぎた放牧・焼畑などが原因で，植物の生えない土地が広がる。
→ 森林を焼いた灰を肥料とする

▶**酸性雨**…工場や自動車の排出ガスにふくまれる窒素酸化物などが原因で，強い酸性の雨が降る。

▶**オゾン層の破壊**…**フロンガス**の放出が原因で，地球を取りまく**オゾン層**がこわされる。

参考 日本の公害防止のおもな取り組み

1967年	公害対策基本法の制定
1971年	環境庁設置
1993年	環境基本法の制定
1997年	環境影響評価法の制定
2001年	環境省設置

参考 国・地域別の二酸化炭素排出量

1990年	2017年
205(億t－CO₂)	328(億t－CO₂)

アメリカ合衆国 23.4％ / 14.5％
中国 10.3
EU28 19.6 / 28.3
10.5 / 9.8
日本 5.1 / 4.7
ロシア連邦 6.6
インド 2.6 / 3.4
その他 28.5 / その他 32.7

(2020/21年版「日本国勢図会」)

Ｑ 入試では [芝中]

次のア～エから誤っているものを1つ選び，記号で答えなさい。

ア 四国地方では，火山が多く分布している地域であることから，たびたび大規模な火山災害が発生している。

イ 本州の中央付近を縦断しているフォッサマグナでは，断層が集中するため直下型の地震が多く発生している。

ウ 東北地方でみられる巨大地震の震源は，日本海側よりも太平洋側のプレート境界付近に多くみられる。

エ 多くの台風が方向転換する地域にあたる南西諸島は，長時間にわたって暴風被害にみまわれることが多い。

解答
ア
ワンポイント
四国地方には活火山はないので，誤り。

社会 理科 算数 英語 国語

8 各地のようす（1）
（九州，中国・四国地方）

入試に出る要点

●九州，中国・四国地方のようす

北九州工業地域
福岡市（九州の中心都市）
中国地方（過疎地域が多い）
瀬戸大橋
瀬戸内工業地域
高知平野（なす・ピーマンの促成栽培）
宇和海沿岸（みかん）
筑紫平野（穀倉地帯）
シラス台地（畑作）
宮崎平野（きゅうり・ピーマンの促成栽培）
宮崎県・鹿児島県（畜産）
沖縄島（アメリカ軍基地が多い）
・石油化学コンビナート

●東京へ出荷されるピーマンの産地

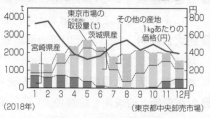

東京市場の取扱量（t）
1kgあたりの価格（円）
宮崎県産　茨城県産　その他の産地
（2018年）　　　　　　（東京都中央卸売市場）

●なす・さとうきびの県別生産割合

| なす 計30.0万t | 熊本 10.6 | 高知 13.1% | 福岡 7.0 | 群馬 8.6 | その他 60.7 |

| さとうきび 計120万t | 沖縄 62.1% | 鹿児島 37.9 |

（2018年）　　　　　　（農林水産省）

1 九州地方 ■■

❶ 自　然　世界最大級のカルデラがある**阿蘇山**。桜島（鹿児島県），**雲仙岳**（長崎県）などの火山。有明海に注ぐ筑後川，下流には**筑紫平野**。**屋久島**（鹿児島県）は世界自然遺産。

❷ 農　業　**宮崎平野**では，ピーマン・きゅうりなどの**促成栽培**。筑紫平野では米と麦や野菜の**二毛作**。鹿児島県を中心に広がる**シラス台地**では，さつまいもや茶の栽培，畜産業。→いちごの生産もさかん
八代平野（熊本県）では**いぐさ**。沖縄県では暖かい気候を生かしてパイナップル・さとうきび・花の栽培。

❸ 水産業　九州地方の西には大陸だなが広がる**東シナ海**。有明海ではのり，鹿児島県東部ではうなぎの養殖。
鹿児島県はうなぎの生産全国一（2018年）

❹ 工　業　**北九州工業地域**では，筑豊炭田を背景として**八幡製鉄所**を中心に鉄鋼業が発達。**エネルギー革命**後，地位は低下。近年は海外企業との競争が激しくなり，かわりに自動車関連の工場が増加
空港や高速道路の近くに電子部品の工場が進出。北九州市の**エコタウン**事業。有田・伊万里・唐津（佐賀県）では陶磁器の生産がさかん。

得点＋プラス

注意　二毛作
同じ土地で1年に2種類の作物を栽培すること。同じ作物を1年に2回栽培するのは二期作という。

参考　シラス台地の特徴
火山灰が積もった土地で，水持ちが悪く，稲作には向いていない。

ことば　エネルギー革命
1960年代におもなエネルギー源が石炭から石油に変わったこと。

❺ 生活・文化　福岡市は国の機関や大企業の支社が集まる。**博多**は東海道・山陽新幹線の発着点。**沖縄県**は 1972 年に日本に返還，現在も多くの**アメリカ軍基地**をかかえる。

2 中国・四国地方

❶ 自　然　中国地方は日本海側の**山陰**と瀬戸内海側の**山陽**に分けられる。太田川の下流には広島平野。四国の吉野川の下流には徳島平野。香川県には**讃岐平野**が広がる。

❷ 農　業　**高知平野**ではビニールハウスを利用したピーマンなどの促成栽培。農業用水が不足しがちだった讃岐平野には香川用水が引かれている。愛媛県ではだんだん畑でみかんの栽培。**鳥取砂丘**のらっきょう，メロン。

❸ 水産業　**境港**（鳥取県）は全国有数の水あげ量。**広島湾**で宇和海では真珠やまだいの養殖がさかん ← ようしょく　あかしお はかきの養殖。瀬戸内海の養殖は**赤潮**が問題。

❹ 工　業　瀬戸内工業地域。倉敷（**水島**）や周南の石油化学コンビナート。広島の自動車。倉敷・福山の鉄鋼業。

❺ 生活・文化　**広島市**は中国地方の地方中枢都市。中国山地の山間部では**過疎**化が進んでいる。本州と四国を結ぶ**本州四国連絡橋**（児島・坂出ルート，神戸・鳴門ルート，尾 → 瀬戸大橋 → 明石海峡大橋・大鳴門橋 道・今治ルートの３つ）。 → 瀬戸内しまなみ海道

☑ 重要　**瀬戸内工業地域は，機械・化学工業の割合が高い。**

参考 中国・四国地方の養殖水産物の生産量

かき	広島（1 位）
真珠	愛媛（1 位）
まだい	愛媛（1 位）
ぶり	愛媛（3 位）

(2018 年)　　(農林水産省)

ことば 赤潮
　プランクトンが異常に増えることで海水が赤や茶色にそまる。養殖業に大きな被害をあたえる。

参考 過疎とくらし
　中国・四国地方では人口流出とともに高齢化が進み，社会生活を維持するのが難しくなっている地域もある。

社会
理科
算数
英語
国語

Q 入試では [日本大第三中]

　右の地図を見て，次の問いに答えなさい。
(1) 阿蘇山はどれか，地図中のＡ～Ｃから１つ選び，記号で答えなさい。
(2) 地図中の**Ｘ**の台地は，降り積もった火山灰から何というか答えなさい。

解答
(1) Ｂ
(2) シラス台地

ワンポイント
(1)ほかの２つは雲仙岳と霧島山。すべて活動中の火山である。

入試に出る要点

●近畿，中部地方のようす

飛騨山脈・木曽山脈・赤石山脈
（日本アルプス）

越後平野
（水田単作）

豊田市
（自動車）

長野盆地
果樹栽培

歴史的町並み

甲府盆地

京都市

奈良市

東海工業地域

中京工業地帯

関西国際空港

阪神工業地帯

・自動車組み立て工場

●大阪府の工場の規模

		300人以上 1.0
		10〜299人
事業所数	全国	1〜9人 66.6% ┃ 32.4
	大阪府	72.0% ┃ 27.6

		2.8%			0.4
出荷額	全国		44.7	52.6	
	大阪府		53.6	40.6	
		5.8%			

（事務所数は2018年，出荷額は2017年）
（2020年版「データでみる県勢」）

●ぶどう・みかんの県別生産割合

					岡山	福岡 4.2
ぶどう	山梨	長野	山形			その他
計17.5万t	23.9%	17.8	9.2	8.8		36.1

				熊本	長崎 6.4
みかん	和歌山	静岡	愛媛		その他
計77.4万t	20.1%	14.8	14.7	11.7	32.3

（2018年）　（2020/21年版「日本国勢図会」）

1 近畿地方

❶自　然　琵琶湖（滋賀県）は日本最大の湖。紀伊半島には
京阪神の水がめとよばれる
けわしい**紀伊山地**。志摩半島には**リアス海岸**が見られる。
潮岬（和歌山県）は本州最南端。

❷農　業　大阪の周辺では**近郊**農業。和歌山県では，みか
→みかん・かき・うめの生産は全国一（2018年）
ん・かき・うめ・ももなどの栽培がさかん。淡路島（兵庫
県）のたまねぎ，宇治（京都府）の**茶**。

❸水産業　志摩半島の英虞湾では**真珠**の養殖。

❹工　業　**阪神工業地帯**は金属工業や化学工業の割合が高
い。中小工場が多い。

❺生活・文化　大阪の沖合には**関西国際空港**。国際色豊か
→24時間発着可能
な神戸。古都の**京都・奈良**。

2 中部地方 ①（東海地方）

❶自　然　濃尾平野には木曽三川（木曽川・長良川・揖斐川）。
日本最高峰の**富士山**。天竜川・**富士川**（静岡県）。

❷農　業　愛知県では**近郊農業**や，温室できくやメロンの栽
→電照ぎくの栽培

得点＋プラス

参考　琵琶湖
水質汚染になやま
されてきたが，りん
をふくむ合成洗剤の
使用を禁止するなど
して改善した。水鳥
の生息する湿地を保
護する**ラムサール条**
約に登録されている。

近畿地方の林業
紀伊山地は古くか
ら林業が発達し，吉
野すぎやひのきの生
産がさかん。

参考　京都・奈良
古都の文化財が世
界文化遺産に登録。

培がさかん。**用水**も整備。静岡県は**茶(牧ノ原)・みかん**栽培。

③ **水産業**　**焼津港**(静岡県)。**浜名湖**(静岡県)周辺ではうなぎ。

④ **工　業**　**中京工業地帯**は全国一の出荷額。**豊田(自動車)**，
四日市(石油化学)。企業城下町　**東海工業地域**は静岡県。浜松・磐田
(楽器・オートバイ)，富士・富士宮(製紙・パルプ)など。

3 中部地方 ② (中央高地) 📊

① **自　然**　**飛驒山脈・木曽山脈・赤石山脈**をまとめて**日本ア
ルプス**という。甲府盆地には扇状地が見られる。

② **農　業**　浅間山や八ヶ岳のふもとではレタスやキャベツ
などの**高原野菜**を栽培。**甲府盆地ではぶどうやもも。**

③ **工　業**　かつて**諏訪・岡谷**(長野県)では精密機械工業が
さかんであった。現在では電子工業などが発達。

4 中部地方 ③ (北陸地方) 📊

① **自　然**　日本最長の**信濃川**。能登半島(石川県)。

② **農　業**　**越後平野**(新潟県)は全国有数の米どころ。富山
平野とともに水田単作地帯。

③ **工　業**　富山市の薬品や**燕市**(新潟県)の洋食器。鯖江市
(福井県)のめがねフレーム。国内の90%以上を生産　**伝統工業**もさかん。

✓**重要**　**中京工業地帯は機械工業(自動車)の割合が高い。**

参考 輪　中
　木曽三川の下流域
は水害が多かったた
め，村のまわりを高
い堤防で囲む輪中が
多く見られた。

参考 日本の三大急流
　富士川・最上川
(山形県)・球磨川
(熊本県)を合わせて
三大急流という。

参考 愛知県の用水
　渥美半島へ豊川用
水，知多半島へ愛知
用水，岡崎平野へ明
治用水がのびている。

参考 扇状地
　水はけの良い甲府
盆地などの扇状地で
は，果物の生産がさ
かんである。

Q 入試では [奈良学園中]

次の問いに答えなさい。

(1) 中央自動車道は東京都と愛知県を結ぶ高速道路である。
東京を出発すると，少しだけ神奈川県を通る。この後，
愛知県に着くまでに通る３つの県を，通過する順に漢字
で答えなさい。

(2) 名古屋港の輸出品目で最も多いものとして正しいものを，
次の**ア〜エ**から１つ選び，記号で答えなさい。

　ア 自動車　**イ** 電気機械　**ウ** 鉄鋼　**エ** 牛肉

解答
(1) 山梨県→長野県
　　→岐阜県

(2) ア

ワンポイント
名古屋港は中京工業
地帯の中心的な貿易
港である。

社会　理科　算数　英語　国語

各地のようす（3）

（関東，東北，北海道地方）

入試に出る**要点**

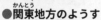

●関東地方のようす

鹿島臨海工業地域
成田国際空港
利根川
新宿（東京都庁）
横浜港
京葉工業地域
京浜 工業地帯

●東北・北海道地方のようす

上川盆地（稲作）
十勝平野（畑作）
根釧台地（酪農）
札幌
釧路港
青函トンネル
水あげ量が多い漁港
石巻港
仙台
東北自動車道
● IC工場

●各農産物の県別生産割合

はくさい 計89.0万t

茨城 26.5%	長野 25.4	その他 48.1

ねぎ 計45.3万t

千葉 13.8%	埼玉 12.3	11.0	その他 54.3

茨城 / 群馬 4.3 / 北海道 4.3

りんご 計75.6万t

青森 58.9%	長野 18.8	7.1

岩手 6.3 / 山形 5.5 / 福島 3.4 / その他

さくらんぼ 計1.8万t

山形 78.5%	その他 15.5

山梨 6.0

じゃがいも 計22.6万t

北海道 77.1%	その他 22.9

(2018年) （2020/21年版「日本国勢図会」）

1 関東地方

❶ **自 然** 関東平野は火山灰が堆積した赤土の**関東ローム**におおわれている。利根川は流域面積日本一の川。

❷ **農 業** 千葉県や埼玉県では**近郊農業**がさかん。**嬬恋村**（群馬県）ではキャベツやレタスの栽培。こんにゃくいもの生産は群馬県が全国一。利根川下流の水郷地帯では早場米。

❸ **水産業** 利根川河口には全国有数の漁港である**銚子港**

❹ **工 業** 東京・横浜・川崎を中心とした**京浜工業地帯**。千葉県の東京湾岸にかけて広がる**京葉工業地域**（鉄鋼や石油化学）。高速道路の発達とともに生まれた**関東内陸工業地域**（自動車・電気機械）。東京都は**印刷業**がさかん。

❺ **生活・文化** 首都である**東京**は政治の中心。情報や文化の発信地。過密などの都市問題。千葉県に**成田国際空港**。

✓**重要** 東京湾岸から内陸にかけて工業地域が広がる。

得点＋プラス

参考 利根川
　上流には多くのダムがつくられ，東京の大都市圏の水の一部をまかなっている。

参考 鹿島臨海工業地域
　鹿嶋（茨城県）に掘り込み式の港がつくられ，石油化学工業などがさかん。

参考 東京の昼夜間人口
　都内への通勤・通学者が多いため，夜間より昼間のほうが人口が多い。

2 東北地方

❶ 自 然 南北に走る**奥羽山脈**。最上川の下流には庄内平野。岩手県・宮城県の**三陸海岸**は**リアス海岸**。

❷ 農 業 秋田平野・**庄内平野**・仙台平野で稲作がさかん。**津軽平野(青森県)**ではりんご，**山形盆地**ではさくらんぼの栽培がさかん。福島県ではもも。岩手県では畜産業がさかん。
　↳青森県が全国の50%以上のりんごを生産 ちくさん

❸ 水産業 三陸沖は暖流と寒流が出合う**潮目**。好漁場。石巻湾(宮城県)ではかき，陸奥湾(青森県)ではほたて貝の養殖。
　↳潮境ともいう

❹ 工 業 高速道路の整備により電子工場が進出。

❺ 生活・文化 仙台市は東北地方の地方中枢都市。東京と新青森間を結ぶ**東北新幹線**。2016年に**北海道新幹線**が開業。
　　　　　　　　　　　　　　新青森～新函館北斗間◀
　↳ほかに秋田新幹線，山形新幹線

3 北海道地方

❶ 自 然 石狩川の下流に石狩平野。日高山脈の東側に十勝平野，東部に根釧台地。オホーツク海の流氷。釧路湿原や**知床**。
　　　　　　　　　　　　　　　　　　　　　　　　　　　　世界自然遺産

❷ 農 業 **石狩平野**は客土による土地改良で稲作地帯に。**十勝平野**は日本最大の畑作地帯。**根釧台地**では酪農がさかん。
　↳農業に適した土に入れ替えること　らくのう

❸ 水産業 釧路港。こんぶやほたて貝の養殖。

❹ 工 業 豊富な農水産物を利用した食料品工業がさかん。

❺ 生活・文化 先住民のアイヌの人びとの文化が見直されている。

ことば やませ
　初夏のころ東北の太平洋側にふきつける冷たい北東風。冷害の原因となる。

参考 八郎潟(秋田県)
　もとは大きな湖であったが，干拓によって大部分が耕地となった。

参考 東北三大祭り
　青森市のねぶた祭，秋田市の竿燈まつり，仙台市の七夕まつり。

ことば アイヌの人びと
　北海道が蝦夷地とよばれていたころからの先住民。

Q 入試では　[国学院大久我山中－改]

　次の図は，北海道とほかの都府県の生乳の利用状況をそれぞれ示している。なぜ，北海道では牛乳などの飲料として出荷するよりも乳製品に加工して出荷する割合が高いのか，理由を説明しなさい。

北海道と都府県における生乳の仕向け先(概算値)

		9%
都府県	牛乳向け91％(345万t)	(34万t)
北海道	16%(56万t) 乳製品向け84％(289万t)	

0　20　40　60　80　100(%)
(2018年)　　　　　　　　　　(農林水産省)

解 答
(例)大消費地から遠く，長い時間をかけて新鮮な生乳を届けるのが難しいから。

ワンポイント
北海道の工業は食料品工業の割合が高い。

1 日本の伝統的工芸品

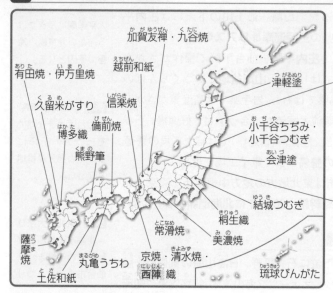

加賀友禅・九谷焼
越前和紙
有田焼・伊万里焼
久留米がすり
信楽焼
博多織
備前焼
熊野筆
薩摩焼
丸亀うちわ
土佐和紙
常滑焼
京焼・清水焼・西陣織
美濃焼
桐生織
結城つむぎ
会津塗
小千谷ちぢみ・小千谷つむぎ
津軽塗
琉球びんがた

✔ チェック①

鉄瓶や茶釜が有名で，岩手県の盛岡市，奥州市などで発展した伝統的工芸品を何といいますか。

南部鉄器

✔ チェック②

うるし塗りの伝統的工芸品で，能登半島で発展したものを何といいますか。

輪島塗

2 日本の世界遺産

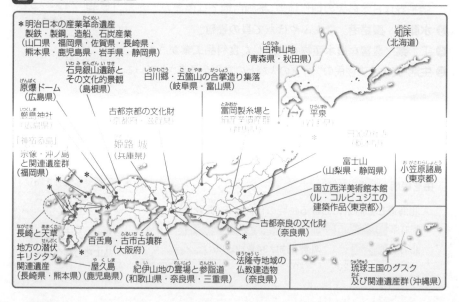

＊明治日本の産業革命遺産
製鉄・製鋼，造船，石炭産業
（山口県・福岡県・佐賀県・長崎県・
熊本県・鹿児島県・岩手県・静岡県）

原爆ドーム
（広島県）

厳島神社
（広島県）

宗像・沖ノ島
と関連遺産群
（福岡県）

長崎と天草
地方の潜伏
キリシタン
関連遺産
（長崎県・熊本県）

石見銀山遺跡と
その文化的景観
（島根県）

古都京都の文化財
（京都府・滋賀県）

姫路城
（兵庫県）

百舌鳥・古市古墳群
（大阪府）

屋久島
（鹿児島県）

白川郷・五箇山の合掌造り集落
（岐阜県・富山県）

富岡製糸場と
絹産業遺産群
（群馬県）

白神山地
（青森県・秋田県）

平泉

知床
（北海道）

富士山
（山梨県・静岡県）

国立西洋美術館本館
（ル・コルビュジエの
建築作品〈東京都〉）

古都奈良の文化財
（奈良県）

紀伊山地の霊場と参詣道
（和歌山県・奈良県・三重県）

法隆寺地域の
仏教建造物
（奈良県）

小笠原諸島
（東京都）

琉球王国のグスク
及び関連遺産群（沖縄県）

3 さまざまな統計

❶ 各国との貿易

● 中国との貿易

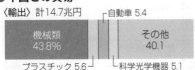

● アメリカ合衆国との貿易

● 日本のおもな輸入相手国

(2019年)

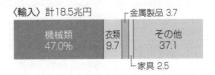

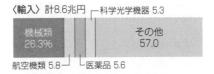

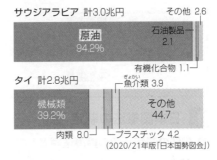

(2020/21年版「日本国勢図会」)

❷ 農産物の収穫量・家畜の飼養頭数

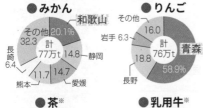

● みかん

● りんご

● ぶどう

● じゃがいも

● 茶※

● 乳用牛※

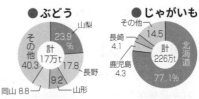

● 肉用牛※

● ぶ た※

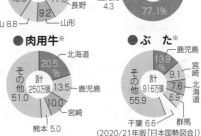

(2018年。※は2019年)

(2020/21年版「日本国勢図会」)

12 政治 日本国憲法

●大日本帝国憲法と日本国憲法

大日本帝国憲法		日本国憲法
天皇	主権者	国民
国家元首	天皇の地位	日本国・日本国民統合の象徴
法律で人権を制限できる	人権	永久不可侵の人権を保障
天皇の軍隊。国民には兵役の義務	軍権	戦争を放棄し、戦力をもたない

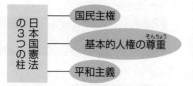

日本国憲法の3つの柱
- 国民主権
- 基本的人権の尊重
- 平和主義

●日本国憲法が保障する基本的人権

平等権		個人の尊重、法の下の平等、両性の本質的平等など
自由権	身体の自由	奴隷的拘束・苦役からの自由など
	精神の自由	思想、良心の自由、信教の自由、表現の自由、学問の自由など
	経済活動の自由	居住・移転・職業選択の自由、財産権の保障
社会権		生存権、教育を受ける権利、働く権利、労働基本権
基本的人権を保障するための権利		参政権、請求権

1 日本国憲法の制定 📊

❶ **憲法の制定** 国の**最高法規**として、1946年11月3日に**公布**され、1947年5月3日から**施行**された。
→文化の日
→憲法記念日　→法令が効力を発し、実施されること

❷ **天皇の地位** 政治に関する権限をもたず、日本国と日本国民統合の象徴とされる。
→形式的・儀礼的な国事行為のみを行う

2 国民主権 📊

国を治める**主権**は国民にあり、国民が国の政治のあり方を具体的に決める。

3 基本的人権の尊重と国民の義務 📊

❶ **基本的人権の尊重** 人が生まれながらにもっている大切な権利を**基本的人権**といい、だれも永久にうばわれない権利であるとされている。

得点➕プラス

参考 天皇のおもな国事行為（内閣の助言と承認にもとづいて行われる）

- 内閣総理大臣の任命
- 憲法の改正、法律や条約の公布
- 国会の召集
- 衆議院の解散
- 国会議員の総選挙の公示
- 外国の大使などに会う
- さまざまな儀式を行う

❶ 日本国憲法がつくられた経緯や特色を理解する。
❷ 基本的人権の種類を身近な生活に照らし合わせてとらえる。
❸ 国民の義務を果たすことの大切さを理解する。

❷ **平等権**　国民は法の下に平等で，人種・信条・性別・社会
的身分などによって差別されない。

❸ **自由権**　**身体の自由**(不当に逮捕されないなど)，**精神の
自由**(思想・信教・言論の自由など)，**経済活動の自由**(居
住・移転・職業選択の自由など)からなる。

❹ **社会権**　**生存権**(健康で文化的な最低限度の生活を営む権
利)，
　└→ 国は社会保障制度によってこれを守る
教育を受ける権利，働く権利，**労働基本権**(団結権・
団体交渉権・団体行動権)からなる。
　└→ 争議権ともいう←┘　　└→ 労働三権ともいう

❺ **基本的人権を保障するための権利**　**参政権**(選挙権・被選
挙権，最高裁判所裁判官の**国民審査**，憲法改正の国民投票)，
請求権(裁判を受ける権利，国に損害賠償を求める権利)。
　└→ 公務員には憲法を尊重し擁護する義務がある

❻ **国民の義務**　**教育の義務**(子どもに普通教育を受けさせる
義務)，**勤労の義務**(働く義務)，**納税の義務**(税金を納める
義務)。

☑ **重要**　環境権，知る権利，プライバシーの権利，自
己決定権などが新しい人権として登場。

4 **平和主義**

　日本国憲法**第9条**に，「戦争と武力の行使を永久に放棄
する」「陸海空軍その他の戦力はもたない」と定めている。
　└→ 核兵器については「もたず，つくらず，もちこませず」という非核三原則

Q 入試では [カリタス女子中]

「憲法改正」を行う手順について述べた次の文中の下線部
ア～エのうち，明らかに誤っているものを1つ選び，記号で
答えなさい。

　憲法を改正するためにはまず，ア衆議院と参議院のそれぞれにお
いて，イ出席議員の3分の2以上の賛成を得る必要がある。そのう
えでウ国会が憲法の改正を発議し，国民投票で有効投票のエ過半数
の賛成を得る必要がある。

参考 **児童(子ども)
の権利条約**

　18才未満の子ど
もの人権を保障し，
子どもが幸せに生活
することを目的に定
められた国際的な条
約。1994年に日本
もこの条約を批准し
ている。

参考 **プライバシー
の権利**

　個人の私生活を他
人からのぞかれない
権利で，**新しい人権**
の1つである。

ことば **ノーマライゼ
ーション**

　障がいのある人が，
家庭や地域の中で，
障がいのない人と同
じように生活できる
社会をめざす考え方。

社会
理科
算数
英語
国語

解答

イ

⚠ 要注意
国会が憲法改正の発
議をするためには，
衆議院・参議院それ
ぞれの総議員の3分
の2以上の賛成が必
要である。

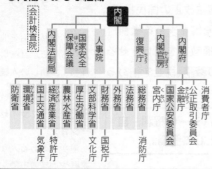

入試に出る要点

●衆議院と参議院のちがい

	衆議院	参議院
被選挙権	満25才以上の男女	満30才以上の男女
議員数	465人	245人＊
選出方法	比例代表(176人) 小選挙区(289人)	比例代表(98人) 選挙区(147人)
任 期	4年	6年(3年ごとに半数改選)
解 散	ある	ない

(2020年8月現在) ＊2022年7月26日以降は248人(比例代表100人、選挙区148人)

●三審制のしくみ

●内閣のおもな組織

●三権分立のしくみ

1 国 会

❶ **国会の地位** 国民主権の原則にもとづき，国会は国民の代表者で構成されているため，**「国権の最高機関」** とされる。**衆議院**と**参議院**の**二院制**。

❷ 国会の仕事 法律をつくる(国会は国の唯一の立法機関)。予算(国が1年間に使うお金の計画)を決める。内閣総理大臣を国会議員の中から指名する。条約を承認する。裁判官を裁判する(弾劾裁判)。憲法改正を発議する。

☑ **重要** 衆議院の権限は参議院より強い(衆議院の優越)。

2 内 閣

❶ **内閣総理大臣** 内閣の最高責任者。

得点➕プラス

参考 予算の先議
予算は衆議院が先に審議する。一方で，法律案は衆議院・参議院のどちらへ先に提出してもよい。

ことば 弾劾裁判
職責を果たさない裁判官を辞めさせるかどうかについて，国会が裁判所を設けて，国会議員が裁判を行う。

❷ **閣 議** 内閣総理大臣と国務大臣が集まり，方針を決める。
　　　　　　　　　　　　　　　↳ 決定は全会一致で行われる

❸ **内閣の仕事** 予算案や法律案をつくって国会に提出する。
法律や予算に従って実際の政治を行う。外国と条約を結
ぶ。天皇の国事行為に**助言と承認**を行う。法律を実施する
　　　　　　　　　　↳ 法律案を提出できるのは内閣と国会議員のみ
ための政令を制定する。最高裁判所の長官を指名する。
　　　　　　　　　　↳ 内閣の指名にもとづいて，天皇が任命する

3 裁判所のはたらき

❶ **裁判所の仕事** 法律にもとづいて有罪か無罪かを決めた
り，人々の権利や犯罪などの争いごとを裁いたりする。

❷ **裁判所の種類** **最高裁判所**を頂点に，高等裁判所・地方裁
判所・家庭裁判所・簡易裁判所の５種類がある。

❸ **公正な裁判** 裁判を慎重に行うため，裁判を３回まで受
けられる**三審制**が取り入れられている。

❹ **裁判員制度** 一般市民が刑事裁判の審理に加わる**裁判員
制度**が2009年５月から導入された。
　　　　　　↳ 重大な犯罪を裁く刑事裁判の第一審

4 三権分立

❶ **内閣不信任の決議** 衆議院が内閣に対して行う。
　　↳ 可決後，10日以内に衆議院が解散されない場合，内閣は総辞職

❷ **裁判官の指名・任命** 内閣が行う。
　　↳ 最高裁判所長官の指名，その他の裁判官の任命

❸ **違憲立法審査権** 国会のつくった法律や内閣の行いが憲
法に反していないかについて裁判所が審査する。

ことば 三審制

裁判の結果に不服
のある場合は，さら
に上級の裁判所に訴
えることができる。
このように裁判を３
回受けることができ
るしくみを**三審制**と
いう。第一審から第
二審への上訴を**控訴**，
第二審から第三審へ
の上訴を**上告**という。

参考 再 審

判決の確定後に新
たな証拠などが見つ
かったとき，裁判の
やり直しが行われる。

参考 憲法の番人

最高裁判所は，違
憲かどうかを最終的
に判断するので，「憲
法の番人」とよばれ
ることがある。

社会
理科
算数
英語
国語

Q 入試では [昭和学院秀英中]

裁判員制度の説明として適切なものを，次のア～エから１
つ選び，記号で答えなさい。

ア 裁判員は，犯罪の重軽にかかわらず，民事裁判の第一審
に参加する。

イ 有権者の中から抽選で選ばれた６名が裁判員を務め，裁
判官は裁判員裁判に参加しない。

ウ 裁判員は，裁判に訴えられた人が有罪か無罪かを決定す
るだけでなく，有罪の場合は刑罰についても判断する。

エ 裁判員が参加する裁判は，守秘義務を徹底するため非公
開になっている。

解答

ウ

ワンポイント

裁判員裁判は重大な
刑事事件の第一審で
行われ，裁判官３名
も参加する。また，
ほかの裁判と同じよ
うに公開で行われる。

入試に出る要点

●一票の格差（衆議院小選挙区）

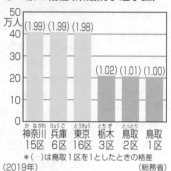

*（ ）は鳥取1区を1としたときの格差
(2019年)　　　　　　　　（総務省）

●被選挙権

議員・知事など	年齢	区内の選挙権の有無
衆議院議員	満 25 才以上	区内に選挙権が不要
参議院議員	満 30 才以上	区内に選挙権が不要
都道府県知事	満30才以上	区内に選挙権が不要
都道府県議会議員	満25才以上	区内に選挙権が必要
市(区)町村長	満25才以上	区内に選挙権が不要
市(区)町村議会議員	満25才以上	区内に選挙権が必要

●選挙制度

小選挙区制

大選挙区制

比例代表制（定数3の場合）

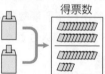

1 選挙のしくみ

❶ **選挙の意味**　すべての国民が議会に参加することは難しいので，代表者を選挙で選び，代表者が議会で話し合う。

❷ **普通選挙**　一定の年齢に達したすべての人が選挙権をもつこと。財産などで制限がある選挙は**制限選挙**という。
→満18才以上

❸ 平等選挙　一人一票の選挙権をもつこと。選挙区ごとで一票の価値が異なる一票の格差が問題。

❹ **直接選挙**　有権者が候補者を直接投票して選ぶこと。

❺ **秘密選挙**　だれに投票したのか知られないこと。

❻ **小選挙区制**　1つの選挙区から1人だけ選ぶ。大きな政党に有利。ただし，**死票**が多くなる。1つの選挙区から2
→落選した候補者に投票された票
人以上選ぶのは**大選挙区制**。
→小選挙区制は二大政党制になりやすいとされる

❼ **比例代表制**　各政党の得票数に応じて当選者を決める。

得点＋プラス

参考 間接民主制
　代表者を選び，代表者たちの話し合いを通じて政治を行うしくみ。議会政治。

　　一票の格差
　憲法第14条の「法の下の平等」に反するため，問題となっている。

参考 公職選挙法
　国会議員や地方議員，知事や市長の選挙の手続きを定める。

死票は少ないが，大きな政党が生まれにくくなり，政治が不安定になるおそれがある。

❽ 選挙の問題点 政治的無関心により投票率が低下。
　　　投票時間の延長や期日前投票などの対策が行われた ←

❾ 選挙管理委員会 公正な選挙を実施するための機関。

2　政党と政治

❶ 政　党 同じ考え方をもつ人々がつくった政治団体。

❷ 政党のはたらき 人々の要望をまとめ，政治の場での実現をめざす。政治の動きを人々に伝える。

❸ 与党と野党 政権をにぎり，内閣をつくっている政党を与党，それ以外の政党を野党という。

❹ 連立政権 １つの政党では議会で過半数をしめることができない場合，いくつかの政党がまとまり政権をつくる。
　　　→連立内閣ともいう

❺ 議院内閣制との関係 国会で多数をしめる政党が内閣をつくり，政治を動かしていく。
　　　→通常，最大政党の党首が内閣総理大臣となる

3　政治参加と世論（よろん）

❶ 国民の政治参加 選挙のほか，政党への参加，署名活動，集会への参加など，さまざまな方法がある。

❷ 世　論 国民の多数がもっている意見や要求。政治に大きな影響をあたえる。
　　　→新聞・テレビなどマスメディアが大きな影響力をもつ

参考　二大政党制
選挙の争点がわかりやすい，政権が安定しやすいなどの長所があるが，どちらも支持しない人の意見が反映されないという短所もある。

参考　政権公約
選挙運動中，各政党は，実行する政策や目標を公約としてかかげて，有権者に訴える。**マニフェスト**ともいう。

参考　世論調査
新聞やテレビ局などが，社会情勢に関する人々の意見を調査して発表する。内閣支持率は，とくに影響を受ける。

社会
理科
算数
英語
国語

Q 入試では　[サレジオ学院中]

次の文のうち，衆議院議員選挙で被選挙権のない人物を説明したものを次のア〜エから１つ選び，記号で答えなさい。

ア 先月まで大学院に通っていて，現在は無職の 31 才の男性。

イ 歩行が困難で，移動において車いすが必要とされている，71 才の女性。

ウ 大学卒業後，２年間，商社に勤めた後に，働いた経験を生かそうとしている 24 才の男性。

エ 両親がアメリカ人で，２年前に日本国籍を得た 44 才の女性。

解　答
ウ

ワンポイント
衆議院議員選挙の被選挙権が問われている点に注意。選挙権であれば，ウの人も該当する。

15 地方自治と財政

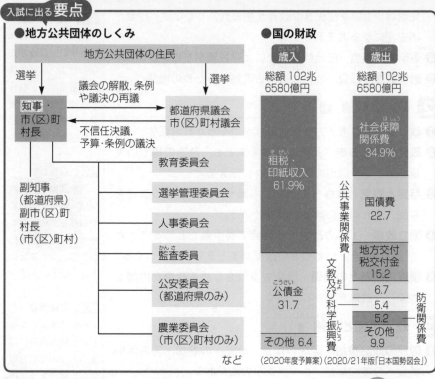

●地方公共団体のしくみ

●国の財政

歳入　総額102兆6580億円

歳出　総額102兆6580億円

（2020年度予算案）（2020/21年版「日本国勢図会」）

1 地方公共団体の仕事

❶ **地方自治**　地方の行政を，住民の意思にもとづいて運営してゆくこと。

❷ **地方公共団体の種類**　都道府県，市(区)町村，特別区などがある。地方自治体ともいう。

❸ **住民の生活に必要な施設を提供する**　上水道・下水道・道路・橋・市営交通などを運営・建設する。
　　→インフラストラクチャー（インフラ）という

❹ **住民の安全を守る**　警察・消防。

❺ **住民の健康を守る**　ごみの処理，保健所・病院の運営。
　　↳そのほか国民年金・生活保護・選挙の仕事もある

❻ **地方分権**　要望が多様化した現代では，身近な問題は地方の実情に合わせ，各地方公共団体が行うのがふさわしいと考えられるようになってきた。

得点➕プラス

参考　**市町村合併**
　1999年に，市町村合併をおし進める方針が打ち出されたことによって，全国で市町村合併が進んだ。町村の数は1999年から2010年までの間に2562から941へ減る一方で，市は670から786に増えた。

2 住民の権利と政治参加

❶ **住民の自治** 「**地方自治は民主主義の学校**」とよばれる。

❷ **住民の権利** 首長（知事や市〈区〉町村長）や議員を選ぶ選挙権と，それぞれに立候補できる被選挙権，さらに署名を集めて政治にはたらきかける**直接請求権**が認められている。

❸ **住民投票** 議会の解散や解職請求で行われるほか，特定の問題について，地方公共団体独自の法である**条例**にもとづいて行われる**住民投票**がある。
→ リコールともいう

3 国と地方の財政

❶ **国の収入** 税金が中心。納税者が実際に税金を負担する**直接税**と，納税者と税金を負担する人がちがう**間接税**に分かれる。不足分は国債の発行による借金。
→ 所得税は，所得が多いほど税率が高くなる累進課税の方法

❷ **国の支出** 社会保障関係費や国債費が多い。
→ 国債の元金に利子をつけて返済する

❸ **財政政策** 政府が経済の安定をはかるために行う政策。

▶ **好景気のとき**…公共事業を減らして，税率を上げる。

▶ **不景気のとき**…公共事業を増やして，税率を下げる。

❹ **地方の財源** 予算の中心は住民が納める**地方税**。足りない分を借金（**地方債**）や国からの補助金でおぎなう。
→ 地方交付税交付金など
→ 地方税だけではまかないきれない地方公共団体が多い

✓ **重要** 不景気のときは賃金やものの値段が下がる傾向。

ことば 条 例
都道府県や市（区）町村が定める，法律に違反しない範囲で，その地域にだけ適用されるきまり。

参考 地方の財政

歳入 総額 91兆 7473億円	歳出 総額 91兆 7473億円
地方税 44.7%	一般行政経費 44.2%
地方交付税 18.5	給与関係経費 22.1
国庫支出金 17.1	投資的経費 14.7
地方債 10.1	公債費 12.9
その他 9.6	その他 6.1

（2020年度）
（2020/21年版「日本国勢図会」）

社会 理科 算数 英語 国語

Q 入試では [共立女子中]

税収入が足りないとき，政府は国債を発行する。国債に関する説明として誤っているものを次のア〜ウから1つ選び，記号で答えなさい。

ア その年に発行した国債は，その年のうちに返済しなければならない。

イ 現在，政府の歳出の中で国債費のしめる割合は高い。

ウ 景気がよくなると，税収入が増えて国債残高を減らすことができる。

解 答
ア

ワンポイント 国債はその年に返済するわけではない。将来の国民に対する借金ともいえる。現在，国債の発行額の増大が問題となっている。

16 人々のくらしを守る政治

入試に出る要点

●社会保障のしくみ

社会保険	・医療保険…	健康保険
		国民健康保険
		共済組合　など
	・年金保険…	厚生年金保険
		共済組合
		国民年金　など
	・その他…	労働者災害補償保険
		雇用保険
		介護保険　など
公的扶助	・生活保護　・教育扶助	
	・住宅扶助　・医療扶助　など	
社会福祉	・児童福祉…保育所　など	
	・母子福祉　・知的障がい者福祉	
	・身体障がい者福祉	
	・老人福祉…老人ホーム　など	
公衆衛生	・結核や感染症対策	
	・公害対策　など	

●労働基準法のおもな内容

労働時間　週40時間以内

少なくとも週一日の休日

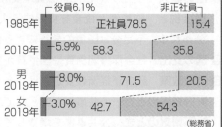

労働者と使用者は対等　　男女同一賃金

●雇用者のうちわけ

	役員6.1%	正社員	非正社員
1985年		正社員78.5	15.4
2019年	5.9%	58.3	35.8
男 2019年	8.0%	71.5	20.5
女 2019年	3.0%	42.7	54.3

（総務省）

1 少子高齢社会と社会保障

❶ **少子高齢社会**　平均寿命がのびたことなどによる**高齢化**と，生まれる子どもの数の減少による少子化が進んだ社会を**少子高齢社会**という。社会保障のための財源が不足するなどの問題がおこっている。
→働いて保険料を納める若い世代が減り，給付を受ける高齢者が増えるため

❷ 社会保障制度　日本国憲法に示された「健康で文化的な最低限度の生活」を国民に保障するため，国が整備した制度。
→生存権

　▶**社会保険**…かけ金を積み立てて，病気・高齢・失業などのときに給付を受けられる。2000年には40才以上のすべての国民が加入する**介護保険制度**が始まった。

　▶**公的扶助**…生活に困っている人に生活費などを支給する。
→生活保護法などを制定

　▶**社会福祉**…高齢者や障がい者などの生活を支援する。

　▶**公衆衛生**…感染症の予防や，上下水道の整備などを行う。

参考 日本の年齢別人口構成

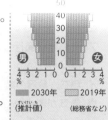

■2030年　□2019年
（推計値）　　（総務省など）

社会 理科 算数 英語 国語

2 働く意義と権利

❶ **働く意義** 生活に必要なお金の入手，生きがいなど。

❷ **労働基準法** 労働条件の最低基準を定めた法律。

❸ **労働組合法** └労働組合をつくる権利→ **団結権・団体交渉権・団体行動権**を保障。
└争議権ともいう。ストライキなどを行う権利→

3 くらしと政治・経済

❶ **経　済** 家計・企業・政府がお金や商品，サービスのやり取りをする動きのこと。

❷ **価格の決定** 市場では，商品を買いたいという**需要量**と売りたいという**供給量**が一致したところで価格が決まる（**市場価格**）。ほかに，政府の許可などが必要な公共料金。

❸ **日本銀行** 紙幣（日本銀行券）を発行する唯一の銀行。銀行
└日本銀行は日本の中央銀行
とのお金のやり取りや，政府のお金の出し入れを行う。

❹ **クーリングオフ** 消費者が商品を購入した後，一定の期間内であればその契約を解除できる制度。

❺ **製造物責任法（PL法）** 製品の欠陥により消費者が事故に
└消費者は製造者の過失を証明しなくてもよい
あった場合，製造者が責任をとる。

❻ **消費者庁** 2009年発足。消費者問題の解決にあたる。

❼ **自然災害からの復旧** 国や各地方公共団体がインフラの復旧や住宅などの再建支援を行う。

❽ **地域経済** 地域固有の資源が地域の活性化につながる。
└自然環境や景観，文化など

ことば ワークシェアリング

労働者1人あたりの労働時間などの負担を減らして，より多くの雇用機会を生み出そうとする試み。

参考 家計・企業・政府

例えば，家計は政府に税金を納めるかわりに公共サービスを受け，また企業で働き，対価として賃金を受け取る。

参考 クレジットカード

後で指定口座から代金が引き落とされる。手元に現金がなくても買い物ができるが，使い過ぎに注意する必要がある。

Q 入試では [江戸川女子中]

現在の日本の労働環境について，誤っている文を次のア〜エから1つ選び，記号で答えなさい。

ア 定年までやとう終身雇用制に変化がみられている。

イ 勤続年数に関係なく業績によって賃金が決まる年功序列型賃金制がとられている。

ウ 労働組合は同じ企業の正規社員で組織する企業別組合が主流である。

エ 労働者派遣法改正以後，非正規社員の割合が増えてきた。

解 答

イ

ワンポイント
年功序列型賃金制とは勤続年数によって賃金が決まる制度のこと。イは成果主義の説明。

17 政治のまとめ

1 憲法改正の手続き

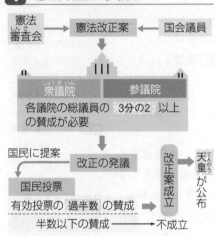

憲法審査会 → 憲法改正案 ← 国会議員

衆議院　参議院

各議院の総議員の 3分の2 以上の賛成が必要

改正の発議 → 国民に提案

改正案成立 → 天皇 が公布

国民投票

有効投票の 過半数 の賛成 → 改正案成立

半数以下の賛成 ────→ 不成立

2 法律が制定・公布されるまで

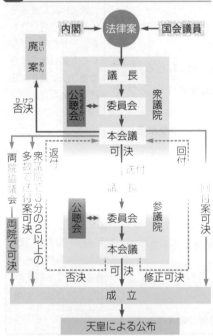

内閣 → 法律案 ← 国会議員

議長

委員会

公聴会

本会議 可決

衆議院

廃案　否決

送付

議長

委員会

公聴会

本会議 可決

参議院

回付

両院協議会 ── 両院で可決

衆議院で3分の2以上の多数で法案可決

否決　可決　修正可決

成立

天皇による公布

3 衆議院の優越

ことがら（憲法）	説　明
法律案（第59条）	衆議院で可決し、参議院で否決した法律案は、衆議院で出席議員の3分の2以上の多数で再び可決したときは法律になる。
予　算（第60条）	予算は、先に衆議院に提出しなければならない。
内閣の不信任（第69条）	衆議院だけが内閣不信任の決議をすることができる。
両院の決議が異なるとき（第60条）（第61条）（第67条）	予算・条約・内閣総理大臣の指名で、両院で議決が異なった場合や、参議院が議決しないときは、衆議院の議決を国会の議決とする。

4 議院内閣制

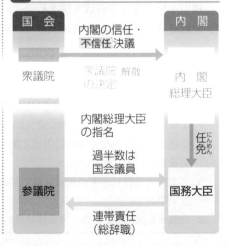

国　会　　　　　　　　　　　　　内　閣

内閣の信任・不信任決議

衆議院　　衆議院解散の決定　　内閣総理大臣

内閣総理大臣の指名

過半数は国会議員

任免

参議院　　　　　　　　　　　　　国務大臣

連帯責任（総辞職）

5 裁判員裁判

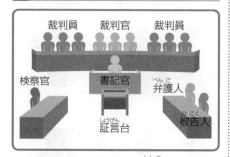

裁判員裁判は，地方裁判所で審理される重大な事件の刑事裁判の第一審で行われる。

6 直接請求権

直接請求の種類	首長・議員の解職	議会の解散	監査	条例の制定・改廃
必要な署名数	有権者の3分の1以上*	有権者の3分の1以上*	有権者の50分の1以上	有権者の50分の1以上
請求先	選挙管理委員会	選挙管理委員会	監査委員	首長
請求後	住民投票を実施し，過半数の同意があれば，解職される。	住民投票を実施し，過半数の同意があれば，解散される。	監査を実行し，結果を発表する。	議会で採決し，結果を発表する。

（＊有権者数が40万人をこえる場合は，必要署名数が緩和された。）

7 税金の種類

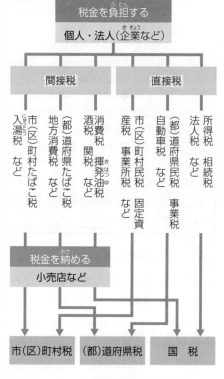

8 家計・企業・政府

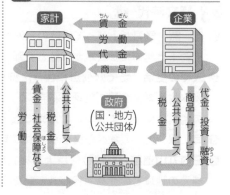

縄文時代，弥生時代

入試に出る要点

時　期	おもなできごと
約1万3000年前	ナウマン象・オオツノジカなどの大型動物が絶滅する
約1万年前	氷河時代が終わり，日本列島が大陸と分離する
	◆縄文文化が発達する
約5500年前	現在の三内丸山遺跡あたりで集落が営まれ始める
紀元前4世紀	米づくりと金属器が伝わる
	◆弥生文化が発達する
紀元1世紀	倭の奴の国王が漢に使いを送る
3世紀	邪馬台国の卑弥呼が魏に使いを送る

● 石器の発達

→ 打製石器

→ 磨製石器

● 土器の発達

→ 縄文土器

→ 弥生土器

1 旧石器時代

❶ **自　然**　数万年前の地球は寒さで今より海面が低く，日本は大陸と陸続きで，大陸からマンモスなどの大型の動物がわたってきた。人々は狩りや木の実の採集でくらしていた。

❷ **岩宿遺跡(群馬県)**　**打製石器**が古代の地層から発見され，
↳ 石を打ち欠いてつくった簡単な石器
日本にも**旧石器時代**があったことが明らかになった。

❸ **野尻湖遺跡(長野県)**　ナウマン象などの化石を発見。

2 縄文時代

❶ **自　然**　気温が上がって大陸の氷河がとけ，海面が上がって約1万年前には日本が大陸と分離した。

❷ **人々の生活**　たて穴住居に住み，狩りや採集，漁を行い，食べ物を縄文土器で調理・保存した。**磨製石器**を狩りなどの道具に使い，まじないのために土偶をつくった。
↳ 石をみがいてつくった石器　↳ 土でつくられた人形

❸ **貝　塚**　人々の食べた貝がらや木の実などを捨てた跡。

❹ **三内丸山遺跡(青森県)**　巨大な掘立柱建物がつくられ，遠くの地域との交易も行われていた。
↳ 新潟県産出のヒスイが三内丸山遺跡で見つかった

得点 ➕ プラス

参考 **オオツノジカ**
などの大型の動物

　人間による狩りのしすぎや，気候の変化によって絶滅した。縄文時代には，シカやイノシシなどの小型ですばやい動物が増えたため，人々はやりなどを使って狩りをした。

参考 **貝　塚**

　貝がらなどが捨てられた貝塚は，海の近くにあるので，その分布を調べると，縄文時代の海岸線を知ることができる。

社会 理科 算数 英語 国語

3 弥生時代

参考 吉野ヶ里遺跡

❶ **米づくり** 大陸から九州北部へ米づくりが伝わった。**石包丁**で稲の穂をつみ取り，**高床倉庫**にたくわえた。

❷ **金属器** 青銅器や鉄器が大陸から伝わった。**青銅器**（銅鐸・銅矛・銅剣など）はおもに祭りの道具，**鉄器**は武器や農具として使われた。

❸ **弥生土器** 縄文土器に比べて，模様が少なく，うすくてかための土器が用いられるようになった。

❹ **吉野ヶ里遺跡(佐賀県)** 集落のまわりに二重のほりがめぐらされ，見張りのための物見やぐらも建てられた。
→ むらどうしの争いがはげしかったことを示す

❺ **社会の変化** 米づくりが始まると，むらができ，農作業やまつりごとを指導する有力者が現れ，**身分の差**が生まれた。むらどうしが米や水の利用をめぐって争い，大きなむらは小さなむらを従え，やがて**くに**へと発展した。

❻ **倭の奴の国王** 中国の**漢**に使いを送り，**金印**をあたえられた。
→『後漢書』東夷伝に記されている

❼ **卑弥呼** 邪馬台国の女王。中国の**魏**に使いを送り，倭王の称号や銅鏡などを授けられた。
→『魏志』倭人伝に記されている

参考 『魏志』倭人伝(一部要約)

邪馬台国はもともと男子を王にしていたが，国内は乱れ，何年も戦った。そこで国々が共同して，女の卑弥呼を王に立てた。卑弥呼はうらないの術がうまく，人々をひきつけるふしぎな力をもっていた。宮殿の奥深くに住み，つねに兵士が守り，弟が政治を助けている。

✔ **重要** 米づくりがむらやくにの形成をうながした。

Q 入試では [逗子開成中]

縄文時代の説明としてふさわしくない文を，次のア～エから１つ選び，記号で答えなさい。

ア たて穴住居が建てられ，いくつかの住居が集まって集落が形成されていた。

イ 海産物が採集され，魚類・貝類・海そうなども食料となっていた。

ウ 銅剣や銅矛が，宝物として用いられた。

エ 食料などは公平に分けられるなど，貧富や身分の区別はなかった。

解答

ウ

ワンポイント

ウ．弥生時代の説明。
エ．共同で狩りや採集をしていた縄文時代は，貧富や身分の差はなかったと考えられている。

入試に出る要点

年代	おもなできごと
478	倭王の武が南朝に使いを送る
538 (552)	百済から仏教が伝えられる
593	聖徳太子が推古天皇の摂政となる
603	聖徳太子が冠位十二階を定める
604	聖徳太子が十七条の憲法を定める
607	小野妹子を遣隋使として隋へ送る
630	第1回の遣唐使が送られる
645	大化の改新が始まる
672	壬申の乱がおこる
701	大宝律令が定められる

● **大仙古墳（仁徳陵古墳）**

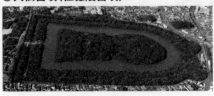

● **律令による役所のしくみ**

地方
九州＝大宰府（外交）
諸国＝国司―郡司―里長

中央
（二官）
神祇官
太政官
太政大臣
左大臣
右大臣など

（八省）
宮内省（宮中の事務）
大蔵省（財政）
刑部省（裁判）
兵部省（軍事）
民部省（租税）
治部省（外交など）
式部省（役人の人事）
中務省（天皇の命令書起草）

● **飛鳥文化**

◀ **法隆寺釈迦三尊像**

中宮寺半跏思惟像 ▶

1 大和政権と古墳文化 ▮▮▮

❶ **古墳時代の始まり** 3世紀末から豪族や王の墓として古墳がつくられるようになり，古墳文化が生まれた。

❷ **前方後円墳** 前方が方形（四角）で後方が円形の墓。
└▶ 大仙（仁徳陵）古墳（大阪府）が最大

❸ **はにわ** 古墳のまわりや頂上に並べられた焼き物。人・馬・家・船などさまざまな形がある。

❹ **大和政権による統一** 大和地方（奈良県）の豪族たちが，一人の王のもとに大きな国をつくった。この勢力を**大和政権**といい，5世紀後半には国土の大部分を統一した。

2 中国・朝鮮半島との交流 ▮▮▮

❶ **ワカタケル大王** 大和政権の大王（のちの天皇）として，鉄剣に名が刻まれている。5世紀，中国の南朝に使いを送ったと記録される倭王の武がこの人物だと考えられる。
└▶ 稲荷山古墳（埼玉県）出土

得点➕プラス

参考 **古墳の副葬品**

銅鏡

まが玉

参考 **はにわ（人型）**

❷ 大和政権と朝鮮半島　大和政権は伽耶地域(任那)と深い

かかわりをもち，百済とも交流がさかんだった。

❸ 渡来人　おもに朝鮮半島から日本へ一族で移り住んでき
　　└→朝廷で記録の仕事にあたるなど政治の面でも活躍した
た人々。大陸のすぐれた技術や文化を日本に伝えた。

3 聖徳太子の政治 📊

❶ 冠位十二階　家柄によらず才能のある人を役人に用いた。

❷ 十七条の憲法　仏教の考えにもとづき，役人の心得を示

した。

❸ 遣隋使　小野妹子を隋へ送り，対等な国交を結ぼうとした。

❹ 法隆寺　聖徳太子は仏教をあつく信じ，**法隆寺**(奈良)を
　　└→世界文化遺産に登録されている
はじめとする寺を建てた。これにより，**飛鳥文化**が栄えた。
　　中国・インド・ギリシャなどの文化の影響を受けている←┘

✓ **重要**　摂政は天皇を助けて政治を行う役職。

4 大化の改新と律令国家の成立 📊

❶ 大化の改新　中大兄皇子と中臣鎌足が，蘇我氏をたおし

た後，始まった新しい政治。全国の土地と人々を**公地公民**
　　　　　　　　皇室や豪族がもっていた土地・人民を国の所有とする←┘
として，天皇中心の国づくりを進めた。

❷ 大宝律令　中国の唐の律令にならって定められた。

　▶ **班田収授法**…6才以上の男女に口分田をあたえた。

　▶ **税制**…**租・調・庸**(税)や，雑徭(労役)を課した。

　▶ **国・郡・里**…国に**国司**，郡に**郡司**，里に**里長**を任命した。

参考	渡来人の伝えたもの
技術	土木工事，鉄製農具，養蚕，機織り，焼き物
文化	儒学，仏教，漢字

参考 十七条の憲法
(一部要約)

1. たがいに仲よくせよ。

2. 仏教をあつく信仰せよ。

3. 天皇の命令には必ず従え。

4. 役人は礼儀を正しくせよ。

5. 裁判は公正に行え。

12. 国に2人の王はない。天皇だけが主君である。

社会
理科
算数
英語
国語

Q 入試では [大妻嵐山中]

次の文から，5世紀の大和政権がどうであったということ
がわかるか，30字以内で説明しなさい。

> 5世紀につくられた，熊本県の江田船山古墳から出土した太刀銘，
> 埼玉県行田市の埼玉古墳群中の稲荷山からの鉄剣銘にはそれぞれ
> 「ワカタケル大王」の字が読みとれる。「ワカタケル大王」とは，大
> 和政権の大王を指している。

解答
大和政権の勢力が
九州地方から関東地
方にまでおよんでい
たこと。(30字)

奈良時代，平安時代

年代	おもなできごと
710	奈良に平城京がつくられる
743	墾田永年私財法が出される
752	東大寺の大仏が完成する
753	唐から鑑真が来日する
794	京都に平安京がつくられる
894	遣唐使が停止される
935	平将門が反乱をおこす
939	藤原純友が反乱をおこす
1016	藤原道長が摂政になる
1053	平等院鳳凰堂が建てられる
1086	白河上皇が院政を始める
1167	平清盛が太政大臣となる

●平城京

1 平城京と律令制下のくらし 📊

❶ **平城京** 唐の都長安にならって，奈良に**平城京**がつくられた。市では**和同開珎**という貨幣が使われた。
→道路がごばんの目状

❷ **聖武天皇** 仏教の力でききん・病気などをしずめようと，国ごとに**国分寺・国分尼寺**を，都に東大寺を建てさせた。

❸ **農民のくらし** 重い税にたえられず逃亡する農民が増え，田畑が荒れたため，朝廷は**墾田永年私財法**を出し，新しく開墾した土地の永久私有を認めた。

2 天平文化 📊

❶ **天平文化** 聖武天皇のころの仏教の影響を受けた文化。

❷ **東大寺の正倉院** 聖武天皇の遺品を納めた建物。

❸ **仏 教** 行基が東大寺の大仏の建造に協力した。唐の高僧である鑑真が来日し，**唐招提寺**を開いた。
→インド・西アジアなどからの品々

❹ **書 物** 日本の国のおこりなどをまとめた『**古事記**』や『**日本書紀**』，諸国の伝説や産物をまとめた『**風土記**』，天皇・貴族・農民などの和歌を集めた『**万葉集**』。

得点➕プラス

参考 **正倉院の宝物**

琵琶

水さし

東大寺大仏

３ 平安京と摂関政治 📊

❶ 平安京 奈良の政治が乱れたため，桓武天皇が京都の**平安京**に都を移した。東北地方に大軍を送り，蝦夷をおさえた。
→坂上田村麻呂を征夷大将軍に任じた

❷ 藤原氏の摂関政治 娘を天皇のきさきにし，その子を天皇に立て，天皇が幼いときは**摂政**，成人したのちは**関白**となって政治を動かした。**藤原道長・頼通**父子のときが全盛期。

❸ 仏教 **最澄**が**天台宗**を，**空海**が**真言宗**を広めた。

❹ 国風文化 **かな文字**により『**源氏物語**』（**紫式部**）や『**枕草子**』（**清少納言**）が書かれ，貴族は**寝殿造**の邸宅に住んだ。
→漢字をもとにした

✓ **重要** 遣唐使の停止をきっかけに日本風の文化が生まれた。

４ 武士のおこりと院政 📊

❶ 地方の乱れ 国司の不正や豪族どうしの争い。

❷ 武士団 戦うことを職業とする武士が生まれ，**源氏・平氏**などの武士団をつくった。**平将門**や**藤原純友**がおこした反乱は，朝廷から命を受けた武士団によってしずめられた。

❸ 院政 **白河上皇**が天皇退位後も御所の院で政治を行った。

❹ 平清盛 武士としてはじめて**太政大臣**の地位についた。藤原氏と同じような政治を行い，平氏一族は高官についた。
→兵庫の港（今の神戸港の一部）を整備し，宋（中国）と貿易を行った

参考 藤原道長の歌
「この世をば わが世とぞ思う 望月の欠けたることもなしと思えば」

（この世は，わたしの世の中で，わたしの思い通りにならないことは，何もない。望月（満月）に欠けたところがないように。）

参考 浄土信仰
平安時代には，阿弥陀仏にすがって極楽浄土に生まれ変わろうという浄土信仰が広まった。藤原頼通の建てた**平等院鳳凰堂**，奥州の藤原氏が建てた**中尊寺金色堂**には，阿弥陀仏が安置されている。

社会
理科
算数
英語
国語

Q 入試では [西武学園文理中]

奈良時代のできごとについて述べた次の文のうち，内容が正しいものを１つ選び，記号で答えなさい。

ア 桓武天皇は，仏教の力で国を平和に治めようとして大仏や国分寺をつくることを命じた。

イ 日本に招かれた行基によって，平城京に唐招提寺がつくられた。

ウ 菅原道真の提案によって，遣唐使の停止が決まった。

エ 墾田永年私財法が出されたことで，それまでの公地公民制がくずれることとなった。

解答
エ

ワンポイント
アは桓武天皇ではなく聖武天皇，イは行基ではなく鑑真，ウは平安時代のできごとである。

入試に出る**要点**

年代	おもなできごと
1185	壇ノ浦の戦いで平氏がほろびる 源頼朝が守護・地頭を置くこと を朝廷に認められる
1192	源頼朝が征夷大将軍となる
1203	北条氏が執権となる ◆このころ東大寺南大門に「金剛 力士像」がつくられる
1206	チンギス=ハンがモンゴルを統一する
1219	源氏の将軍が3代で絶える
1221	承久の乱がおこる 京都に六波羅探題が置かれる ◆このころ禅宗が広まる
1232	北条泰時が御成敗式目(貞永式目) を定める
1274	元がせめてくる(文永の役)
1281	元がせめてくる(弘安の役)
1297	鎌倉幕府が徳政令を出す

●鎌倉幕府のしくみ

```
                      政 所 (一般の政務)
           鎌倉 ─── 問注所 (裁判)
                      侍 所 (御家人の取りしまり)
将軍 執権
                      守 護 (国ごとの軍事・警察)
           地方 ─── 地 頭 (荘園の管理・年貢の取り立て)
                      六波羅探題 (西国支配・朝廷の監視)
```

●将軍と御家人の関係

```
              将 軍
・領地をあた  ご      奉  ・戦いに参加
 える    恩  主従関係  公  ・忠誠をつく
・領地を保護              す
              御家人
```

1 鎌倉幕府の成立 ▮▮▮

❶ **平氏の滅亡** 源氏が壇ノ浦の戦いで平氏をほろぼした。源頼朝は1192年, **征夷大将軍**に任じられた。

❷ **鎌倉幕府** 源頼朝が幕府を置いた鎌倉は, 三方を山に囲まれ, 敵からせめられにくい場所にあった。
→源氏ゆかりの地でもある

❸ **将軍と御家人** 将軍に仕えた家来の武士を御家人とよび, 将軍と御家人は**ご恩**と奉公の関係で結ばれた。

2 北条氏の政治 ▮▮

❶ **執権政治** **北条氏**が**執権**の職を代々独占して行った政治。
→将軍を助けて政治を行う職

❷ **承久の乱** 源氏の将軍が絶えたのを機に, **後鳥羽上皇**が北条氏をたおす命令を出した。上皇軍は幕府軍に敗れ, 幕府は京都に**六波羅探題**を置き, 朝廷や西国の御家人を監視した。
→幕府の支配が西日本にもおよぶようになった

得点➕プラス

参考 北条政子

源頼朝の妻。3代で源氏が絶えた際に, 朝廷が鎌倉幕府をたおそうと兵をあげた(承久の乱)。このとき北条政子は御家人たちに「頼朝公のご恩を忘れていないのなら, 今こそそのご恩にむくいるべきだ」とうったえ, この危機を乗り切った。

③ **御成敗式目(貞永式目)** 執権の北条泰時が，裁判の基準を御家人に示すための法律として定めた。
→ その後の武家法の手本とされた

3 元寇と鎌倉幕府のおとろえ

❶ **元** モンゴル民族が中国に建てた国。モンゴル民族は東ヨーロッパから朝鮮半島の高麗までの広い範囲を征服した。

❷ **元寇** 元軍が２度にわたって九州北部にせめてきた。
→ 文永の役と弘安の役をあわせて元寇という
元軍の**集団戦法**や**火薬兵器**の前に幕府軍は苦戦したが，武士の抵抗や暴風雨などにより，２度とも元軍を退けた。

❸ **徳政令** 生活に苦しみ領地を売るなどする御家人が増えたため，幕府は領地をただで取りもどさせる**徳政令**を出した。

❹ **幕府のおとろえ** 徳政令は経済をかえって混乱させ，元寇で恩賞をもらえなかった御家人は幕府に不満をもった。

✅ **重要** 元寇のときの元の皇帝はフビライ=ハン。

4 人々のくらしと文化

❶ **産業の発達** 米と麦の**二毛作**が行われるようになった。寺社の門前などで**市**が開かれるようになった。

❷ **新しい仏教** **法然(浄土宗)**，**親鸞(浄土真宗=一向宗)**，**栄西(臨済宗)**，**道元(曹洞宗)**，**日蓮(日蓮宗)**，**一遍(時宗)**。

❸ **文化** 運慶らの**金剛力士像**，軍記物の『**平家物語**』。
源氏と平氏の戦いをえがいた

参考 元軍と戦う武士

参考 金剛力士像(吽形)

参考 仏教の宗派

法然・親鸞・一遍の広めた教えは，浄土信仰の教えにもとづくものである。栄西と道元が広めた教えは，座禅をして自分の力によってさとりを開こうという禅宗である。

社会
理科
算数
英語
国語

Q 入試では [十文字中]

鎌倉幕府が成立したころのようすとして，まちがっているものを次のア～エから１つ選び，記号で答えなさい。

ア 元軍の襲来を防ぐために関東地方の防備をかためた。
イ 国ごとに守護を，荘園などに地頭を置いた。
ウ 将軍のご恩に対して，家来である武士たちは奉公をちかった。
エ 土地を仲立ちとした主従関係が結ばれた。

解答

ア

ワンポイント

元軍の襲来に備えて防備をかためたのは九州北部の博多湾沿岸である。

入試に出る要点

年代	おもなできごと
1333	鎌倉幕府がほろびる
	後醍醐天皇が建武の新政を始める
1336	後醍醐天皇が吉野へ移る
1338	足利尊氏が征夷大将軍となる
1392	南朝と北朝が1つになる
	◆このころ、守護大名の力が強まる
	◆このころ、倭寇の活動が活発に
	なる
1404	明との間で勘合貿易が始まる
1428	はじめての土一揆がおこる
1467	応仁の乱が始まる（〜77）
1485	山城の国一揆がおこる
1488	加賀の一向一揆がおこる

●足利義満

●明軍（左）と倭寇（右）

●足利義政

●書院造

1 南北朝の内乱と室町幕府

❶ **鎌倉幕府の滅亡** 後醍醐天皇は足利尊氏らを味方につけ、鎌倉幕府をたおした。その後、後醍醐天皇がみずから天皇中心の新しい政治を行った（**建武の新政**）が、2年あまりで失敗に終わった。
　　↳公家を重視したため、武士の不満が高まった

❷ **南北朝時代** 後醍醐天皇の南朝（吉野）と足利尊氏の北朝（京都）の対立は60年近く続いた。

❸ **室町幕府** 足利尊氏は京都に新たに天皇を立てて、みずからは征夷大将軍となり、幕府を開いた。将軍を助ける職としては、執権にかわり**管領**が置かれた。
　　管領には有力な守護大名が任じられた

❹ **足利義満** 室町幕府の第3代将軍。義満のときに南北朝は統一され、幕府の力が安定した。
　　↳義満は勢力がおとろえていた南朝を、北朝と統一させた

2 東アジアとの交流

❶ **朝鮮の成立** 1392年、朝鮮半島では高麗にかわって、朝鮮が建国された。

得点＋プラス

参考 室町幕府のしくみ
中央の政所・問注所・侍所、地方の守護・地頭は鎌倉幕府と同じ。このほか、関東そのほかの地方を治める鎌倉府が置かれた。

花の御所
　義満が室町（京都）につくった豪華な邸宅。

ことば 朝鮮
　倭寇との戦いで名をあげた李成桂が建国した。

❷ **琉球王国** 15世紀，尚氏が沖縄を統一し，**琉球王国**を建てた。中継貿易で栄えた。

❸ **日明貿易(勘合貿易)** 足利義満は，**明**(中国)の求めに応じて**倭寇**とよばれる海ぞくを取りしまり，明との貿易を始めた。
  ↳ 中国や朝鮮の沿岸をおそった
正式な貿易船には，倭寇と区別するため勘合という合い札の証明書があたえられた。

❹ **アイヌ民族との交易** 蝦夷地(北海道)で行われた。

3 立ち上がる民衆と戦国大名

❶ **農民の一揆** 農民たちは徳政令を出すよう要求したり，**酒屋**や**土倉**をおそうなどの**土一揆**をおこすようになった。
  金貸しを営んでいた業者

❷ **応仁の乱** 8代将軍**足利義政**のあとつぎ争いと守護大名どうしの対立が重なり，京都で戦乱が始まった。

❸ **戦国大名** 実力のある者が上の身分の者をたおす**下剋上**の風潮が広がり，全国に戦国大名が登場した。

4 人々のくらしと文化

❶ **村の自治** 農民が有力な年長者などを中心に団結し，**寄合**を開いて村のおきてを定めるなどの自治を行った。
  ↳ 村の自治を行った組織を惣という

❷ **文化** 金閣・銀閣，雪舟(水墨画)，能(観阿弥・世阿弥)・狂言の発展。**お伽草子**，茶の湯，生け花の流行。

参考 勘合

正式の貿易船は左半分の合い札をもち，明がもつ右半分と照らし合わせた。

参考 民衆の団結

15世紀末には，山城の国一揆や，加賀の一向一揆がおこった。その後，山城国では8年間，加賀国では約100年，農民らの自治が続いた。

ことば 分国法(家法)

戦国大名が領国内を治めるためにつくったきまり。家臣は城下町に集められた。

Q 入試では [早稲田実業学校中一改]

足利義満に関する説明として正しいものを次のア〜エから1つ選び，記号で答えなさい。

ア あとつぎ問題をめぐって有力な守護大名どうしが対立し，応仁の乱がおこった。

イ 織田信長の力を借りて京都にのぼり，征夷大将軍となった。

ウ 室町幕府の基本的な法である御成敗式目を制定した。

エ 倭寇の取りしまりをきっかけとして，明(中国)との間に勘合貿易を開始した。

解答

エ

ワンポイント

アは足利義政，イは足利義昭のこと。ウの御成敗式目の制定は鎌倉時代のできごと。

入試に出る要点

年代	おもなできごと
1492	コロンブスが西インド諸島に到達
1498	バスコ=ダ=ガマがインドに到着
1517	ヨーロッパで宗教改革が始まる
1543	日本に鉄砲が伝わる
1549	日本にキリスト教が伝わる
1573	織田信長が室町幕府をほろぼす
1575	長篠の戦い(織田信長の勝利)
1582	天正遣欧使節が出発する
	信長が本能寺でたおされる
	豊臣秀吉が検地を始める(太閤検地)
1588	秀吉が刀狩を行う
1590	秀吉が全国を統一する
1592	秀吉が朝鮮侵略を行う(〜98)

●織田信長の勢力範囲の拡大

安土城を築く(1576年)

京都

	信長の征服進路
←	信長の征服進路
■	1560年
■	1576年
■	1582年

長篠の戦い(1575年)

桶狭間の戦い(1560年)

左側が織田・徳川連合軍,右側が武田軍。

← 長篠の戦い

1 鉄砲とキリスト教の伝来 ⅰⅱ

❶ **大航海時代** スペインやポルトガルが積極的に海外進出を行った。南アメリカ・アフリカ・アジアに植民地。

❷ **鉄砲の伝来** ポルトガル人を乗せた中国船が**種子島**(鹿児島県)に流れ着き,このとき日本に**鉄砲**が伝わった。鉄砲の伝来は,戦いの方法を変え,天下統一の動きを早めた。
　→ポルトガルはアジアへ進出していた

❸ **キリスト教の伝来** **イエズス会**の宣教師**フランシスコ=ザビエル**が鹿児島に上陸し,**キリスト教**を広めた。

❹ キリシタン大名 キリスト教に改宗した大名。西国に多い。

2 織田信長の時代 ⅰⅱ

❶ **織田信長** 今川義元を桶狭間の戦いでたおして名をあげた。その後,京都に入り,1573年に室町幕府をほろぼした。

❷ **長篠の戦い** 鉄砲を活用して武田軍を破った。
　→鉄砲隊による集団戦法

❸ **安土城** 琵琶湖のほとりに**安土城**を築き,本拠地とした。城下では**楽市・楽座**の政策をとり,各地の関所を廃止した。
　→市場の税を免除し,座を廃止した

得点➕プラス

参考 戦国大名
　城下に武士や商人を集めて城下町をつくり,独自の分国法(家法)を定めて武士や農民の行動・生活を取りしまった。

参考 日本にキリスト教が伝わった背景
　16世紀のヨーロッパでは,宗教改革というキリスト教の改革運動がおこった。この運動に対抗するため,カトリック教会は海外布教を強化し,日本にも宣教師を送った。

合格への
アドバイス

❶ ヨーロッパ人との出会いとその背景をおさえる。
❷ 織田信長の戦いと城下における政策について理解する。
❸ 豊臣秀吉の全国統一と16世紀の文化について理解する。

❹ 宗　教　比叡山延暦寺を焼き打ちし，**一向一揆**をしずめるなど，仏教勢力をおさえる一方で，キリスト教を保護した。
❺ 本能寺の変　信長が家来の**明智光秀**にたおされた。

3 豊臣秀吉の時代 📊

❶ 豊臣秀吉　光秀をたおして信長の後継者となった。**大阪城**を本拠地とし，1590年に全国を統一した。
❷ 検　地　田畑の面積やよしあし，耕作者を調べた。この結果，農民は領主である武士に年貢を納める義務を負った。
　→ 秀吉が全国で行った検地を太閤検地という
❸ 刀　狩　一揆を防ぐため，武士以外の身分の者から刀・やり・鉄砲などの武器を取り上げた。
❹ 朝鮮侵略　明(中国)に進出しようと考えた秀吉は，2度にわたって**朝鮮**に兵を出したが，失敗に終わった。
　→ 朝鮮からすぐれた陶磁器をつくる技術者が日本に連れてこられた

✅ **重要**　検地と刀狩で兵農分離。

4 南蛮文化と桃山文化 📊📖

❶ 南蛮文化　ヨーロッパ人が伝えた医学・天文学など。
　→ ポルトガル人やスペイン人を南蛮人とよんだ
❷ 桃山文化　信長・秀吉の時代に栄えた豪華で雄大，活気あふれる文化。天守閣をもつ**姫路城**や大阪城，千利休の**わび茶**，**出雲阿国のかぶき踊り**，**狩野永徳**の障壁画など。

Q 入試では [本郷中]

　豊臣秀吉が行った政策の説明として誤っているものを，次のア～エから1つ選び，記号で答えなさい。

ア 土一揆を防止し，兵農分離を進めるために刀狩を行った。
イ 海外貿易を積極的に進め，商人に許可証として朱印状をあたえた。
ウ 中国への道案内を断った朝鮮を2度にわたって侵略した。
エ 指出検地とよばれる全国的な検地を実施し，荘園制を完全に消滅させた。

解 答
エ

💡 **ワンポイント**
秀吉以前も検地は行われていた。指出検地は信長などが行った。

ことば 兵農分離

　検地と刀狩により，それまであいまいだった武士と農民の身分がはっきり区別された。これを兵農分離という。この結果，武士が支配する社会のしくみが整った。

参考 刀狩令(一部要約)

　諸国の百姓が刀やわきざし，弓，やり，鉄砲その他の武具などをもつことはかたく禁止する。不必要な武具をたくわえ，年貢その他の税をなかなか納入せず，ついには一揆をくわだてたりして，領主に対しよからぬ行為をする者は，もちろん処罰する。

社会
理科
算数
英語
国語

24 江戸時代（1）

年代	おもなできごと
1600	関ヶ原の戦いがおこる
1603	徳川家康が征夷大将軍となる
1615	大阪の陣で豊臣氏がほろびる
1637	島原・天草一揆がおこる
1639	ポルトガル船の来航を禁止する
1641	オランダ商館を長崎の出島へ移す
1685	徳川綱吉が生類憐みの令を出す
1688	イギリスで名誉革命がおこる
1716	徳川吉宗が享保の改革を始める

●江戸幕府のしくみ

将軍
- 大老（必要なときに置く）
- 老中
  - 大目付（大名の取りしまり）
  - 町奉行（江戸の市政と裁判）
  - 勘定奉行（幕府の財政や幕領の管理）
- 寺社奉行（寺・神社の監督）
- 若年寄（老中の補佐）
  - 目付（旗本・御家人の監督）
- 京都所司代（朝廷・西国大名の監視）

●身分別人口の割合

公家，神官，僧侶，その他 約1.5%

総人口 約3200万人（推定値）

町人 約5%

百姓 約85%

武士 約7%

えた身分・ひにん身分 約1.5%

（関山直太郎「近世日本の人口構造」）

●改良された農具

↑千歯こき　　↑備中ぐわ　　↑唐箕

1 江戸幕府の成立と鎖国 ▮▮▮

❶ **江戸幕府の成立** **関ヶ原の戦い**で豊臣方を破った**徳川家康**は，征夷大将軍に任命され，江戸（東京）に幕府を開いた。

❷ **大名の支配** 大名を**親藩・譜代・外様**に分けて全国に配置し，**武家諸法度**により統制した。3代将軍**徳川家光**は，この中に参勤交代の制度を加えた。

❸ **島原・天草一揆** キリスト教徒の農民らによる反乱。幕府はこれをしずめ，その後，キリスト教の取りしまりを強めた。
→絵踏でキリスト教徒を見つけ出した

❹ **鎖国** 日本人の渡航と帰国を禁止し，**オランダ**と**清**（中国）に限って**長崎**で貿易を認めた。朝鮮とは家康のときに国交が回復し，**朝鮮通信使**がたびたび来日した。
→出島に商館

2 百姓・町人と産業の発達 ▮▮

❶ **百姓** 本百姓の中から村役人として**名主・組頭・百姓代**。
→耕地をもち年貢を納める百姓

得点➕プラス

注意 **親藩・譜代・外様**
親藩は徳川家の一族の大名。譜代は関ヶ原の戦い以前からの徳川家の家臣の大名。外様は関ヶ原の戦い以後に徳川家に従った大名。

参考 **出島**

合格への アドバイス
① 徳川家康と徳川家光が整えた江戸幕府の支配体制を理解する。
② 都市や農村のようす，江戸幕府による改革について理解する。
③ 江戸時代に発達した文化と学問の特色をおさえる。

❷ **都市の発達**　江戸・大阪・京都が「三都」として栄えた。

❸ **交通の発達**　**五街道**や西廻り・東廻り航路が整備された。

❹ **農業の発達**　**干歯こき**や**備中ぐわ**（→田畑を深くほりおこす）を利用して，生産が増
えた。干鰯や油かすなどの肥料も普及した。
（→だっこく用）

✓ **重要**　江戸は「将軍のおひざもと」，大阪は「天下の台所」。

③ 享保の改革と社会の変化 ▮▮▯

❶ **享保の改革**　**徳川吉宗**が行う。**公事方御定書**を定め，**新田**
（→公正な裁判を行うための基準）
開発をすすめた。**目安箱**を置き，実学をすすめた。

❷ **社会の変化**　貨幣が広く行き渡り，農村でも貧富の差が
大きくなった。農村で**百姓一揆**，都市で**打ちこわし**が発生。

④ 江戸時代の文化 ▮▮▯

❶ **元禄文化**　大阪・京都中心の町人文化。

❷ **化政文化**　江戸中心の町人文化。

❸ **学　問**　オランダ語で西洋の学問を
学ぶ**蘭学**，日本古来の精神を学ぶ**国**
（→杉田玄白ら）
学が発達した。**伊能忠敬**が日本全図
（→本居宣長ら）
をつくった。

❹ **教　育**　**寺子屋**で読み書きやそろば
んなどを教えた。

ことば	五街道
	東海道・中山道・日光道中・奥州道中・甲州道中。

参考	商品作物
	金銭を得るためにつくる作物。綿花，菜種，桑，茶など。

参考	洋書の輸入
	吉宗は，キリスト教と関係のない洋書の輸入を許可した。

江戸時代前期の文化（元禄時代中心）	
俳句	松尾芭蕉『奥の細道』
小説	井原西鶴『日本永代蔵』
脚本	近松門左衛門『曽根崎心中』
浮世絵	菱川師宣「見返り美人図」

江戸時代後期の文化（文化・文政時代中心）	
小説	十返舎一九・滝沢馬琴
俳句	与謝蕪村・小林一茶
浮世絵	歌川広重「東海道五十三次」
	葛飾北斎「富嶽三十六景」

社会

理科

算数

英語

国語

Q 入試では ［洗足学園中］

江戸時代の農業について述べた文として正しいものを，次
のア〜エから１つ選び，記号で答えなさい。

ア　千歯こきが普及したことにより，深く耕すことが可能に
なった。

イ　江戸時代から，麦を裏作とする二毛作が畿内を中心に始
まった。

ウ　干鰯や油かすなどの肥料を購入して使うようになった。

エ　農村での労働力を確保するため，享保の改革で人返しの
法が出された。

解答
ウ

👆 **ワンポイント**
二毛作が畿内で始まったのは鎌倉時代。人返しの法が出されたのは天保の改革。

入試に出る要点

年代	おもなできごと
1772	田沼意次が老中になる
1775	アメリカで独立戦争が始まる
1787	松平定信が寛政の改革を始める
1789	フランス革命がおこる
1825	異国船打払令が出される
1837	大塩の乱がおこる
1841	水野忠邦が天保の改革を始める
1842	清（中国）がアヘン戦争で敗れる
1853	ペリーが浦賀に来航する
1854	日米和親条約が結ばれる
1858	日米修好通商条約が結ばれる
1860	桜田門外の変がおこる
1866	薩長同盟が結ばれる
1867	大政奉還・王政復古の大号令
1868	戊辰戦争がおこる

●ペリーの来航

※1854年にペリーが2度目に来航したときのようす

●開国後の貿易品（1865年）

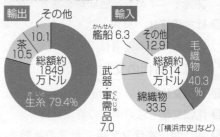

輸出　総額約1849万ドル　その他10.1　茶10.5　生糸79.4%

輸入　総額約1514万ドル　艦船6.3　その他12.9　毛織物40.3%　綿織物33.5　武器・軍需品7.0

（「横浜市史」など）

1 田沼の政治と寛政の改革

❶ **田沼の政治**　老中**田沼意次**は，**株仲間**や長崎貿易を奨励し，商人の経済力を利用して幕府財政の立て直しをはかった。

❷ **寛政の改革**　老中**松平定信**による改革。倹約令や農村の立て直しを行った。また，**朱子学**を正式な学問とした（**寛政異学の禁**）。

2 外国船の接近と天保の改革

❶ **異国船打払令**　幕府は，はじめ外国船を追い払おうとしたが（→渡辺崋山や高野長英がこれを批判し処罰された），清（中国）が**アヘン戦争**でイギリスに敗れたのを知ると，打払令をゆるめた。

❷ **大塩の乱**　大阪で元役人の**大塩平八郎**がおこした乱。元役人による反乱は幕府に大きな衝撃をあたえた。

❸ **天保の改革**　老中水野忠邦が行った改革。**株仲間を解散**させ，江戸に働きに出ている農民を村へ帰らせた。（→人返しの法）

得点＋プラス

ことば　朱子学
儒学の1つ。中国の宋の時代に成立。身分や秩序を重んじる。湯島（江戸）の学問所などで教えられた。

ことば　アヘン戦争
（1840〜42年）
イギリスがインド産のアヘンを清へ密輸したことが原因でおこった戦争。清は敗れ，不平等条約を結ばされた。

③ 開国 📊

❶ ペリーの来航 アメリカの使節ペリーが浦賀（神奈川県）に来航し、開国を求めた。

❷ 日米和親条約 翌年改めて来航したペリーと結んだ条約。
下田と函館を開港した。
→アメリカ船に水・食料・燃料などを補給することなどを定めた

❸ 日米修好通商条約 大老井伊直弼が結び、**函館・横浜・長崎・新潟・神戸**を開港した。
開港後、当時の最大の貿易港←

❹ 開国の影響 井伊直弼が朝廷の許可を得ずに条約を結んだことや、日本に不利な条約だったことから、天皇を尊び、外国人を追い払おうという**尊王攘夷**の考え方が強まった。貿易が始まると、国内の品物が不足して物価が上がった。

④ 江戸幕府の滅亡 📊

❶ 攘夷の動き 長州藩などが外国船を攻撃したが、失敗。
→山口県

❷ 薩長同盟 長州藩と薩摩藩（鹿児島県）が、土佐藩（高知県）出身の**坂本龍馬**らの仲立ちで同盟し、倒幕へ動いた。

❸ 大政奉還 15代将軍徳川慶喜が政権を朝廷に返した。
朝廷は王政復古の大号令を出して幕府の領地を取り上げた←

✓重要 新政府は旧幕府軍を戊辰戦争で破った。

Q 入試では [明治学院中]

井伊直弼に関して書かれた次のア〜エのうち、誤っているものを1つ選び、記号で答えなさい。

ア 幕府では将軍につぐ最高の職である大老として政治の実権をにぎった。

イ 1854年に日米和親条約を結び、下田と函館の開港を認めた。

ウ 1858年に日米修好通商条約を結び、欧米との貿易を始めることを認めた。

エ 井伊直弼の政治に反対する元水戸藩の武士らによって桜田門外で暗殺された。

参考 日米修好通商条約

第4条 すべて日本に対して輸出入する商品は、別に定めるとおり、日本政府へ関税を納めること。
（日本に関税自主権がない）

第6条 日本人に対して法を犯したアメリカ人は、アメリカ領事裁判所において取り調べのうえ、アメリカの法律で罰すること。
（領事裁判権＝治外法権を認めた）

参考 坂本龍馬

解答

イ

ワンポイント
1854年に日米和親条約を結んだときの幕府の責任者は、老中の阿部正弘。

社会
理科
算数
英語
国語

25. 江戸時代 (2) 53

入試に出る要点

年代	おもなできごと
1868	五箇条の御誓文が発表される
1871	廃藩置県が行われる
1872	学制が出される
1873	徴兵令が出される
	地租改正が行われる
1874	民撰議院設立の建白書の提出
1875	樺太・千島交換条約を結ぶ
1877	西南戦争がおこる
1881	国会開設の勅諭が出される
1885	内閣制度がつくられる
1889	大日本帝国憲法が発布される
1890	第1回帝国議会が開かれる

●地租改正

	改正前	改正後
課税対象	収穫高	地価
税率	一定せず	3%
納める方法	現物（米）	現金
納める人	耕している人	土地所有者

●富岡製糸場

1 明治維新と領土の画定

❶ **新政府の方針** 明治天皇が五箇条の御誓文で示した。
→民衆に対しては五榜の掲示

❷ **地方の支配** 版籍奉還により大名に領地と人民を天皇に返させた。さらに廃藩置県により藩を廃止して府県を置いた。

❸ **身分制度** 江戸時代の身分制度を廃止し，**四民平等**とした。
皇族・華族・士族・平民に分けた

❹ **経済政策** 地租改正により政府の収入を安定させた。**富岡製糸場**（群馬県）などの官営模範工場を建設した。

❺ **国力の強化** 学制により全国に小学校がつくられた。徴兵令により満20才以上の男子に兵役の義務を課した。

❻ **文明開化** 鉄道・郵便・電信・**太陽暦**の整備，洋服・洋食の広まり。福沢諭吉の『学問のすゝめ』。

❼ **岩倉使節団** 岩倉具視を中心に欧米を視察。のちの明治政府の政策に大きな影響をあたえた。

❽ **領土の画定** 樺太・千島交換条約で樺太をロシア領，千島列島を日本領とした。小笠原諸島を日本領と宣言。

得点＋プラス

参考 五箇条の御誓文（要約）
1．政治はみんなの意見を尊重。
2．国民の協力で国の政策を行う。
3．国民の望みがかなう世の中。
4．よくないしきたりを改める。
5．知識を世界から学ぶ。

ことば 地租改正
　土地所有者に，地租という税を現金で納めさせたが，農民の負担は減らず，反対一揆がおこった。

**合格への
アドバイス**
❶ 明治政府のかかげた政治の方針を理解する。
❷ 自由民権運動から国会開設までの流れをおさえる。
❸ 大日本帝国憲法の内容と帝国議会のしくみをおさえる。

❾ 清(中国)・朝鮮との関係　清とは1871年に**日清修好条規**,
朝鮮とは1876年に**日朝修好条規**を結んだ。また,1879年
には琉球を**沖縄県**とした。

2 自由民権運動

❶ 民撰議院設立の建白書　板垣退助らが政府に議会を開く
ことを要求した。
❷ 西南戦争　鹿児島で**西郷隆盛**をおしたてておこった,不
平士族たちの反乱。
　　→徴兵令でつくられた政府軍に敗れた
❸ 政党の結成　1881年に政府が国会開設を約束したことで
板垣退助が**自由党**を,**大隈重信**が**立憲改進党**を結成した。

3 憲法発布と帝国議会の開設

❶ 憲法制定の準備　伊藤博文はヨーロッパにわたり,君主
権の強いドイツの憲法などを研究した。
❷ 内閣制度　伊藤博文が初代の**内閣総理大臣**になった。
❸ 憲法の発布　**ドイツ**の憲法などを手本として作成された
大日本帝国憲法が,天皇が国民にあたえるという形で発
布された。
❹ 帝国議会　皇族・華族などからなる**貴族院**と,国民から選
挙された議員からなる**衆議院**の二院制。

✓ **重要**　大日本帝国憲法では天皇に主権があった。

参考　日朝修好条規
江華島事件をきっかけに朝鮮を武力で開国した。朝鮮にとっては不平等な内容。

参考　征韓論
板垣退助,西郷隆盛らは征韓論を主張したが,大久保利通らに敗れ,政府を去っていた。

参考　大日本帝国憲法(一部)
第3条　天皇は神聖であり侵してはならない。
第11条　天皇は陸海軍を統帥する。

参考　第1回総選挙
選挙権をもっていたのは,直接国税を15円以上納める満25才以上の男子に限られた。

Q 入試では　[関東学院中]
　日本は江戸時代から明治時代に大きな変化をとげた。そのような変化がおこったのはなぜか。また,どのようなことを目標(スローガン)にかかげてその変化を推し進めたか。次の【使用語句】を一度は必ず用いて30字以内で説明しなさい。なお,句読点も1文字とする。
【使用語句】
欧米　殖産興業

解答
(例)富国強兵や殖産興業によって,国力を欧米諸国に近づけるため。(29字)

社会 理科 算数 英語 国語

明治時代，大正時代

入試に出る要点

年代	おもなできごと
1894	領事裁判権の撤廃に成功する 日清戦争がおこる
1902	日英同盟が成立する
1904	日露戦争がおこる
1910	韓国併合が行われる
1911	関税自主権の完全回復に成功する
1912	第一次護憲運動がおこる
1914	第一次世界大戦が始まる
1915	中国に二十一か条の要求を出す
1918	米騒動がおこる
1919	朝鮮で三・一独立運動，中国で 五・四運動がおこる
1920	国際連盟が発足する
1925	普通選挙法・治安維持法が成立する

●明治時代の地図

リオトン(りょうとう) 遼東半島（三国干渉で返還）
山東半島（1915年 二十一か条の要求）
朝鮮半島（1910年韓国併合）
台湾（下関条約で日本領）
鹿鳴館（1883年完成）
ノルマントン号事件（1886年）
下関条約（1895年）
八幡製鉄所（1901年開業）

●北里柴三郎

●野口英世

1 不平等条約の改正 ◗◗

❶ **岩倉使節団** 条約改正の準備交渉が目的であったが失敗。

❷ **鹿鳴館外交** 舞踏会を開き，各国代表をもてなした。

❸ **ノルマントン号事件** 1886年のこの事件をきっかけに条約改正の声が高まった。
↳ 日本人乗客は見殺しにされて全員死亡したが，イギリス人船長は軽い罪

❹ **領事裁判権の撤廃** 1894年，陸奥宗光が成功した。

❺ **関税自主権の完全回復** 1911年，小村寿太郎が成功した。

2 日清・日露戦争と韓国併合 ◗◗◗

❶ **日清戦争** 日本は朝鮮をめぐり清と戦い，勝利を収めた。
↳ 甲午農民戦争をきっかけに出兵

❷ **下関条約** 日清戦争の講和条約。日本は**多額の賠償金**と**台湾**などを得た。日本側の全権は伊藤博文と陸奥宗光。

❸ **日露戦争** 満州からさらに南下をねらうロシアと開戦。
↳ 南下するロシアを警戒したイギリスと日英同盟を結ぶ
日本は苦しみながらも旅順要塞を陥落させ，**日本海海戦**でも勝利した。

得点＋プラス

ことば 鹿鳴館
　東京の日比谷に建てられた社交場。日本が欧米並みの文明国であることをアピールしようとした。

八幡製鉄所
　日清戦争の賠償金をもとに，北九州に建設。日本の製鉄業，重工業の基礎を築いた。

参考 君死にたまふことなかれ
　歌人の与謝野晶子が日露戦争に出征した弟のためによんだ歌。

**合格への
アドバイス**

① 不平等条約の改正の流れ，成功した外務大臣の名まえをおさえる。
② 日清・日露戦争の原因と結果，講和条約の内容をおさえる。
③ 日本が第一次世界大戦にどのようにかかわったかを理解する。

④ **ポーツマス条約**　日露戦争の講和条約。日本は**朝鮮への
優越権**や**南樺太**などを得たが**賠償金は得られず**，不満に
思った民衆が暴動をおこした（日比谷焼き打ち事件）。
⑤ **韓国併合**　日露戦争後，日本は韓国を保護国とした。その
後，1910年に併合し，**朝鮮総督府**を置いた。

3　明治時代の文化・社会

① **文 学**　森鷗外『舞姫』，夏目漱石『吾輩は猫である』。
② **絵画・彫刻**　横山大観「無我」，黒田清輝「湖畔」。
③ **科 学**　医学の**北里柴三郎**，**野口英世**。
④ **日本の産業革命**　日清戦争後に軽工業，日露戦争後には
重工業で産業革命がおこった。

4　第一次世界大戦と大正デモクラシー

① **第一次世界大戦**　連合国（イギリス・フランスなど）と**同
盟国**（ドイツ・オーストリアなど）の戦争。**日本はイギリス
と同盟を結んでいた**ため，連合国側に立って参戦した。
② **大戦景気**　戦争中，日本は輸出が増えて好景気となった。
③ **米騒動**　米の安売りを求める運動が全国に広がった。
④ **普通選挙**　満25才以上の**男子**に選挙権があたえられた。

✓ **重要**　敗戦国のドイツはベルサイユ条約を結んだ。

ことば ポーツマス条約
アメリカのセオドア＝ルーズベルト大統領の仲立ちで結ばれた。日本側の全権は小村寿太郎。

ことば 大正デモクラシー
大正時代に高まった民主主義を求める風潮。

参考 米騒動
シベリア出兵を見こした米の買い占めにより，米の値段が急上昇した。

参考 政党内閣
米騒動後に首相となった原敬が，日本初の本格的な政党内閣を成立させた。

社会　理科　算数　英語　国語

Q 入試では［女子学院中］

1907年について，次の問いに答えなさい。
(1) このころに，日本政府が海外で鉄道会社を設立して，壮大な都市計画を始めた地域はどこか，答えなさい。
(2) 1907年前後のできごとを，古い順に並べかえ，記号で答えなさい。
　　ア 韓国を併合する。　　イ 米騒動がおこる。
　　ウ 八幡製鉄所が操業を開始する。
　　エ ポーツマス条約を結ぶ。

解 答
(1) 満州
(2) ウ→エ→ア→イ
ワンポイント
(2)ウは1901年，エは1905年，アは1910年，イは1918年のできごと。

27. 明治時代，大正時代　57

入試に出る要点

年代	おもなできごと
1929	世界恐慌がおこる
1931	満州事変がおこる
1933	日本が国際連盟を脱退する
1937	日中戦争が始まる
1941	太平洋戦争が始まる
1945	日本がポツダム宣言を受け入れる
1950	朝鮮戦争が始まる
1951	サンフランシスコ平和条約が結ばれる
1956	日本が国際連合(国連)に加盟する
1972	沖縄返還, 中国と国交を正常化
1978	日中平和友好条約が結ばれる
1995	阪神・淡路大震災がおこる
2011	東日本大震災がおこる
2016	選挙権年齢が 18 才以上になる
2020	新型コロナウイルス感染症感染拡大

● 満州事変と日中戦争

● 農地改革の結果

	自作農	自小作農	小作農
1930年	31.1%	42.4	26.5
1950年	62.3%	32.6	5.1

(「完結昭和国勢総覧」)

1 世界恐慌と日本の中国侵略

❶ **世界恐慌** ニューヨークのウォール街の株価暴落の影響で世界各国の経済が大混乱した。

❷ **昭和の不景気** 日本は経済ブロックを構築するため, 大陸への進出をはかった。

❸ **満州事変** 日本軍が南満州鉄道を爆破し, これを口実に満州を占領した。満州からの撤退を国際連盟に求められた日本は, これを不服として**国際連盟を脱退**した。

❹ **軍部の動き** **五・一五事件**(1932 年)や**二・二六事件**(1936 年)がおこり, これ以後, 軍部の発言力が強まった。
→ 首相の犬養毅らが暗殺された

❺ **日中戦争** 北京で日中両軍がぶつかり, 戦争が始まった。両国が総力をあげて戦う全面戦争に発展した。

❻ **国民生活の変化** 戦時色が強まる中, 1938 年に**国家総動員法**が制定された。1940 年には**大政翼賛会**が成立した。

得点➕プラス

[参考] **昭和の不景気**
　第一次世界大戦が終わるとともに大戦景気が終わったことや, 1923 年の関東大震災, 1929 年の世界恐慌, 東北・北海道地方における冷害などが原因。

[参考] **ファシズム**
　民主主義を否定する全体主義。ドイツではヒトラー率いるナチスが独裁政権を築き, 再軍備を進めた。

2 第二次世界大戦と太平洋戦争 📊

❶ **第二次世界大戦** ドイツがイギリス・フランスなどと開戦。

❷ **太平洋戦争** ドイツ・イタリアと同盟を結んだ日本は、ハ
ワイの**真珠湾**を攻撃して、**太平洋戦争**が始まった。
↳ 日独伊三国同盟(1940 年)

❸ **日本の降伏** 広島・長崎に**原子爆弾(原爆)** が投下され
た後，日本は**ポツダム宣言**を受け入れて降伏した。
↳ 朝鮮・台湾などの日本の植民地を失った

3 戦後の日本と世界 📊

❶ **日本の民主化** 敗戦後，**GHQ**(連合国軍最高司令官総司令
部)の指令にもとづいて行われた。
↳ 最高司令官はマッカーサー

❷ **戦後改革** 農地改革により自作農が増加，**財閥解体**。国
民主権の**日本国憲法**が制定。**満 20 才以上の男女**に選挙権。
↳ 1946 年 11 月 3 日公布。翌年 5 月 3 日施行

❸ **日本の発展** サンフランシスコ平和条約を結んで日本は
独立を回復し，同時に**日米安全保障条約**を結んだ。ソ連と
の国交回復によって**国際連合への加盟**が認められた。

❹ **高度経済成長** 1950 年代半ばから日本の経済は急成長を
続けたが，1973 年の**石油危機**で終わった。
↳ オイル・ショックともいう

❺ **国際社会の動き** **冷戦**が続いていたが，1991 年にはソ連
が解体。パレスチナ問題や各地の民族紛争が発生。

❻ **日本経済の動き** **バブル経済**崩壊後は平成不況。

社会
理科
算数
英語
国語

> **参考 学童(集団)疎開**
> 都会の子どもたち
> が，空襲をさけるた
> め地方へ避難した。

> **参考 沖縄戦**
> 太平洋戦争末期に
> は，沖縄でアメリカ
> 軍との激しい地上戦
> が行われ，一般市民
> もふくめて多くの犠
> 牲者が出た。

> **参考 高度経済成長**
> 1964 年に東海道
> 新幹線が開通し，ア
> ジア初のオリンピッ
> クとして東京オリン
> ピックが開催された。

> **ことば 冷戦(冷たい戦争)**
> アメリカ合衆国
> (西側)とソ連(東側)
> の対立。1980 年代
> 末に終結した。

Q 入試では [雙葉中]

次の日本に関するア～ケのできごとのうち，第二次世界大
戦の始まった 1939 年以前におきたことを 3 つ選び，記号で
答えなさい。

ア 学徒出陣が始まった。　　**イ** 満州国を建国した。

ウ 政党がすべて解散した。　**エ** 国際連盟を脱退した。

オ 真珠湾を攻撃した。　　　**カ** 東京が激しい空襲を受けた。

キ 日中戦争が始まった。　　**ク** 日独伊三国同盟を結んだ。

ケ 小学校が国民学校となった。

> **解答**
> イ，エ，キ
>
> **ワンポイント**
> **イ**は 1932 年，**エ**は
> 1933 年，**キ**は 1937
> 年のできごと。**ウ**・
> **ク**は 1940 年，**オ**・
> **ケ**は 1941 年のでき
> ごと。

1 飛鳥時代

建物名	法隆寺
関連内容	・聖徳太子が建てた。 ・世界文化遺産に登録。

2 奈良時代

建物名	正倉院
関連内容	聖武天皇の愛用品(西アジアやインドの文化の影響)が納められた。

3 平安時代

建物名	平等院鳳凰堂
関連内容	藤原頼通の建てた阿弥陀堂。

絵巻名	「源氏物語絵巻」
関連内容	紫式部の『源氏物語』を題材に貴族の生活をえがく。

建物名	中尊寺金色堂
関連内容	奥州藤原氏によって建てられた阿弥陀堂。

4 鎌倉時代

彫刻名	金剛力士像
関連内容	運慶らがつくった彫刻作品。

合格への
アドバイス

❶ 皇族や貴族が建てたおもな建築物の名まえと位置を理解する。
❷ 武士が建てたおもな建築物の名まえと位置を理解する。
❸ おもな絵画の特色と当時の人々のくらしを結びつけておさえる。

5 室町時代 (むろまち)

建物名　**金閣**（きんかく）
関連内容　足利義満（あしかがよしみつ）が京都（きょうと）の北山（きたやま）に建てた別荘（べっそう）。

建物名　**銀閣**（ぎんかく）
関連内容　**足利義政**（あしかがよしまさ）が京都の東山（ひがしやま）に建てた別荘。**書院造**（しょいんづくり）。

絵画名　「**天橋立図**」（あまのはしだてず）
関連内容　**雪舟**（せっしゅう）が日本の**水墨画**（すいぼくが）を完成。

6 安土桃山時代 (あづちももやま)

建物名　**姫路城**（ひめじじょう）
関連内容　世界文化遺産（いさん）に登録。

7 江戸時代 (えど)

絵画名　「**見返り美人図**」
関連内容　菱川師宣（ひしかわもろのぶ）の浮世絵（うきよえ）。

絵画名　「**東海道五十三次**」（とうかいどうごじゅうさんつぎ）
関連内容　歌川広重（うたがわひろしげ）の浮世絵。

社会
理科
算数
英語
国語

30 入試によく出る歴史地図

1 旧石器〜古墳時代の遺跡

時代区分
- ○ 旧石器時代
- ◉ 縄文時代
- ● 弥生時代
- ▲ 古墳時代

（青森県）

大森貝塚（東京都）

岩宿遺跡（群馬県）

野尻湖遺跡（長野県）

登呂遺跡（静岡県）

板付遺跡（福岡県）

大仙（仁徳陵）古墳（大阪府）

（佐賀県）

チェック①

この遺跡では，巨大な掘立柱建物の跡などが発見されました。また，人々がくりを栽培して食用にしていたこともわかっています。この遺跡を何といいますか。

三内丸山遺跡

チェック②

この遺跡では，物見やぐらや，まわりをほりやさくで囲まれた集落の跡が発見され，むらどうしの争いがあったことがうかがえます。この遺跡を何といいますか。

吉野ヶ里遺跡

チェック③

日本最大級のこの古墳は，前側に四角形，後ろ側に円形を組み合わせた形式です。この形式の古墳を何といいますか。

前方後円墳

2 中国の王朝の移り変わり

3世紀ごろの東アジア

高句麗（コグリョ）

長安　魏

蜀

呉

倭（日本）

チェック①

このころの日本のようすが記された，魏に関する歴史書の一部を何といいますか。

魏志 倭人伝

6世紀末の東アジア

高句麗

新羅

隋

百済

チェック③

7世紀初め，聖徳太子により遣隋使として隋へ送られたのはだれですか。

小野妹子

5世紀ごろの東アジア

高句麗

新羅（シルラ）

北魏（北朝）

宋（南朝）

百済（ペクチェ）

伽耶（任那）（イムナ）

チェック②

中国の南朝に使いを送った倭王の武と考えられる人物はだれですか。

ワカタケル（大王）

16世紀ごろの東アジア

朝鮮

北京

明

種子島

琉球

チェック④

1543年に，種子島へ流れついた中国船に乗っていたポルトガル人より日本に伝えられたものは何ですか。

鉄砲

① おもな遺跡の時代名と出土品をおさえる。
② 日本と交流をもった中国・朝鮮の国々をおさえる。
③ 明治時代以降，日本が大陸へ進出していったようすを理解する。

社会
理科
算数
英語
国語

3 江戸時代の大名の配置と交通

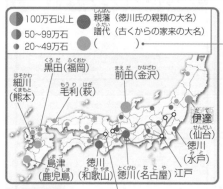

● 100万石以上
● 50〜99万石
● 20〜49万石

● 親藩（徳川氏の親類の大名）
● 譜代（古くからの家来の大名）
● （　　　　　　　）

細川（熊本）
黒田（福岡）
毛利（萩）
前田（金沢）
伊達（仙台）
徳川（水戸）
島津（鹿児島）
徳川（和歌山）
徳川（名古屋）
江戸

チェック①

徳川家康は大名の配置をくふうし，関ヶ原の戦いの後から徳川氏につかえた大名を，江戸や大阪から遠くの地域に配置しました。これらの大名を何といいますか。　　外様（大名）

チェック②

江戸時代には―――に示した街道が整備され，陸上交通が発達しました。これらの街道をまとめて何といいますか。　　五街道

チェック③

この都市には各地の年貢米や特産物が集まり，商業の中心地として発展したため，「天下の台所」とよばれました。この都市を何といいますか。　　大阪

4 江戸時代末期に開かれた港

チェック①

ペリーとの間で1854年に結ばれ，アメリカの船に水・食料・燃料をあたえることなどが定められたこの条約を何といいますか。

日米和親条約

■ （　　　　　　　）によって開かれた港
■ 日米修好通商条約によって開かれた港

※1859年12月31日に閉鎖された

長崎
神戸
新潟
函館
下田※

チェック②

開国後に最大の貿易港として発展し，おもに生糸や茶が輸出されたこの港を何といいますか。

横浜（港）

5 明治時代の対外関係

チェック①

下関条約で日本にゆずりわたされたこの遼東半島は，ロシアなどの要求で清へ返還されました。このできごとを何といいますか。

三国干渉

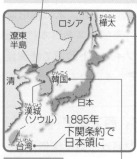

ロシア
樺太
遼東半島
清
韓国
漢城（ソウル）
日本
台湾

1905年ポーツマス条約で南半分が日本領に

1895年下関条約で日本領に

チェック②

韓国は1910年に日本の植民地とされました。このできごとを何といいますか。

韓国併合

日本と関係の深い国々 (1)
(アジア , オセアニア , アフリカ)

入試に出る**要点**

●アジアのようす

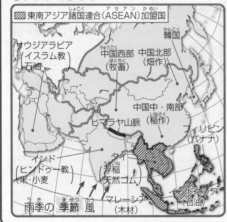

ⓧⓧ東南アジア諸国連合(ASEAN)加盟国

韓国
中国西部(牧畜)
中国北部(畑作)
サウジアラビア(イスラム教)石油
中国中・南部(稲作)
ヒマラヤ山脈
フィリピン(バナナ)
インド(ヒンドゥー教)米・小麦
タイ(浮稲・天然ゴム)
インドネシア(石油)
マレーシア(木材)
雨季の季節風

●アフリカ・オセアニアのようす

アフリカ
サハラ砂漠
エジプト(小麦・綿花)
サヘル(砂漠化)
エチオピア(コーヒー)
コートジボワール(カカオ)
ケニア(茶・コーヒー)
ザンビア(銅)
南アフリカ共和国(金)

オセアニア
オーストラリア西部(鉄鉱石)
オーストラリア内陸・ニュージーランド(羊)
オーストラリア東部(石炭)

1 東アジア，東南アジア ▮▮

❶ **中華人民共和国(中国)** 　**黄河**流域で畑作，**長江**流域で稲作。
　→ BRICS の 1 つ
米・小麦・石炭の生産が世界一。南部の沿岸に 5 つの経済
特区を設ける。世界一の人口(約 14 億人)。**一人っ子政策**
　　　　　　　　　　　　　　→ 外国企業の進出をうながす　　　　　　→ 現在は廃止
で人口をおさえてきた。日本の最大の貿易相手国。

❷ **大韓民国(韓国)** 　**チマ‐チョゴリ**などの民族衣装のほか，
　→ アジア NIES の 1 つ
ハングルという独自の文字を使用。

❸ **タ イ** 　**仏教**がさかん。米の輸出量は世界有数。

❹ **マレーシア** 　天然ガスを日本に輸出。日本・韓国を手本
とする**ルックイースト政策**で経済発展をとげた。

❺ **インドネシア** 　イスラム教を信仰。日本に石炭を輸出。

2 南アジア，西アジア ▮▮

❶ **インド** 　**ヒンドゥー教**を信仰。**カースト制**が残る。中部
　→ BRICS の 1 つ　　　　→ 国民の約 80%　　　　→ 職業ごとに数千の身分に区分
の**デカン高原**で綿花，北東部のアッサム地方で茶の生産。

❷ **サウジアラビア** 　聖地**メッカ**に世界中から**イスラム教徒**
　　　　　　　　　　　→ 聖地
がおとずれる。世界一の石油輸出国。

得点➕プラス

ことば ASEAN

東南アジアの政治・経済の結びつきを強めるための組織で，10 か 国(2020年現在)が加盟している。

参考 宗教別の人口割合

キリスト教	31%
イスラム教	23%
ヒンドゥー教	15%
仏 教	7%

(2019/20 年版「世界国勢図会」)

イスラム教徒は，国別人口で見ると，インドネシアが最も多い。

		社会

3 アフリカ

❶ **エジプト**　ナイル川流域で綿花・小麦などを栽培している。

❷ **ナイジェリア**　人口・石油生産がアフリカ最大。**焼畑農業**
　　→ 約2億人（2019年）
が行われ，北部のサヘルという地域では**砂漠化**が進んで
　　　　　　　　　　　　→ サハラ砂漠の南側
いる。

❸ **コートジボワール**　カカオ豆の生産が世界一。

❹ **ガーナ**　ギニア湾に面し，本初子午線が通る。

❺ **ケニア**　茶・コーヒーの生産がさかん。**赤道**直下だが，
　　→ 野生動物の見られる自然公園がある
高地ではすずしい。

❻ **南アフリカ共和国**　近年，工業化が進み，自動車・鉄鋼
　　→ BRICSの1つ
の生産がさかん。金・ダイヤモンドなどの地下資源が豊富。
かつて**アパルトヘイト**（人種隔離政策）が行われていた。

4 オセアニア

❶ **オーストラリア**　日本とは夏と冬が逆。日本に石炭・鉄鉱
　　　　　　　　　　　　→ 日本が真夏のときにクリスマスをむかえる
石・肉類・小麦などを輸出。

❷ **ニュージーランド**　羊の飼育がさかんな島国。

> ✔ **重要**　日本の石炭・鉄鉱石の最大の輸入先はオース
> トラリア。

参考 BRICS
経済発展が著し
いブラジル・ロシア
連邦・インド・中国・
南アフリカ共和国の
頭文字を合わせた総
称。

参考 おもな産物の生産国（2018年）

茶	中国 41% インド 21% ケニア 8%
カカオ豆	コートジボワール 37% ガーナ 18%
パーム油	インドネシア 57%　マレーシア 27%
金 (2017年)	中国 13% オーストラリア 9%
羊毛	中国 21% オーストラリア 20% ニュージーランド 6%

（2020/21年版「日本国勢図会」）

理科
算数
英語
国語

Q 入試では ［愛光中］

次の問いに答えなさい。

(1) 日本がオーストラリアから輸入しているもので，最も輸
入額の大きいものを次の**ア**〜**エ**から1つ選び，記号で答
えなさい。

　ア 羊　毛　**イ** 石　炭　**ウ** 牛　肉　**エ** 石　油

(2) 中国は近年，工業が急速に発展している。そのきっかけと
なったのは，シェンチェンなどのいくつかの地域を指定
して，外国の工場建設を積極的に認めたことである。シェ
ンチェンに代表される，これらの地域を何といいますか。

解答

(1) イ
(2) 経済特区

▶ **ワンポイント**

(2)中国では，工場や
商業施設の多い沿岸
部と，内陸部の農村
との経済格差が問題
となっている。

32 日本と関係の深い国々（2）
（南北アメリカ，ヨーロッパ）

入試に出る要点

●南北アメリカのようす

ロッキー山脈
五大湖（沿岸で工業がさかん）
ニューヨーク（国連本部）
メキシコ湾岸（石油）
アマゾン川流域（熱帯林の破壊）
鉄鉱石の産地
ヒスパニックが多い地域
コーヒーの栽培地域
ブラジル（日系人が多い）
アンデス山脈
アルゼンチン（温帯の草原）
チリ（銅）

●ヨーロッパのようす

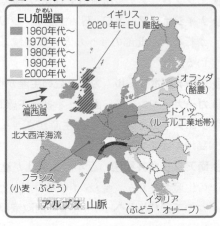

EU加盟国
1960年代〜
1970年代〜
1980年代〜
1990年代
2000年代
イギリス 2020年にEU離脱
偏西風
北大西洋海流
オランダ（酪農）
ドイツ（ルール工業地帯）
フランス（小麦・ぶどう）
アルプス山脈
イタリア（ぶどう・オリーブ）

1 北アメリカ

❶ **アメリカ合衆国** 多くの民族がくらす多民族国家。近年，**ヒスパニック**などの移民が増加している。とうもろこし・だいずなどの輸出量が世界一。南部には，**サンベルト**とよばれる工業地域が発達。いずれも日本にとってアメリカ合衆国が最大の輸入相手国 **ニューヨーク・ロサンゼルス・シカゴ**などの巨大都市があり，自動車交通網が発達。特にシリコンバレーでは情報通信技術(ICT)関連企業が集中

❷ **カナダ** 世界第2位の面積。森林資源や天然ガスが豊富。

2 南アメリカ

❶ ブラジル だいず・原油・鉄鉱石・肉類・コーヒーなどの輸出が好調で，経済が急成長。明治時代から日本人の移住が始まり，**日系人**が多い。森林・鉱山開発によって**アマゾン川流域の熱帯林**の破壊が進み，問題となっている。多様な生物がすんでいる

❷ **アルゼンチン** だいず・とうもろこし・小麦の生産が多い。

❸ **チリ** 南北に細長い国。世界一の銅産出国。

❹ **ペルー** 赤道に近いが，高地ではすずしい気候。銀や銅を産出。水産業もさかん。

得点＋プラス

ことば ヒスパニック
中南アメリカからアメリカ合衆国へ移住してきた人々。おもにスペイン語を話す。

参考 多国籍企業
アメリカ合衆国では，世界各地に工場や拠点をもち，各国の資源や労働力を利用して活動する多国籍企業が多い。

参考 南アメリカの言語
ブラジル以外の国々では，スペイン語を話す人が多い。

3 ヨーロッパ連合(EU)の結びつき

❶ **民族** 北部にゲルマン系，西部・南部にラテン系，東部にスラブ系の民族が多い。いずれも**キリスト教**を信仰。

❷ **成立** 1967 年に発足した**ヨーロッパ共同体(EC)**をもとに，1993 年に**ヨーロッパ連合(EU)**が成立。

❸ **政策** 域内の人・モノ・お金の移動が自由。農産物の値段を統一。共通通貨ユーロによる取り引きを行っている。
　→ ユーロを導入していない加盟国もある

✓ **重要** EU 加盟国間の経済格差が問題点。

4 ヨーロッパ

❶ **ドイツ** 1990 年に東西ドイツが統一して成立。EU 最大の工業国。ライン川流域に**ルール工業地帯**が発達。**リサイクル**などの環境対策が進んでいる。

❷ **フランス** EU 最大の農業国。首都パリは芸術の都。中・北部では**混合農業**や酪農，南部では**地中海式農業**が発達。

❸ **イギリス** 国民投票の結果を受け，2020 年に EU を離脱。

❹ **オランダ** **ポルダー**という干拓地で酪農がさかん。ライン川河口に**ユーロポート**という貿易港がある。
　→ 国土の約4分の1をしめる

❺ **イタリア** 北部で工業が発達し，南部との間に経済格差。

Q 入試では [吉祥女子中一改]

次のア〜エから正しいものを 1 つ選び，記号で答えなさい。

ア ドイツは高い技術力をもつ工業国であり，日本はドイツから機械類や自動車などを輸入している。

イ イギリスはかつては世界各地に植民地をもっていた大国であり，現在も人口・面積ともにヨーロッパ(ロシアを除く)で第 1 位である。

ウ 2020 年現在の EU 加盟国は 27 か国で，すべての加盟国では共通通貨であるユーロが使われている。

エ アメリカ合衆国の人口は 3 億人をこえており，首都のニューヨークには大統領の官邸であるホワイトハウスがある。

参考 EU 各国の日本へのおもな輸出品(2019 年)

国	輸出品
ドイツ	機械類，自動車
フランス	航空機類，機械類
イタリア	機械類，たばこ
オランダ	機械類，医薬品

(2020/21 年版「日本国勢図会」)

ことば 混合農業
　食料となる作物と飼料となる作物を栽培するとともに，肉牛やぶたを飼育する。

ことば 地中海式農業
　夏にぶどう・オレンジ・オリーブなどを栽培し，冬に小麦を栽培する。

解答
ア
ワンポイント
ウ．ユーロはすべての加盟国で使われているわけではない。
エ．首都はワシントン D.C. である。

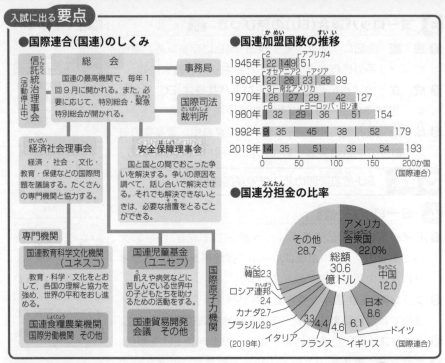

入試に出る要点

●国際連合(国連)のしくみ

信託統治理事会(活動停止中)

総会 — 国連の最高機関で、毎年1回9月に開かれる。また、必要に応じて、特別総会・緊急特別総会が開かれる。

事務局

国際司法裁判所

経済社会理事会 — 経済・社会・文化・教育・保健などの国際問題を議論する。たくさんの専門機関と協力する。

安全保障理事会 — 国と国との間でおこった争いを解決する。争いの原因を調べて、話し合いで解決させる。それでも解決できないときは、必要な措置をとることができる。

専門機関

国連教育科学文化機関(ユネスコ) — 教育・科学・文化をとおして、各国の理解と協力を強め、世界の平和をおし進める。

国連児童基金(ユニセフ) — 飢えや病気などに苦しんでいる世界中の子どもたちを助けるための活動をする。

国連食糧農業機関 国際労働機関 その他

国連貿易開発会議 その他

国際原子力機関

●国連加盟国数の推移

年	南北アメリカ	オセアニア	アジア	ヨーロッパ・旧ソ連	アフリカ	合計
1945年	22	14	9		4	51
1960年	22	26	23	26		99
1970年	26	27	9	42		127
1980年	6 32	29	36	51		154
1992年	9 35	45	38	52		179
2019年	14 35	51	39	54		193

0　50　100　150　200か国
(国際連合)

●国連分担金の比率

総額 30.6億ドル

アメリカ合衆国 22.0%
中国 12.0
日本 8.6
ドイツ 6.1
イギリス 4.6
フランス 4.4
イタリア 3.3
ブラジル 2.9
カナダ 2.7
ロシア連邦 2.4
韓国 2.3
その他 28.7

(2019年)　(国際連合)

1 国際連合の目的

❶ **国際連合の成立まで** 第一次世界大戦の反省から、1920年に**国際連盟**が発足。だが、第二次世界大戦が防げなかったため、その反省をふまえ、1945年に**国際連合**が発足した。

❷ **国際連合の成立** 1945年の発足時は51か国で、2019年現在は193か国が加盟。本部はニューヨークにある。

❸ **国際連合の目的** 戦争や紛争を防ぐこと、世界の平和と安全を維持することが最大の目的。

2 国際連合のしくみ

❶ **総会** 加盟国全体の会議で、毎年1回開かれる。

❷ **安全保障理事会** ＜世界の平和と安全の維持に最も大きな責任を負う＞ **アメリカ合衆国・イギリス・フランス・ロシア連邦・中国**の**常任理事国**と10か国の非常任理事国からなる。

得点＋プラス

ことば 拒否権
　安全保障理事会は、常任理事国のうち1か国でも反対すれば、議案を決定できない。これを拒否権という。

参考 信託統治理事会
　1994年にパラオが独立して以降、活動停止。今後は必要に応じて会議が開かれる。

❶ 国際連合の成り立ちや目的を理解する。
❷ 国際連合のしくみと各機関のはたらきを理解する。
❸ 国際連合のさまざまな役割をおさえる。

❸ **国際司法裁判所** 国家間の紛争などを裁判する，国際連合の主要機関の1つ。本部はオランダのハーグ。

❹ **国連教育科学文化機関（ユネスコ）** 教育・科学・文化を通じて世界平和を築くための国際連合の専門機関。
（→ UNESCO）

❺ **国連児童基金（ユニセフ）** 貧困や紛争・災害により飢えや病気に苦しむ子どもたちを救うための国際連合の国際機関。
（→ UNICEF）

❻ **世界保健機関（WHO）** 「すべての人に健康を」を目的に，主に発展途上国で，医療や衛生などの活動を行うための国際連合の専門機関。

✓ **重要** 総会では，加盟国が平等に1票をもつ。

3 国際連合の役割

❶ **世界の平和と安全の維持** 他国への侵略などを行った国に対し，安全保障理事会の決定により，経済的措置や軍事的措置などの制裁が加えられる。
▶ **国連平和維持活動（PKO）**…紛争地域の平和を回復することをめざして活動する。
（→ 日本の自衛隊は，カンボジア・モザンビークなどのPKOに参加してきた）

❷ **国際協力の推進** 社会，経済，文化，人権，環境などの分野で国際協力を進めていく。国際連合の専門機関や国際機関などと連携。

参考 核軍縮への取り組み

国連は，核兵器の保有を限定する**核拡散防止条約**（1968年）や，核実験の全面禁止を内容とする**包括的核実験禁止条約**（1996年）を採択するなど，核軍縮に努めている。

参考 人権を守る取り組み

1948年に**世界人権宣言**，1966年に**国際人権規約**，1989年に**児童（子ども）の権利条約**を採択するなど，国連は多くの条約や宣言を採択し，人権の保護に取り組んできた。

社会
理科
算数
英語
国語

Q 入試では [芝浦工業大学柏中]

国際連合の説明として正しいものを次のア〜エから1つ選び，記号で答えなさい。

ア 本部はニューヨークに置かれ，毎年9月に通常総会（定期総会）が開かれる。

イ 総会での議決は1国1票であり，すべての議案で加盟国の3分の2以上の賛成で可決される。

ウ 世界の平和を守る仕事をになう安全保障理事会には，常任理事国が7か国あり，日本もその1つである。

エ 世界の人々が健康に過ごせるように設立された組織が，UNICEF（ユニセフ）である。

解答

ア

ワンポイント

イ．重要な議案についてのみ3分の2以上の賛成が必要。ウ．常任理事国は5か国で日本はふくまれない。エ．世界保健機関（WHO）の説明。

34 世界平和と国際協力

入試に出る要点

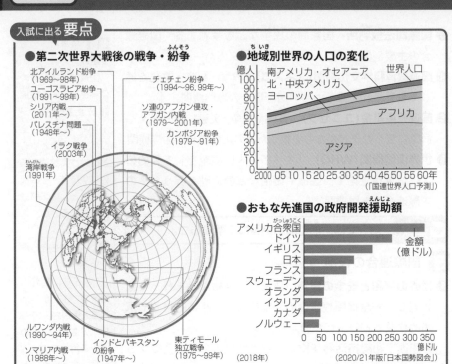

●第二次世界大戦後の戦争・紛争

- 北アイルランド紛争（1969～98年）
- ユーゴスラビア紛争（1991～99年）
- シリア内戦（2011年～）
- パレスチナ問題（1948年～）
- イラク戦争（2003年）
- 湾岸戦争（1991年）
- チェチェン紛争（1994～96、99年～）
- ソ連のアフガン侵攻・アフガン内戦（1979～2001年）
- カンボジア紛争（1979～91年）
- ルワンダ内戦（1990～94年）
- ソマリア内戦（1988年～）
- インドとパキスタンの紛争（1947年～）
- 東ティモール独立戦争（1975～99年）

●地域別世界の人口の変化

南アメリカ・オセアニア／北・中央アメリカ／ヨーロッパ／世界人口／アフリカ／アジア

（「国連世界人口予測」）

●おもな先進国の政府開発援助額

アメリカ合衆国／ドイツ／イギリス／日本／フランス／スウェーデン／オランダ／イタリア／カナダ／ノルウェー

金額（億ドル）

（2018年）　（2020/21年版「日本国勢図会」）

1 戦争や紛争

❶ **冷たい戦争（冷戦）**　第二次世界大戦後におこったアメリカ合衆国とソ連との間の，直接は戦火を交えない対立。
→朝鮮戦争やベトナム戦争などの背景

❷ **地域紛争**　1980年代末に冷たい戦争は終わるが，その後は世界各地で**地域紛争**が多発するようになった。地域紛争の多くは，民族紛争の形を取っている。

❸ **難民**　政治的理由などにより迫害を受け，国外へのがれた人々。
→国連難民高等弁務官事務所（UNHCR）が中心となって救済にあたる

❹ **テロリズム（テロ）**　特定の集団が，軍隊や警察を攻撃したり，自爆テロで無差別に人を死傷させたり，その国の代表的な建物を破壊したりする行為。宗教のちがいや貧困を背景におこることが多い。組織化された武装集団が国境をこえて行うこともある。
→テロリズムを行う人をテロリストとよぶ

得点＋プラス

ことば 難民キャンプ　戦争や迫害からのがれるために周辺国へにげた人々が仮に居住する場所。

青年海外協力隊　資格は20才～39才の日本人。任期は原則2年。現地の人々と生活しながら自分のもつ技術や知識を教えている。

社会

理科

算数

英語

国語

2 人口・食料問題，地球環境問題 📊

❶ **人口の増加** 発展途上国で人口増加率が高い。

❷ **貧困問題・食料問題** 発展途上国では飢えに苦しむ人が多い。特にサハラ以南のアフリカで深刻な状況。国連は2015年に**持続可能な開発目標（SDGs）**を採択し，貧困や飢餓をなくすための取り組みを行っている。
→ 2030年までに達成すべき17の目標を設定

❸ **フェアトレード** 発展途上国の農産物や製品を，先進国がその労働に見合う公正な価格で取引する必要がある。
→ 公正貿易

❹ **マイクロクレジット（少額融資）** 新しく事業を始める貧しい人々に，無担保で少額のお金を貸し出す。

❺ **おもな地球環境問題** 地球温暖化，砂漠化，酸性雨，オゾン層の破壊など。
→ p.17参照

✓ **重要** 先進国と発展途上国との経済格差＝南北問題

3 日本の役割 📊

❶ **政府開発援助（ODA）** 発展途上国に対して政府が行う資金や技術の援助額は近年，減ってきている。
→ 日本の援助先はおもにアジア

❷ **青年海外協力隊** 発展途上国において農業・医療などの人材育成に協力している。

❸ **NGO（非政府組織）** 医療・福祉・環境など，海外を中心にさまざまな分野で国際協力をしている民間の団体。
→ 国境なき医師団は1999年にノーベル平和賞を受賞

参考 環境問題への取り組み

1972年に「かけがえのない地球」をテーマに**国連人間環境会議**が開かれた。1992年には**国連環境開発会議（地球サミット）**，2002年には**持続可能な開発に関する世界首脳会議（環境・開発サミット）**が開催された。1997年の**地球温暖化防止京都会議**では**京都議定書**が採択された。2016年には，2020年以降の温室効果ガス削減の新たなルールとして**パリ協定**が発効した。

Q 入試では [東邦大付属東邦中－改]

次の文中の □ にあてはまる内容をあとのア～ウから1つ選び，記号で答えなさい。

「2001年，テロ対策特別措置法が制定され，自衛隊による □ を認めることとなった。」

ア 集団的自衛権の行使

イ 防衛力増強

ウ 米軍の後方支援活動

解答

ウ

ワンポイント

自衛隊は，アフガニスタンに展開するアメリカ軍への給油活動を行った。

身近な生き物の観察

● **植物のからだのつくり**

花

くき

葉

根

〈ハルジオン〉

● **こん虫のからだのつくり** 頭を頭部, 胸を胸部, 腹を腹部ともよぶ。

頭
胸
腹
(はね4枚, あし6本)
〈チョウ・トンボ〉

はね
(はね2枚, あし6本)
〈ハ エ〉

あし
頭
胸
腹
(はね0枚, あし6本)
〈ア リ〉

● **自然の観察**

題名をつけ,
日づけと名まえ
を書く。

気づいたことを
絵と文でまとめる。

ハルジオン 4月20日 中川みお
白と黄の花
30〜60cm
まっすぐなくき
葉の筋(あみ目)
根
野原にさいていた。土の中に, 太い根と細い根が広がっていた。

ダンゴムシ 4月20日 山田みく
1cmくらい
黒っぽい色
うえきばちやおち葉の下にたくさんいた。暗いところをすみかにしているみたいだ。さわるとまるくなる。

1 植物のからだのつくり 入試重要度 ■■

❶ **根のようす**

▶ **主根と側根**

太い根から**細い根**が出ている。
└ 主根
└ 側根

例 **タンポポ, ナズナ**など

細い根(側根)
太い根(主根)
ひげのような根(ひげ根)

〈ヒメジョオンの根〉 〈カモジグサの根〉

▶ **ひげ根**…くきのつけ根から, **ひげのような根**が出ている。

例 **イネ, スズメノカタビラ**など

地面をはうもの, ものにからみついているもの, まっすぐたっているものなどがある。
└ アサガオ, クズなど　└ ヒメジョオンなど

❸ **葉のようす** 葉の筋(葉脈)が**あみ目**のようになっているものと, **平行**になっているものとがある。
└ 網状脈という(タンポポ, ヒマワリなど)
└ 平行脈という(ツユクサ, エノコログサなど)

❹ **花のようす** 1つの花に**がく, 花びら, おしべ, めしべ**の花の**4要素**をもっているものともっていないものとがある。
└ 不完全花という(カボチャ, トウモロコシなど)
└ 完全花という(アブラナ, サクラなど)

✔ **重要** 植物は根・くき・葉からなり, 花や実・種子ができる。

得点 ➕ プラス

参考 **タンポポのくき**

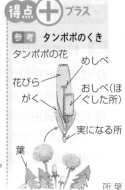

タンポポの花
花びら
がく
めしべ
おしべ(ほぐした所)
実になる所
葉
根

観察 **葉のつき方**

どの植物の葉も, 日光をより多く受けられるように, たがいに重ならないようについている。

① 植物のつくりとそれぞれの植物の特ちょうをつかむ。
② こん虫のからだのつくりを覚える。
③ 自然を観察して，記録するときのポイントをおさえる。

2 こん虫のからだのつくり 📊

① **からだ** 頭，**胸**，**腹**の３つの部
分に分かれている。

② **頭** １対の複眼，単眼，１対の
しょっ角，口がある。
　　　└→におい，味などを知る

③ **胸** ６本(３対)のあしと，ふつ
う４枚のはねがある。
　　　　　└→２枚のもの，ないものもいる

④ **腹** いくつかの節があり，節に
は呼吸をするための気門がある。

⑤ **こん虫以外の虫** 右の図など。

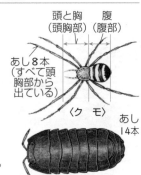

頭と胸　　腹
(頭胸部)　(腹部)

あし8本
(すべて頭
胸部から
出ている)

〈クモ〉

あし
14本

〈ダンゴムシ〉

> ✔ **重要** **こん虫のからだは，頭，胸，腹の３つの部分
> に分かれている。**

3 自然の観察 📊

① **記録すること** 色や形はどうか。**大きさ**をはかって，比べ
る。どこで見つけたか。ほかの生き物はまわりにいたか。

② **生き物の観察** 野原や庭などにいる生き物は，種類によっ
て，**色や形**，大きさがちがう。また，生き物は，その生
き物をとりまくものとかかわって生きている。

ことば こん虫の鼻?!
　こん虫には鼻はな
く，腹の両側にある
気門から空気(酸素)
をとり入れている。

注意 観察する生き
物だけをとり，観察
が終わったら，もと
の場所にもどそう。

参考 虫の食べ物
　動物は食べ物のあ
る場所や身をまもる
のにつごうのよい場
所をすみかにしてい
る。

▶ **モンシロチョウ**
　　花のみつ
▶ **ダンゴムシ**
　　かれ葉
▶ **ナナホシテントウ**
　　小さな虫
▶ **カタツムリ**…葉
▶ **クモ**…ほかの虫

Q 入試では [2 東邦大付属東邦中一改]

1 次の①〜③にあてはまることばや数字を書きなさい。
　　こん虫のからだは，頭，(①　　　)，(②　　　)に分かれ，
　(①　　)には，(③　　　)本のあしがある。

2 次の問いにア〜キの記号で答えなさい。
　ア タンポポ　イ マ ツ　ウ ツユクサ　エ イチョウ
　オ チューリップ　カ アサガオ　キ エンドウ
　(1) ひげのような根をもつ植物はどれですか。
　(2) 葉の筋があみの目で，花びらがくっついている植物は
　　どれですか。

解 答
1 ①胸　②腹
　③6
2 (1) ウ，オ
　(2) ア，カ

ワンポイント
2(2)花びらがくっつ
いている植物を，合
弁花という。

2 生命と地球 季節と生き物

●**サクラの四季のようす**

春 花がさく。

夏 葉がしげる。

秋 葉が赤く色づく。

色づいた葉は
やがて散る。

冬 葉のもとの部分に春
にさく花や葉の
芽ができる。

花の芽はまる
みがあり，葉
の芽は細い。

●**ヘチマの四季のようす**

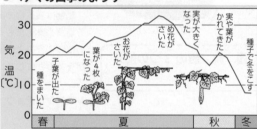

●**ヘチマの花**

おしべだけが
ある花　　めしべだけが
　　　　　ある花

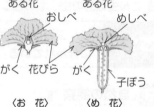

おしべ

めしべ

がく　花びら　がく

子ぼう

〈お　花〉　〈め　花〉

1 春と夏の生き物のようす

❶ **春の植物のようす**　あたたかくなると，野原や庭の植物
がいっせいに芽を出し，美しい花がさき始める。

❷ **春の動物のようす**
▶ 虫が花に集まり，また，たまごからよう虫がかえる。
　└→ モンシロチョウ，アゲハ，ハチなど　　└→ カマキリ，コオロギなど
└ ツバメが南の国からやってきて，たまごを産む。

❸ **夏の植物のようす**　気温が高くなるにつれて，野原や庭
の植物は大きく成長し，実もどんどん大きくなる。

❹ **夏の動物のようす**
▶ 虫が大形になり，木や草むらにも虫が集まる。
　└→ カブトムシ，セミなど　　└→ バッタ，カマキリ，コオロギのよう虫など
▶ たまごからかえった子ツバメが大きく成長する。

✔**重要**　春になると，植物も動物も活動し始める。

得点➕プラス

注意 温度のはかり方
　気温をはかるとき
は，温度計に直接日
光があたらないよう
にする。温度を読む
ときは，目の位置が
温度計に垂直になる
ようにする。

垂直　垂直

① ヘチマの花は，お花とめ花が分かれてさくことを覚える。
② 冬芽(ふゆめ)には，花の芽と葉の芽があることをおさえる。
③ 生き物のようすは，気温や日光に関係があることをつかむ。

2 秋と冬の生き物のようす

① 秋の植物のようす　すずしくなると，実が熟(じゅく)し，葉が色づく。
→ カエデ，サクラなどは赤く，イチョウ，クヌギなどは黄色く色づく↵

② 秋の動物のようす
▶ 鳴く虫が多くなり，また，虫は産らんの時期になる。
→ コオロギ，マツムシ，キリギリスなど　→ コオロギ，カマキリ，アキアカネなど
▶ 子ツバメは成長し，親といっしょに南の国へ飛びたつ。

③ 冬の植物のようす　寒さが増(ま)してくると，木々は葉を落とし，**冬芽**をつける。草花は葉，根，種子で**冬ごし**をする。
→ 寒さから花や葉になる芽をまもる　→ 葉を地面に広げる（ロゼット）

④ 冬の動物のようす
▶ 虫はいろいろなすがたで冬をこし，カエルは**冬眠**(とうみん)をする。
→ ヘビ，カタツムリなど
▶ 北の国からハクチョウなどのわたり鳥がやってくる。
→ ツル，マガモなど

✓ **重要** 秋になると，植物の実は熟し，葉が色づく。虫は産らんの時期に入り，動物は移動や冬眠を始める。

3 ヘチマの成長のようす

① 春　種子から子葉が出てやがて**葉**がのびる。
② 夏　くきがのび，葉がしげる。花がさき，実が大きくなる。
③ 秋　実や葉が茶色になり，実は熟すと軽くなる。
④ 冬　熟した実に**種子**が残る。ヘチマは種子で冬をこす。

✓ **重要** 生き物のくらしは，気温や日光と関係がある。

Q 入試では ［2］サレジオ学院中

1 次のこん虫のうち，さなぎを経(へ)て成虫となるものをすべて選び，記号で答えなさい。
　ア カブトムシ　イ セミ　ウ トンボ
　エ バッタ　　　オ モンシロチョウ

2 次のこん虫のうち，成虫のまま冬をこすものをすべて選び，記号で答えなさい。
　ア コオロギ　イ テントウムシ　ウ バッタ
　エ ミツバチ　オ モンシロチョウ

参考 草花の冬ごし
▶ ロゼット…タンポポ，ハルジオン，ナズナなど。
▶ 根…サツマイモ，キクなど。
▶ 地下のくき…ジャガイモ，スイセン，チューリップ，ユリなど。

参考 虫の冬ごし
▶ たまご…オビカレハ，コオロギなど。
▶ よう虫…トンボ，カブトムシなど。
▶ さなぎ…アゲハ，モンシロチョウなど。
▶ 成虫…ミツバチ，ダンゴムシなど。

ことば 子葉(しよう)
子葉には，発芽(はつが)とその後少しの間育つための養分(ようぶん)がたくわえられている。

解答
1 ア・オ
2 イ・エ

3 生命と地球
植物の発芽と成長

入試に出る要点

- **発芽前とあとの種子の養分**(ヨウ素でんぷん反応を調べる)

インゲンマメ　トウモロコシ

ヨウ素液

発芽前
⇒ 青むらさき色になる。

発芽後
⇒ 色はあまり変わらない。

- **種子の発芽**

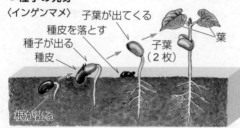

〈インゲンマメ〉
子葉が出てくる
種皮を落とす
種子が出る
種皮
子葉(2枚)
葉
根が出る

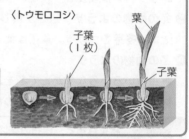

〈トウモロコシ〉
葉
子葉(1枚)
子葉

1 種子のつくりと発芽

❶ 種子のつくり

▶ **種皮**…種皮の内部のはいをまもる。

▶ **はい**…発芽後，**幼芽**(葉)，**はいじく**(くき)，**幼根**(根)，**子葉**になる。

▶ **はいにゅう**…発芽のときの養分になる。
　例 イネ，カキなど

▶ **子葉**…はいにゅうのない種子には，**子葉**に養分がたくわえられている。例 アサガオ，ダイコンなど

子葉の数

- **1枚のもの**…イネ，ネギなどのなかまを**単子葉類**という。
- **2枚のもの**…マメ類，カキなどのなかまを**双子葉類**という。
- **数枚のもの**…マツ，スギなどは決まった数をもたない。
　↳裸子植物という
▶ **子葉の出かた**…発芽するとき，子葉が地上に出るものと，地中に残るものとがある。
　↳ソラマメ，エンドウなど　　↳イネ，アブラナなど

✔ **重要** はいは発芽して，根，くき，葉になる。

得点＋プラス

参考 種子の養分

〈トウモロコシ〉
種皮
はい
(幼芽
はいじく
幼根)
はいにゅう
(養分がある)

〈インゲンマメ〉
種皮
はい
はいじく
幼芽　幼根
子葉(養分がある)

ヨウ素液

ヨウ素液は，とう明なうす茶色の液体で，でんぷんに反応すると，青むらさき色に変わる。この反応を**ヨウ素でんぷん反応**という。

2 種子の発芽の条件 ▎▎▎

❶ **発芽のときの養分**　子葉やはいにゅうには，発芽とその後少しの間育つための養分がたくわえられている。

❷ **発芽の条件**

▶ **水　分**…水分をあたえられない種子は発芽しない。

▶ **温　度**…寒い冬には，種子は発芽しない。

▶ **空　気**…種子を水の中にしずめると，発芽しない。

※**土・日光**…土や日光は，発芽に特に必要なものではない。

☑ **重要**　発芽には，水分と適当な温度と空気が必要。

3 植物の成長 ▎▎▎

❶ **発芽後の成長と日光**　植物は日光の助けをかりて養分をつくるので，日光がよくあたるほうが大きく成長する。
植物は日光のくるほうへ向かってのびる性質がある↲

❷ **発芽後の成長と肥料**　植物は根から肥料分をすいとるので，肥料をあたえたほうがより成長する。
→ちっ素，りん酸，カリウム

☑ **重要**　植物の成長の5条件は水，空気，温度，日光，肥料。

注意 **光発芽種子**

発芽にはふつう光を必要としないが，タバコ，マツヨイグサ，イチジクなど，発芽に光を必要とする種子もある。

実験 **ウキクサの成長**

日光をあてる，肥料を入れない　あまりふえない

日光をあてる，肥料を入れる　ふえる

日光をあてない，肥料を入れる　ふえない

社会
理科
算数
英語
国語

Q 入試では [2] 金光学園中一改

1 次の①〜③にあてはまることばを書きなさい。

種子の養分は，種子の切り口に（①　　）液をつけると青むらさき色に変化することから，（②　　）であることがわかる。成長して葉を出すと（③　　）のはたらきによって養分をつくることができる。

2 右の図のようにA〜Cは25℃の室内に置き，Dは冷蔵庫に入れました。次の問いに答えなさい。

インゲンマメの種子
A　B　C　水　D
しめらせた脱脂綿　かわいた脱脂綿　冷蔵庫に入れる

(1) ①〜③を比べて，異なっている条件はそれぞれ何ですか。

① AとB　② AとC　③ AとD

(2) A〜Dのうち，発芽した種子はどれですか。

解答

1 ① ヨウ素
② でんぷん
③ 光合成

2 (1)① 水
② 空気
③ 温度

(2) A

! 要注意
種子の発芽には，土や日光は必ずしも必要なものではない。

4 生命と地球 実や種子ができるまで

●ヘチマの受粉の実験

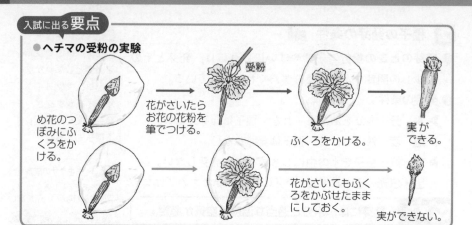

受粉

め花のつぼみにふくろをかける。

花がさいたらお花の花粉を筆でつける。

ふくろをかける。

実ができる。

花がさいてもふくろをかぶせたままにしておく。

実ができない。

1 花のつくりとはたらき

❶ **花の4要素** 多くの花のつくりに共通しているのは，**がく，花びら，おしべ，めしべ**である。

▶**が く**…つぼみのとき，めしべ，おしべをまもり，花びらを支える。

▶**花びら**…おしべ，めしべをまもり，虫を引きつける。

▶**おしべ**…やくの中に花粉が入っている。

めしべ…柱頭（花粉がつきやすくなっている），花柱，子ぼう（実になる部分，中には，種子になる**はいしゅ**がある）からできている。

花びら
がく
めしべ
おしべ
〈アサガオ〉

花びら
めしべ
おしべ
がく
お花
子ぼう
め花
〈カボチャ〉

❷ **両性花と単性花** １つの花におしべとめしべがそろっている花を**両性花**，おしべとめしべが別々の花にあるものを**単性花**という。
  ↳アサガオ，タンポポ，サクラなど
  ↳カボチャ，ヘチマ，イチョウなど

✔**重要** がく，花びら，おしべ，めしべを花の4要素という。

得点➕プラス

参考 **単子葉類と双子葉類**

発芽のときの子葉が１枚のもの（イネ，ネギなど）を単子葉類，２枚のもの（マメ類，カキなど）を双子葉類という。

観察 **おしべとめしべ**

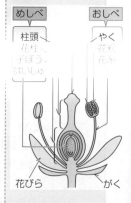

めしべ
柱頭
花柱
子ぼう
はいしゅ

おしべ
やく
花糸

花びら
がく

2 植物の受粉

❶ 自家受粉 同じ花や同じ株の花粉で受粉が行われる。
→ アサガオ，イネなど

❷ 他家受粉 同じ種類の他の花の花粉で受粉が行われる。

この場合，**虫**(アブラナ，ツツジなど)，**風**(スギ，マツ
→ 虫ばい花
など)，**水**(キンギョモ，クロモなど)，**鳥**(ツバキ，サザン
→ 水ばい花　　　　　　　　　　　　　　→ 風ばい花
カなど)が花粉を運ぶ役目をする。
→ 鳥ばい花

❸ 人工受粉 人の手によって花粉を柱頭につけ受粉を行う。
リンゴ，ナシなど→

3 実や種子のでき方

❶ 花粉がめしべの**柱頭**につき，**受粉**する。

**❷ 花粉から花粉
管がのび，子ぼ
うの中のはい
しゅに達する。**

**❸ 子ぼうが実に
なり，はいしゅ
が種子になる。**

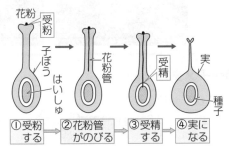

①受粉する → ②花粉管がのびる → ③受精する → ④実になる

✔ **重要**　受粉すると，子ぼうが実に，はいしゅが種子になる。

ことば 受粉と受精

花粉がめしべの柱頭につくことを**受粉**という。その花粉から花粉管がのびて，子ぼうの中のはいしゅと結ばれることを**受精**という。

観察 いろいろな花粉

〈マツ〉 空気ぶくろ
ものにつきやすい 〈カボチャ〉

参考 実と種子

カボチャやヘチマのように実の中に種子ができる植物と，アサガオ，ヒマワリなどのように実と種子の区別がつきにくい植物がある。

Q 入試では [2] 長崎大附中－改

1 次の①〜③にあてはまることばを書きなさい。

(1) おしべとめしべが別々の花にあるものを(①　　)という。

(2) マツやスギの花粉は(②　　)で運ばれる。カボチャ，ナシなどは人が受粉を手伝う(③　　)を行うことがある。

2 図1は，アサガオの花のつくりを，図2は，おしべの先をスケッチしたものです。次の問いに答えなさい。

図1　　図2　a(小さなつぶ)

A　B

(1) Aの部分を何といいますか。

(2) a がめしべの先につくと，Bの部分は何になりますか。

解答

1 (1)① 単性花

(2)② 風

③ 人工受粉

2 (1) がく

(2) 実

ワンポイント

(2)図2のaは花粉，図1のBは子ぼうを示している。

魚の育ち方，水中の小さな生き物

入試に出る要点

● メダカのたまごの変化

6日目➡
心臓が動き，血液が流れている。

ときどきからだが動く。**⬇8日目**

⬇3日目
目のようなものが見える。

⬇11日目
かえったばかりの子メダカ

⬆産まれたばかりのたまご

油球（油てき）

1日目➡
卵黄（らんおう）（養分）　はいばん（からだになる）

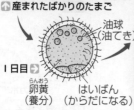

1 メダカの産卵（さんらん）～子メダカ

❶ **おすとめす**　しりびれやせびれの形で見分けられる。

おす
せびれに切れこみ
しりびれが平行四辺形

むなびれ　切れこみがない

めす　はらびれ　おびれ　三角形

❷ **産卵**

▶水温は，**25℃**くらいが産卵に適当（てきとう）である。

▶春～夏の早朝に産卵する。
→3～8月

▶たまごは水草に産みつける。

❸ たまごの育ち方

たまご…大きさは，1～1.5mmくらいで，表面に毛が生え，一部に付着毛がついている。
水草にからみつく←

・3～6日目⇨**目**や**心臓**が動き，血液が流れる。

・11日目⇨たまごから子メダカがかえる。

▶**子メダカ**…かえって2～3日は，ふくろの中の養分で育つ。
えさは食べない←

ふくろ（卵黄のう）

✓**重要**　たまごと精子（せいし）が結合すると，たまごは成長する。

得点➕プラス

参考 メダカの産卵

①おすがめすを追いかける。

②おすとめすがならんで泳ぐ。

③おすがめすにからだをよせる。

④めすのたまごが見え始めると，おすが精子をかける。

⑤めすはたまごを水草に産みつける。

⑥たまごは付着毛（ふちゃくもう）で水草にからみつく。

2 水中の小さな生き物

① 小川や池の水をけんび鏡で見ると，小さな生き物が見える。
　　　　　　　　　　　　　　　　　　　→プランクトンという
② **プランクトン**は，小川や池にすむ**魚のえさ**になる。

観察 なかま分け
　水中の小さな生き物は，動きまわるものと光合成をするものに分けることができる。

光合成をする			動きまわる	
アオミドロ	ミカヅキモ	ミドリムシ	ミジンコ（25倍）	ゾウリムシ
（50倍）	（150倍）	（300倍）		（120倍）
クンショウモ，ハネケイソウなど			ツリガネムシ，ワムシなど	

3 けんび鏡の使い方

① 日光が**直接あたらない明るく**水平な所に置く。
② レボルバーを回し，**最初は低い倍率**にしておく。
③ 接眼レンズをのぞいて，反射鏡を動かして明るく見えるようにする。
④ **プレパラート**をのせ台（ステージ）の真ん中にくるように置き，とめ金でとめる。
⑤ 横から見ながら，調節ねじを回して対物レンズとプレパラートを近づける。
⑥ 接眼レンズをのぞきながら調節ねじを回して対物レンズとプレパラートを**ゆっくりはなして**，はっきり見える所でとめる。

スライドガラス　水を1てきたらす。

スライドガラスに見ようとするものをのせる。

カバーガラスをかけ，まわりの水をすいとる。

〈プレパラートのつくり方〉

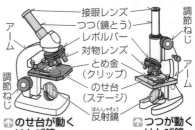

接眼レンズ　つつ（鏡とう）　レボルバー　対物レンズ　とめ金（クリップ）　のせ台（ステージ）　アーム　調節ねじ　反射鏡

調節ねじ　アーム

↑のせ台が動くけんび鏡　〈けんび鏡のつくり〉　↑つつが動くけんび鏡

Q 入試では ［2］淳心学院中

1 次の①～③にあてはまることばを書きなさい。

(1) メダカのおすとめすは，せびれと（①　　）で見分ける。

(2) けんび鏡のピントを合わせる前には，（②　　）とプレパラートを（③　　）ておく。

2 右の図は，メダカの受精卵です。(1)～(3)にあてはまる部分を，図のア～オから記号で答えなさい。

(1) 水草にたまごをくっつける部分。

(2) メダカのからだの形ができてくる部分。

(3) 成長に必要な養分をたくわえている部分。

解　答
1 (1)① しりびれ
(2)② 対物レンズ
③ 近づけ
2 (1) オ
(2) エ
(3) ウ

社会　理科　算数　英語　国語

6 生命と地球

人や動物の誕生（たんじょう）

入試に出る要点

● 人の胎児（たいじ）の成長

受精卵
（0.1mmくらい）
受精した卵子は母体中の子宮内で成長を始める。

子宮

心臓が動き始める。
（身長約1cm
体重約1g）
約4週

へそのお

胎ばん

子宮

手足の指がはっきりする。
（身長約3～4cm
体重約20g）
約8～9週

（身長約35cm
体重約800g）
約24週

まつ毛やまゆ毛がこくなり、体形がととのってくる。ちょう覚機能も発達する。

手足もふっくらし、つめも生え、かみの毛ものびてくる。外に出る準備をととのえる。

（身長約50cm
体重約3000g）
38週

1 動物の誕生

❶ 産（う）まれるときの形

▶ **たまごの形で産まれる動物**…メダカ・カエル・カメ・ニワトリ、モンシロチョウなど。

▶ **親と似（に）た形で産まれる動物**…ウサギ、イヌ、人など。

❷ 動物のおすとめすのからだ

▶ **お　す**…精そうがあり、そこで**精子（せいし）**をつくる。

▶ **め　す**…卵そうでたまご（**卵（らん）**という）をつくる。

❸ 受　精（じゅせい）…精子と卵が結びついて（受精という）、**受精卵**となる。受精卵は変化をくり返して成長する。

たまごの形で産まれる動物…めすが産んだたまご（受精卵）がその中の養分で子どもに育ち、たまごから子どもがかえる。
↳ ふ化という

▶ **親と似た形で産まれる動物**…受精卵がめすの体内で養分を受けながら子どもに成長して産まれる。子どもはしばらくの間、乳（ちち）を飲んで育つものが多い。
↳ 出産という
↳ ほ乳類

✔ **重要**　**精子と卵が受精して、その受精卵が成長を始める。**

得点➕プラス

観察 **ニワトリのたまご**

はい（ひなになる所）

卵黄

からざ

卵白

気室

はいの成長に必要な養分がある。

参考 **にんしん期間（きかん）と産子数（さんしすう）**

赤ちゃんが親のからだの中にいる期間と子どもの数。

動物	にんしん期間	産子数
ニホンザル	144～197日	1
ウマ	333日	1
イヌ	53～71日	1～12
ヒツジ	144～152日	1～4
カイウサギ	30～35日	1～13

2 人の男女と生命の誕生

❶ 男女のからだのつくり

▶ **男**…**精そう**で**精子**をつくる。精子の長さ：約 0.06 mm

▶ **女**…**卵そう**で**卵子**をつくる。卵子の直径：約 0.14 mm
　　　　　└ 人の卵を卵子という

❷ 生命の誕生　精子と卵子が受精して，人の生命が誕生する。
　　　　　　　　　　└ 卵管で受精して，受精卵となる

3 人の母体内での成長

❶ 母体内でのしくみ

▶ **子　宮**…胎児（子宮の中の子ども）が育つ部屋。胎児は
子宮の中で羊まくに包まれ，**羊水**にういている。
　　　　　　　　　　　　　　└ 液体

▶ **胎ばん**…胎児に必要な**養分**や**酸素**を送り出し，胎児が
いらなくなったものをとり入れている。

▶ **へそのお**…胎児と母親の**胎ばん**をつないでいる。

❷ 胎児の育ち

▶ **受精卵**…子宮のかべにつき，育ち始める。

▶ **4 週目**…**心臓**ができ，こ動を始める。

▶ **8〜9 週目**…**からだの形**や顔のようすがはっきりする。

▶ **16 週目**…母親が胎児の動きを感じるようになる。
　　　　　　└ このほか，男女の区別がつくようになる。

▶ **38 週**…産まれる。身長：約 50 cm，体重：約 3 kg
産まれた子どもは母親から**乳**をもらって育っていく。

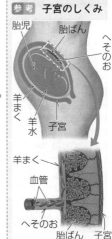

参考 子宮のしくみ

胎児
胎ばん
へそのお
羊まく
羊水
子宮

羊まく
血管
へそのお
胎ばん　子宮

ことば へ　そ
親と似た形で産まれる動物は，へそのおを通して，母親の血液から養分と酸素をもらって育つ。腹にあるへそはそのあとである。

Q 入試では　[2] 京都女子中一改

1 次の①〜③にあてはまることばを書きなさい。

(1) 動物では，（①　　）がたまごや子どもを産む。

(2) 精子と卵が結びつくことを（②　　）といい，その
（③　　）が変化をくり返して，子どもへと育っていく。

2 右の図は，人の胎児のようすです。こ
れについて，次の問いに答えなさい。

(1) 人の胎児が育つ所を漢字で答えな
さい。

(2) 図の X，Y の部分の名まえを答えなさい。

解答

1 (1)① めす

(2)② 受精

③ 受精卵

2 (1) 子宮

(2) X：胎ばん

Y：へそのお

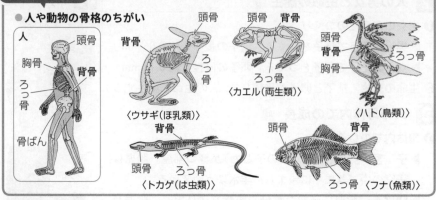

入試に出る**要点**

●**人や動物の骨格のちがい**

1 骨と筋肉のしくみとはたらき

❶ 骨のしくみ

▶ **関　節**…よく動く骨と骨の**つなぎ目**を関節という。

▶ **骨　格**…多くの骨が組み合わさって**骨格**をつくっている。
→人の骨は 200 ほど

▶ **骨のはたらき**…骨は，からだを**支え**，**まもり**，筋肉の助けにより，**動かし**ている。
→脳や内臓をまもる

❷ 筋肉のしくみとはたらき

▶ **け　ん**…筋肉の両はしの**けん**が 2 つの骨についている。

▶ **筋肉のはたらき**…骨についている筋肉を縮めたり，ゆるめたりして**関節が曲がり**，からだが動く。

うでの骨と筋肉

❸ **運動のしくみ**　骨についている**筋肉**は，**脳の命令**によってはたらき，からだが動く。
→大脳という部分のはたらき

✓**重要**　からだは，骨と筋肉のはたらきによって動く。

<得点プラス>

参考 関　節

　頭の骨は，脳をまもるために動かないようにつながっている。背骨は，からだをしっかり支えるために少し動くようにつながっている。手や足の骨は，関節によってよく動くようにつながっている。

筋肉と脳

　骨についている筋肉（骨格筋という）は脳の命令で動く。一方，心臓や胃などの筋肉（内臓筋という）は自動的に動いている。

2 人と動物の骨格

① 動物にも人と似た骨と筋肉があるが，**形や大きさ**がちがう。

② それぞれの動物は**活動に合った骨と筋肉**をそなえている。

3 感覚器官のしくみとはたらき

① **感覚器官** **目**や**耳**のように，まわりのようすを受けとるはたらきをしている所を**感覚器官**という。
→鼻，舌，皮ふ

② **脳の命令** 感覚器官で受けとった光や音などを感じとった脳は，どう**反応**するかを決めて，**筋肉**に命令する。

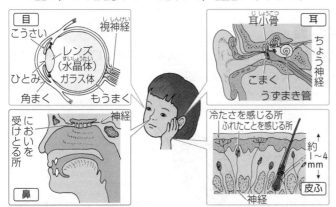

ことば 反射

熱いものにふれたとき，とっさに手を引っこめる。このようなからだの動きを反射という。暗い所で目のひとみが広がることや，食べ物を口に入れるとだ液（つば）が出ることも反射の例である。反射は，脳が命令を出す前におこる，からだの反応である。

参考 皮ふの感覚

皮ふには，さわられた，おされた，熱い，冷たい，痛いと感じる部分がそれぞれ散らばっている。

社会
理科
算数
英語
国語

入試では [2] 明治大付属明治中－改

1 次の①～③にあてはまることばを書きなさい。

うでを曲げるとき，（ ① ）の命令で（ ② ）が縮み，引っぱられた側に（ ③ ）が折れ曲がる。

2 右の図は人の目のつくりです。次の問いに答えなさい。

次の文の下線部ア～エの中にあやまりが２か所あります。その記号を答え，正しく直しなさい。

図の**A**はこうさいです。**G**はもうまく
ア
で，光を感じます。**G**にできた像は，**H**
イ
の視神経を通って，心臓に伝えられます。
ウ　　　　エ

解答

1 ① 脳（大脳）
　② 筋肉
　③ 関節

2 ア，角まく
　エ，脳（大脳）

ワンポイント
光はもうまくで感じとり，視神経を通って脳に伝えられる。

入試に出る**要点**

● 呼 吸　　● 血液のじゅんかん

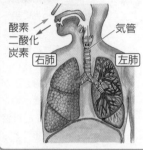

酸素
二酸化
炭素

気管

右肺　　左肺

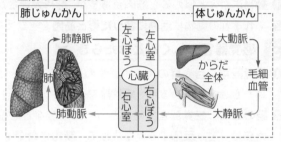

肺じゅんかん　　　　　　　　　　　　　体じゅんかん

肺静脈　→　左心ぼう　左心室　→　大動脈

肺　　　　心臓　　　　からだ全体　　毛細血管

肺動脈　←　右心室　右心ぼう　←　大静脈

---

1 呼吸と呼吸器官

❶ **呼 吸**　空気中の**酸素**を血液にとり入れ，血液中の不要
な**二酸化炭素**や水分を体外に出すことを**呼吸**という。
　　　　　　　　　　　　　　　↑水蒸気
▶ **肺**…肺（**肺ほう**）の毛細血管で，
　　　└→気管支から細かく分かれた小さなふくろ
酸素と二酸化炭素の交かんを
行う。

▶ **肺ほう**…まわりを毛細血管が
とり巻いており，酸素と二酸化
炭素の交かんを効率よく行う
　　　　　　　　　└→表面積は70〜100 m²の広さ←┘
ようになっている。

肺静脈

酸素

吸った息
はいた息

肺動脈

二酸化炭素

❷ **呼吸器官**　からだを出入りする空気の通り道は，
口・鼻⇄のど⇄気管⇄気管支⇄肺（肺ほう）である。

血 液…肺でとり入れた酸素は血液が全身に運び，全
身でできた二酸化炭素は血液が肺に運ぶ。

☑ **重要**　**肺で，酸素と二酸化炭素の交かんを行っている。**

2 心臓のつくり

▶ **心 臓**…全身に血液を送り出すポンプの役目をしてい
る。

得点 ➕ プラス

実験 吸う息とはく息

空気を集める。
息をはく。

ふくろが**くもる**。

水蒸気がふくまれている。

石灰水を
入れて，
よくふる。

変わらない。白くにごる。

二酸化炭素が
ふくまれている

ことば はく動と脈はく
　心臓のドキドキの
動きをはく動といい，
手首などの血管（動
脈）のピクピクを脈
はくという。

① 酸素と二酸化炭素を交かんする肺と血液のはたらきをつかむ。
② 心臓のつくりとはたらきを覚える。
③ 血液のじゅんかんの道すじをおさえる。

▶**心臓のつくり**…にぎりこぶし大で，厚い筋肉でできている。内部は，**右心室**，左心室，**右心ぼう**，左心ぼうの4つの部屋に分かれており，それぞれの部屋は，**血管**や**弁**でつながっている。
→血液の逆流を防ぐ

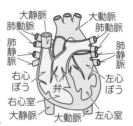

大静脈　大動脈
肺動脈　肺動脈
肺静脈　肺静脈
右心ぼう　左心ぼう
弁
右心室　左心室
大静脈　大動脈　左心室

ことば 動脈血と静脈血
酸素を多くふくむ血液を動脈血といい，**大動脈**と肺静脈を流れる。
酸素をあまりふくまず，二酸化炭素などの不要なものを多くふくむ血液を静脈血といい，**大静脈**と肺動脈を流れる。

3 血液のじゅんかん

① **血液のじゅんかん**　血液の流れる道すじには，心臓から肺へいって心臓にかえる**肺じゅんかん**と，心臓から全身へいって心臓にかえる**体じゅんかん**がある。
→肺で酸素をとり入れ，二酸化炭素を放出する
→全身の毛細血管で酸素を放出する
② **動脈と静脈**　心臓から送り出される血液が流れる血管を**動脈**，心臓へもどる血液が流れる血管を**静脈**という。
→脈を打つ　→弁がある
③ **毛細血管**　全身にあみの目のように広がる**毛細血管**で，**酸素**や**養分**と**二酸化炭素**や**不要なもの**が入れかわる。
→組織との間で行う

✓ 重要 血液のじゅんかんには，肺じゅんかんと体じゅんかんがある。

参考 血液のつくり

赤血球　血小板
白血球　血しょう

Q 入試では ［2］日本大学第一中ー改

1 次の①～③にあてはまることばを書きなさい。
(1) 肺でとり入れた（①　）は，（②　）が全身に運ぶ。
(2) 心臓へもどる血液が流れる血管を（③　）という。

2 右の図は人の血液のじゅんかんを示したもので，矢印は血液の流れを表しています。次の問いに答えなさい。
(1) 血管Aの名まえを答えなさい。
(2) 血液が，心臓から肺以外の全身を通って心臓にかえるじゅんかんを何といいますか。
(3) A～Dの血管で二酸化炭素が最も多くふくまれている血管を選びなさい。

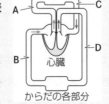
肺　A　C　B　心臓　D　からだの各部分

解答
1 (1)① 酸素
② 血液
(2)③ 静脈
2 (1) 肺動脈
(2) 体じゅんかん
(3) A

!要注意
(3)肺に流れる血液をふくむ血管が，最も二酸化炭素が多い。

入試に出る**要点**

● **消化と吸収**

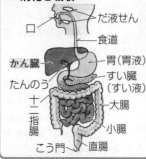

消化器官	口	胃	十二指腸	小腸	
消化液	だ液	胃液	たんじゅう すい液	かべの 消化こう素	
でんぷん	○○○○			○○○○○○○○	小腸で養分の吸収
たんぱく質		○○○○		○○○○○○○○	
しぼう				○○○○○○○○	

1 消化と吸収

❶ **消　化**　食べ物の中にふくまれる養分を，吸収されやすいものに変えるはたらきを**消化**という。

❷ **消化管**　口→食道→**胃**→**小腸**→**大腸**→こう門　の食べ物の通り道を**消化管**という。

▶ **口**…食べ物を歯でかみくだき，だ液をまぜて，でんぷんを糖に変える。

▶ **食　道**…食道の筋肉が波のように動き，食べ物を胃へ送る。

▶ **胃**…胃液を出して，**たんぱく質**を消化する。

▶ **十二指腸**…かん臓でつくられた**たんじゅう**と，すい臓でつくられた**すい液**で，養分を消化する。
たんのうにたくわえられている

　小　腸…養分を消化するとともに，小腸のかべのひだにあるしゅう毛とよばれるとつ起で消化された養分を吸収する。

▶ **大　腸**…消化は行わず，おもに水分を吸収する。

❸ **消化液**　消化器官で出されるだ液，胃液，たんじゅう，すい液などの**消化液**には食べ物を分解するはたらきがある。
たん液ともいう

❹ **吸　収**　消化された**養分**や**水分**は，小腸の**血液中**に吸収され，**かん臓**に送られる。
内部のひだ（じゅう毛）から吸収される

得点 ＋ プラス

実験 だ液のはたらき

参考 小腸のつくり

毛細血管

❺ はい出　吸収されなかったものはこう門からはい出される。
→ 便として

✓**重要**　消化された養分は，小腸の血液中に吸収される。

2　かん臓とじん臓のはたらき

❶ **かん臓**　小腸の血液中に吸収された**養分**は，かん臓に運ばれ，一時たくわえられる。その後，全身に送られる。

❷ **じん臓**　血液中に出された**不要なもの**はじん臓でこしとられ，ぼうこうから**にょう**としてはい出される。

3　はい出器官 ▮▮▮

❶ **からだにできる不要なもの**　活動するのにともなってできる二酸化炭素，水，塩分，にょう素などをいう。

❷ **はい出器官**　皮ふに運ばれた不要なものは，あせとして体外に出され，じん臓に運ばれた不要なものは，血液からこしとられてにょうとなりぼうこうから体外に出される。
→ 水分が大部分
このように，不要なものを体外へ捨てるための器官をいう。

参考 不要なものの
はい出

血液の流れ

じん臓

輸にょう管

ぼうこう

参考 皮ふのはたらき
皮ふは，不要なものをあせとして体外へ捨てているだけでなく，**体温の調節**も行っている。

Q 入試では [2] 長崎大附中―改

1 次の①〜③にあてはまることばを書きなさい。

(1) 消化された養分は(①　　)で吸収，(②　　)に運ばれる。

(2) 血液中の不要なものは(③　　)でこしとられてにょうとなる。

2 右の図は，人のからだのつくりの一部を表したものです。次の問いに答えなさい。

(1) 食べ物の通り道である①〜④にあてはまるものを，A〜Fからそれぞれ選びなさい。

口→(①)→(②)→(③)→(④)→こう門

(2) 消化された養分が吸収されるのは，A〜Fのどこですか。

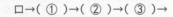

解　答

1 (1)① 小腸
　　② かん臓
(2)③ じん臓

2 (1)① A　② D
　　③ F　④ E
(2) F

ワンポイント
(2)消化された養分は，小腸の血液中に吸収される。

10 生命と地球
植物のはたらき

入試に出る要点

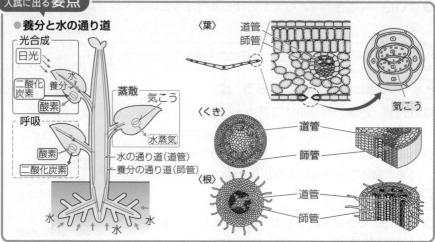

● 養分と水の通り道

光合成
日光
二酸化炭素　養分
水
酸素
蒸散
気こう
呼吸
酸素
二酸化炭素
水蒸気
水の通り道(道管)
養分の通り道(師管)
水　水
水

〈葉〉　道管　師管
気こう

〈くき〉　道管　師管

〈根〉　道管　師管

---

1 植物の根のはたらき

❶ 根のつくり

▶ **主根と側根**…タンポポ, ホウセンカなど, 発芽のときに子葉が2枚出る植物の根は, 主根と側根からできている。
　→双子葉類のなかま

ホウセンカの根　トウモロコシの根
主根
側根　ひげ根

▶ **ひげ根**…イネ, トウモロコシなど, 発芽のときに子葉が1枚出る植物の根は, ひげ根である。
　→単子葉類のなかま

❷ 植物の根のはたらき

　根　毛…どの植物にも根の先には白い毛のようなものが生えている。水や水にとけた肥料分は根毛から吸収され, 植物のからだのすみずみまで運ばれる。
　→根からの水や肥料分は道管を通る

ハツカダイコンの根毛

▶ **太い根のはたらき**…光合成でつくられた養分は葉から植物のからだに運ばれ, 余った養分は根にたくわえられる。
　→葉でつくられた養分は師管を通る
　→ダイコンやサツマイモなど

✓ 重要　植物は, 根から水や水にとけた肥料分を吸収する。

得点 ➕ プラス

参考　根のはたらき

植物の根には, 地上の部分を支えたり, 葉でつくられた養分をたくわえたりするはたらきがある。

参考　太った根

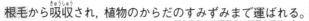
サツマイモ　ダイコン

ジャガイモのいもは, 地下けい(地下のくき)が大きくなったもので, 根の部分ではない。

① 水や水にとけた肥料分（ひりょうぶん）を吸収（きゅうしゅう）する根のはたらきをおさえる。
② 水の通り道や葉でつくられた養分の通り道をつかむ。
③ 光合成（ごうごうせい）と蒸散（じょうさん）のしくみを覚える。

2 植物のくきのつくりとはたらき

① 道 管 根から吸収した水や水にとけた肥料分の通り道を道管という。

② 師 管 葉でつくられた養分の通り道を師管という。
→ でんぷん

着色した水に植物をさして，くきの色の変わり方を観察する。

ホウセンカ

トウモロコシ

師管
道管

師管
道管

✓ **重要** 植物のくきには，水の通り道と養分の通り道がある。

3 植物の葉のはたらき

① 光合成 **日光**が葉にあたると，植物は，空気中の二酸化炭素と根から吸収した**水**を材料にして，**でんぷん**をつくり，**酸素**を出す。このはたらきを光合成という。

② 蒸 散 根から吸収した水や水にとけた肥料分は，くきを通って植物のからだに運ばれる。その水の大部分は葉の気こうから**水蒸気（すいじょうき）**となって出ていく。これを蒸散という。

③ 気こう 水蒸気や酸素，二酸化炭素が通る穴（あな）を気こうという。
→ 葉の裏に多い

実験 蒸散のはたらき

そのままの　葉をとった
ホウセンカ　ホウセンカ

水のつぶ
がつく。

少し
くもる。

水はおもに葉から
出ている。

実験 葉の気こう

塩化コバルト紙を葉の表と裏にはると，葉の裏のほうが青から赤（ピンク）に変わる。

葉の表

葉の裏

水はおもに葉の裏
から出ている。

Q 入試では ② 明星中－改

1 次の①～④にあてはまることばを書きなさい。
(1) 水や水にとけた肥料分は，根の（①　　）から吸収する。
(2) 根から（②　　）を上がってきた水は，葉から（③　　）となって出ていく。これを（④　　）という。

2 右の図は，ムラサキツユクサの葉の表面をけんび鏡で観察したものです。次の問いに答えなさい。

A
B
C

(1) 水蒸気はA～Cのどこを通りますか。記号と名まえを書きなさい。
(2) (1)から酸素を出すはたらきを何といいますか。
(3) 図のAの部分は何色をしていますか。記号で答えなさい。

ア 白 色　イ 緑 色　ウ 紫（むらさき）色　エ 赤 色

解 答

1 (1)① 根毛
(2)② くき（道管）
③ 水蒸気
④ 蒸散
2 (1) B，気こう
(2) 光合成　(3) イ

⚠ **要注意**
(3)三日月形の細ぼうでこう辺細ぼうという。葉緑体（ようりょくたい）があるので緑色をしている。

社会

理科

算数

英語

国語

生命と地球

生き物とかん境

入試に出る要点

● **生き物は,「食べる・食べられる」の関係でつながっている**（食物連鎖）

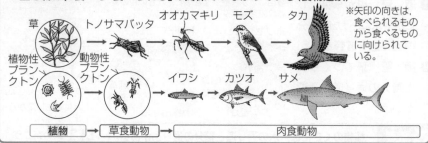

※矢印の向きは,
食べられるもの
から食べるもの
に向けられて
いる。

草　トノサマバッタ　オオカマキリ　モズ　タカ

植物性プランクトン　動物性プランクトン　イワシ　カツオ　サメ

植物 → 草食動物 → 肉食動物

1 生き物と空気・水・食べ物

❶ **空　気**

▶ 動物や植物は,<u>呼吸をして酸素</u>をとり入れ,**二酸化炭素**
_{└→一日じゅう行う}
を出している。

▶ 植物は,日中**二酸化炭素**をとり入れ,**酸素**を出している。
_{光合成のはたらき ←┘}

❷ **水**

▶ 人,動物や植物は,水がないと生きることができない。
_{└→からだの 80～90 ％が水}
_{└→からだの 60 ％が水}

▶ 水（**水蒸気,水,氷**）は,自然の中で姿が変わる。

❸ **食べ物**　人や動物の**食べ物**をたどると,**植物**にいきつく。

✓ **重要**　**生き物には,空気・水・食べ物が必要である。**

2 「食べる・食べられる」の関係

❶ 生き物の間には,「食べる・食べられる」の
関係があり,これを食物連鎖という。

❷ ある地域の生き物の数の関係をたどると,
右の図のようになる。
_{└→食物連鎖の中で,一定に保たれる}

▶ **草食動物**…植物を食べる。

▶ **肉食動物**…他の動物を食べる。

▶ **雑食動物**…植物と動物の両方を食べる。
_{ざっしょく}

❸ **かれ葉**などを食べる小動物のふんは養分の多い土をつく
_{ひ りょう}
り,植物の肥料分となる。また,土の肥料分が雨水にとけ,
_{└→ ミミズ,ダンゴムシなど}

得点 ➕ プラス

参考 プランクトン

プランクトンのう
ち,植物と同じよう
に光合成をするもの
を**植物性プランクト
ン**といい,光合成を
行わず,自由に動く
ものを**動物性プラン
クトン**という。
_{こうごうせい}

（大形）
（少ない）
生き物の数
肉食動物（小形）
草食
動物
（多い）
生き物の数
が最も多い
植物

● 生き物と空気・水・食べ物とのかかわりを覚える。
❷「食べる・食べられる」の生き物の関係をつかむ。
❸ かけがえのない地球がかかえるかん境問題をおさえる。

川や海に運ばれると，川や海の生き物の養分ともなる。
↳森林と海は生き物のかん境としてつながっている

✓ 重要　人や動物の食べ物のもとは，植物である。

3 地球のかん境

❶ 自然破壊　地球には，森林の破壊，地球温暖化，酸性雨，異常気象，オゾン層の破壊，ダイオキシン汚染，放射能汚染などのいろいろな問題がおきている。
↳フロンガスによる　↳ごみや産業はいき物を燃やすときに発生

❷ 自然をまもる　地球の自然をまもるために，森林を乱ばつしない，石油や石炭の使用をおさえ二酸化炭素の増加を防ぐ，フロンにかわる物質を開発する，などの対策がある。
温室効果ガス

❸ 人と自然　生き物が生き続けるためには，太陽の光と空気と水にめぐまれた地球の自然をまもることがたいせつである。

✓ 重要　森林の減少はさばく化や二酸化炭素の増加につながり，地球温暖化を引きおこしている。

参考 土の中の小動物
　ミミズやダンゴムシなどの土の中の小動物は，その活動によってふんと土がよくかきまぜられて養分の多い土になる。

参考 大気の汚染
　化石燃料（石油，石炭，天然ガス）を大量に燃やすと，大気が二酸化炭素や強い酸化物などに汚染され，地球温暖化，酸性雨，森林の枯死，異常気象などの深刻なかん境破壊が進む。

社会／理科／算数／英語／国語

Q 入試では ［2］桜美林中一改

❶ ①〜④にあてはまることばを書きなさい。
(1) 石油・石炭を大量に燃やすと，大気中の（①　　）がふえ，地球の（②　　）化や（③　　）雨などがおこると考えられている。
(2) 家庭や工場から出るごみや産業はいき物を燃やしたときに出る毒性の強い（④　　）による汚染がおきている。

❷ ある島の生物A〜Dの間に，次の「食べる・食べられる」の関係があります。A〜Dにあてはまる生物を，あとのア〜エから選びなさい。
※矢印は食べられるものから食べるものに向けられている。

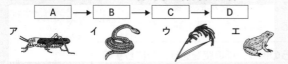

| A | → | B | → | C | → | D |

ア　イ　ウ　エ

解答
❶ (1)① 二酸化炭素
　② 温暖
　③ 酸性
(2)④ ダイオキシン
❷ A：ウ　B：ア
　C：エ　D：イ

⚠要注意
「食べる・食べられる」の関係は，植物→草食動物→小形の肉食動物→大形の肉食動物の順になる。

12 生命と地球 月と太陽

入試に出る要点

● **月の形の変化**（月の満ち欠け）

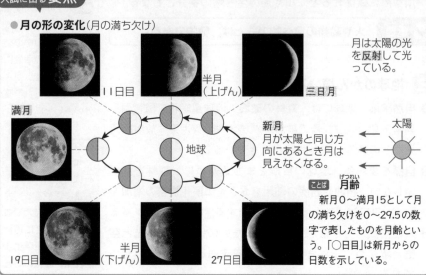

月は太陽の光を反射して光っている。

11日目　半月（上げん）　三日月

満月　地球　新月

新月
月が太陽と同じ方向にあるとき月は見えなくなる。

19日目　半月（下げん）　27日目

ことば　**月齢**
新月0〜満月15として月の満ち欠けを0〜29.5の数字で表したものを月齢という。「○日目」は新月からの日数を示している。

1 太陽の動き ▮▮

❶ **太陽の1日の動き**　東からのぼって，南の空を通り，西にしずむ。

▶ **太陽の位置**…方位と高さ（高度）で表す。

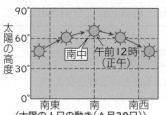

〈太陽の1日の動き（4月30日）〉

▶ **太陽の南中**…太陽が真南にくることを南中といい，その高度を南中高度，その時刻を南中時刻という。

❷ **季節と太陽の動き**　太陽の通り道は，季節によってちがっている。

▶ **春分・秋分**…真東からのぼって，真西にしずむ。
　└→9月23日ごろ　└→3月21日ごろ　昼と夜の長さが同じ→

▶ **夏至**…北よりを通る。昼の時間が最も長くなる。
　└→6月21日ごろ

▶ **冬至**…南よりを通る。昼の時間が最も短くなる。
　└→12月22日ごろ

✔ **重要**　太陽は東からのぼり，南の空を通り，西にしずむ。

得点＋プラス

観察 太陽とかげ

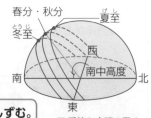

かげは**太陽のある方向と逆**にできる。
よって，かげは（西→北→東）と動く。

↑季節と太陽の動き

2 月の形と動き 📊

❶ **月の動き** 太陽のように，**東→南→西**と動く。

❷ **月の形の変化** 新月→三日月→半月→満月→半月→新月から27日目の月→新月の変化（**満ち欠け**）をくり返す。

新月から次の新月まで約30日かかる←

満ち欠けをするのは，太陽の光の反射で光る月と太陽の位置が変わるからである。

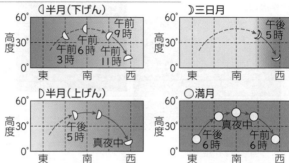

✓ **重要** **月も太陽と同じように，東→南→西と動く。**

3 月と太陽 📊

❶ **太陽** 高温（約6000℃）の気体で，熱と光を出している。
→ガス

❷ **月** 太陽の光を反射して光っている。表面には**クレーター**とよばれるくぼみや暗く見える**海**という部分がある。

❸ 太陽は月の**400倍も大きい**が，地球からのきょりも**月の400倍**あるので，月と太陽の**見かけの大きさ**はほぼ同じになる。

参考 月の動き

▶**下げんの月**…明け方，南の空に見える。

▶**三日月**…夕方，西の空に見える。

▶**上げんの月**…夕方，南の空に見える。

▶**満月**…夕方，東からのぼり，南の空を通って，日の出ごろ西へしずむ。

Q 入試では ②駒場東邦中

1 次の①～③にあてはまることばを書きなさい。

月も太陽と同じく，（①　）からのぼって，（②　）の空を通り，（③　）にしずむ。

2 東京で朝方に見える，いわゆる「半月」は，どの方位に，どんな形で見えますか。方位および形について，次のア～エおよびオ～クから選びなさい。

【方位】ア　東　イ　西　ウ　南　エ　北

【形】 オ　カ　キ　ク

解答

1 ① 東　② 南
③ 西

2【方位】ウ
【形】オ

社会
理科
算数
英語
国語

星とその動き

●星の動き

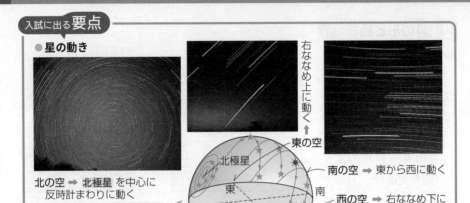

北の空 ➡ 北極星を中心に
反時計まわりに動く

空全体が東から西に動く

北極星

東

北　西　南

東の空
右ななめ上に動く

南の空 ➡ 東から西に動く

西の空 ➡ 右ななめ下に動く

1 いろいろな星

❶ **こう星**　太陽のように，**光や熱を出している星**をいう。

▶**星の明るさ**…見かけの明るさで1等星〜6等星で表す。
地球からのきょりで明るさは変わる◀　　└北極星は2等星

▶**星の色**…星の表面温度によって色がちがう。

❷ **太陽系**　太陽のまわりを回っている**地球のなかまの星**などで，太陽の光を**反射**して光っている星の集まりをいう。

▶**わく星**…太陽系には**8つ**のわく星がある。

水星，金星，**地球**，火星，木星，土星，天王星，海王星
　　　　　　　　太陽系の中で最大◀　　└環(わ)を持っている

▶ほかに，**衛星**，**すい星**などが存在している。
　　└月は地球の衛星

❸ **北極星**　いつも北の方角にあって**動かない**。
　　　　　　　　　　　　└地球の自転のじくの延長線上にある

季節によって見える星座がちがう。

夏の星座…わし座，こと座，はくちょう座，さそり座
　　　　└デネブ　　　　　　　　└アンタレス

▶**冬の星座**…オリオン座，おおいぬ座，こいぬ座，ふたご座
　└ベテルギウス，リゲル
　└シリウス　　└プロキオン
　└カストル，ポルックス

ベガ　こと座
デネブ　　夏の大三角
　　　　　　　天の川
　　　　　　　わし座
はくちょう座　アルタイル
〈夏の大三角〉

プロキオン　天の川　ベテルギウス
こいぬ座
冬の大三角
　　　　　　　　　　リゲル
おおいぬ座　シリウス　オリオン座
〈冬の大三角〉

✔**重要**　**南の空の星は季節によって見える星が変化する。**

得点 ➕ プラス

参考　**星の色と温度**

高温		
↑		
青色	リゲル（オリオン座）	
白	シリウス（おおいぬ座）	
うす黄	プロキオン（こいぬ座）	
黄	太陽	
だいだい	アルデバラン（おうし座）	
赤	アンタレス（さそり座）	
↓		
低温		

① 太陽系のわく星や季節の代表的な星座をおさえる。
② 星座早見の使い方は，完全に覚える。
③ 地球の自転と星の動きの関係をつかむ。

2 星座早見の使い方

6月25日の午後8時(20時)に合わせたもの
①星座早見の外側に書いてある月日と，内側の時刻とを合わせる。

北の空を見るとき

北が下にくるように星座早見を持ち，北の方角を見る。

②観察したい方位が下にくるように星座早見を持ち，星を観察する。

注意 星座早見では，東西の方角が逆になっている。

観察 夏と冬の北の空

夏も冬も，北の空では北と七星とカシオペヤ座が北極星をはさんで反対側に見える。午後9時ごろでは，夏に東側にあったカシオペヤ座は冬には西側にある。

3 星の動き

① **星の動き** 北極星を中心に**左**まわりに回っている。それは，
　→反時計まわり
地球の**自転**による**見かけの動き**である。

② **星の並び方** 時刻とともに星の位置は変わるが，星の並び方は変わらない。

③ **星の動く速さ** 地球は１日(24時間)で約１回転(360度)
　　　　　　　　　　　→自転
しているので，星は１時間に**15**度動いていることになる。
　　　　　→360÷24＝15　　　　→東から西へ

✓ **重要**　星は，北極星を中心に１時間に15度左まわりに動いている。

Q 入試では　[2] 愛光中一改

1 次の①～③にあてはまることばを書きなさい。

星は，１時間に(①　　　)度(②　　　)から(③　　　)に動く。

2 次の問いに答えなさい。

(1) 右の図の**A**はある日の午後8時ごろ観察した北と七星で，その夜，ふたたび観察すると**B**の位置にきていました。**B**を観察したのは何時ごろですか。次の**ア**～**エ**から選びなさい。

　ア 午後8時ごろ　　**イ** 午後11時ごろ
　ウ 午前0時ごろ　　**エ** 午前1時ごろ

(2) 北と七星が時間とともに位置を変えるのはなぜですか。その理由を書きなさい。

解答

1 ① 15　② 東
　③ 西
2 (1) ウ
　(2) 地球が自転しているから。

！要注意
(1)北極星を中心に，左まわりに１時間に15度動いているので，60度動くには4時間かかる。

生命と地球
雨水のゆくえと地面

● **水のしみこみやすさをくらべる実験**

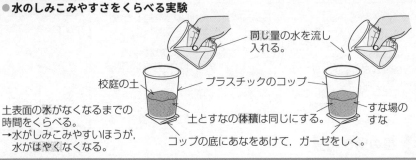

同じ量の水を流し入れる。

校庭の土　　プラスチックのコップ　　すな場のすな

土表面の水がなくなるまでの時間をくらべる。
→水がしみこみやすいほうが，水がはやくなくなる。

土とすなの体積は同じにする。

コップの底にあなをあけて，ガーゼをしく。

1 雨水の流れと地面のかたむき

❶ **水たまりができやすい場所**　鉄ぼうやブランコの下には水たまりができやすい。
　↳ 土がけずられて，へこんでいる

❷ **地面の高さと雨水の流れ方**　雨水が流れるところは，地面がかたむいている。水は，地面が高いほうから低いほうへ流れて，低いところに集まる。

✔**重要**　雨水は，地面が高い所から低い所へ流れて，集まる。

2 大雨による災害とふせぐくふう

❶ **大雨による災害**　雨がたくさんふると，山から低地に一度に多くの水が流れてくるこう水や，その水が集まって家などが水につかるしん水が起こる。

▶**地下しせつなど**…入り口をまわりより高くしたり，大雨のときは入り口に止水板を置いたりして，雨水が入らないようにする。
　↳ 土のうぶくろも同じように使える

▶**低地など**…他よりも土地をあえて低くしてある 遊水池（遊水地）に，大雨で川がはんらんしそうになると，川から水を流して一時的にためておくことで，他の低地を守る。
　↳ ふだんは公園などとして利用している

得点➕プラス

観察 地面のかたむきの調べ方

▶筒紙を置き，ビー玉を転がす→転がっていったほうの地面が低い。

▶水を入れた容器を置く→水が多くかたよったほうの地面が低い。

参考 遊水池と遊水地

▶遊水池…治水機能を表すときに使う。
▶遊水地…土地を表すときに使う。

① 雨水の流れ方と集まりやすい場所の特ちょうをつかむ。
② 雨水による災害とそれをふせぐくふうをおさえる。
③ 水のしみこみやすさと土のつぶの大きさの関係をつかむ。

3 水のしみこみ方と地面のようす ■■▯

❶ **水のしみこみやすさ** 校庭とすな場では，すな場のほうが水がしみこみやすく，水たまりができにくい。

❷ **土のつぶの大きさと水のしみこみ方** 地面の土のつぶの大きさが大きいほど，水がしみこみやすい。

校庭の土

つぶが小さくサラサラ。

すな場のすな

つぶが大きくザラザラ。

小さい ◀━━━━ つぶの大きさ ━━━━▶ 大きい

アスファルトや コンクリート	校庭の 土	すな場の すな	砂利（じゃり）

しみこみ
にくい ◀━━━ 水のしみこみやすさ ━━━▶ しみこみ
やすい

✔ **重要** **土のつぶが大きいほど，水はしみこみやすい。**

参考 道路の雨水のゆくえ

アスファルトやコンクリートでできた道路は，地面が固められてつぶのすきまがないので，水がしみこみにくい。そのため，雨水が流れるように，道路の中央より，はしのほうを低くしてある。これを**こうばい**という。

道路のはしに流れて集まった水は，雨水ますを通って，下水道や近くの河川に流される。

Q 入試では

1 次の①〜④にあてはまることばを書きなさい。

(1) 雨水は，（①　　　）所から（②　　　）所へ流れ，（③　　　）所にたまる。

(2) 土のつぶが（④　　　）ほうが，水がしみこみやすい。

2 次の問いに答えなさい。

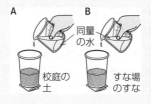

(1) 右の図の装置 **A**，**B** をつくり，上から同量の水を入れた。土の表面から，水がなくなるのがおそいのはどちらですか。

(2) アスファルト道路は，雨水がたまらないように，どのようなつくりになっているか，次の**ア〜ウ**から選びなさい。
ア 表面にみぞがある。　　**イ** 表面に小さな穴（あな）がある。
ウ 中央よりはしのほうが低くしてある。

解答

1 ① 高い　② 低い
③ 低い
④ 大きい

2 (1) A
(2) ウ

👆 ワンポイント

(1)校庭の土のほうが，つぶが小さく，水がしみこみにくいので，表面の水がなくなるのがおそい。

社会
理科
算数
英語
国語

入試に出る**要点**

●**流れる水のはたらき**

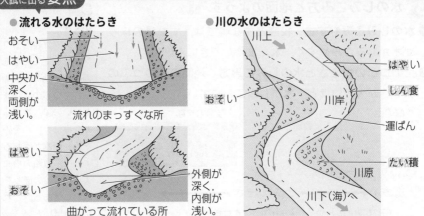

おそい／はやい／中央が深く，両側が浅い。
流れのまっすぐな所

はやい／おそい
外側が深く，内側が浅い。
曲がって流れている所

●**川の水のはたらき**

川上／はやい／しん食／川岸／運ぱん／たい積／おそい／川原／川下（海）へ

1 流水のはたらき ▮▮

❶ 水の流れと速さ

▶**まっすぐに流れている所**…流れの**中**ほどが**深く**，**流れがはやい**。
└→川の中央

流れの**両側**は**浅く**，流れが**おそい**。
└→川の両岸

▶**曲がって流れている所**…流れの曲がっている**外側**のほうが**流れがはやく**，**深い**。
└→がけ

内側は流れが**おそく**，**浅い**。
└→川原

❷ 流水の3つの作用（はたらき）

▶**しん食**（けずるはたらき）…流水のしん食作用は，流れる速さがはやいほど大きい。
└→けずるはたらき

運ぱん（運ぶはたらき）…しん食作用でけずられた石や砂を運ぶはたらき。流水の運ぱん作用は，流れる速さがはやいほど大きい。
└→運ぶはたらき

▶**たい積**（積もらせるはたらき）…流水には，運ばれてきた石や砂を積もらせるはたらきがある。流水のたい積作用は，流れる速さがおそいほど大きい。

✔**重要** 流水には，しん食・運ぱん・たい積の作用がある。

得点➕プラス

実験 流水のはたらき

ねんど／砂／小石
流れのおそい所
流れのはやい所

参考 流水の作用
たい積のはたらきは，しん食のはたらき・運ぱんのはたらきが小さくなるほど，逆にはたらきが大きくなる。

2 川の上流・中流・下流

		上　流	中　流	下　流
川　岸		がけが多い。川はばがせまい。	川原やがけの所がある。川はばが広くなる。	川原に砂がたまり，川はばが広い。
石や砂	大きさ	大きな石が多い。	いろいろな大きさの石がある。	小さな石や砂が多い。
	形	角のある石が多い。	角のとれた石が多い。	まるい小石や砂が多い。
流れの速さ		はやい	おそい	よりおそい

3 川の流れと土地の変化

❶ **大水による災害** 集中ごう雨や台風による大雨で，川の水量が増すと，**しん食，運ぱん**の作用が**大きくなり**，岩や土を多量におし流し，**こう水**がおこりやすくなる。
↳ 川の水があふれ，家や田畑をつぶす

❷ **こう水を防ぐ** ダム，砂防ダム，スーパーてい防，護岸ブロックなど，**こう水を防ぐ**ふうがされている。
↳ 水をためて調節 ↳ 水の勢いをとめる ↳ こう水を防ぐ ↳ 川岸をまもる

参考 川と地形
▶ **V字谷**…上流はしん食作用が大きく，V字形をした深い谷をつくる。
▶ **扇状地**…山地から平地に出た中流。

▶ **三角州**…川が海や湖に流れこむ下流。

入試では ［2］滝中

1 次の①〜④にあてはまることばを書きなさい。
(1) 流水のはたらきには，（①　　）,（②　　）,（③　　）という３つの作用がある。
(2) 川は，流れや土地のようすにより３つの部分に分けられ，土砂を積もらせるはたらきは（④　　）が最も大きい。

2 川について，次の問いに答えなさい。
(1) 図１のA〜Cの地点で，流れが最もはやい所を選びなさい。

図1

(2) 図２のD〜Fの地点で，流れが最もおそい所を選びなさい。

図2

(3) 図２で，小石や砂によって川原になっているのは，X，Yのうちどちらですか。

―◆ 解　答 ◆―
1 (1)① しん食
② 運ぱん
③ たい積
（順不同）
(2)④ 下流
2 (1) B　(2) F
(3) Y

ワンポイント
(3)曲がって流れている所では，内側は流れがおそく，浅くなっているため川原ができやすい。

社会
理科
算数
英語
国語

入試に出る**要点**

●**百葉箱**

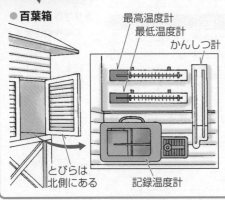

最高温度計
最低温度計
かんしつ計

記録温度計の記録の例

とびらは北側にある
記録温度計

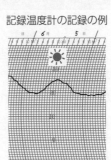

●**風の調べ方**

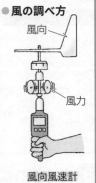

風向

風力

風向風速計

1 気温のはかり方

❶ 気 温 下の3つの条件をそろえて, はかった空気の温度を気温としている。

▶温度計に, 日光が直接あたらないようにはかる。

▶建物からはなれた風通しのよい所ではかる。

▶温度計を地面から 1.2～1.5 m の高さにしてはかる。
百葉箱…気温をはかる条件を考えてつくられている。

記録温度計…連続して気温を記録することができる。

▶最高温度計・最低温度計…前日の最高気温, その日の朝の最低気温がわかるようにくふうされている。

▶かんしつ計…空気中の水蒸気の量を調べることができる。
→しつ度

✓**重要** 気温は, 風通しのよい日かげで, 地面から1.2～1.5 m の高さの空気の温度をはかる。

輪ゴム
温度計
画用紙
1.2～1.5m

得点＋プラス

注意 温度計の正しい読み方
　液だめにさわったり, 息をふきかけたりせず, 目盛りを読むときは, 20～30 cmはなれて, 目の高さと同じにして読む。

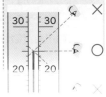

くわしく しつ度
　空気(1 m³)中にふくむことのできる水蒸気量[g]に対し, ふくまれている水蒸気量[g]の割合をしつ度といい, ％(百分率)で表す。

2 風と雲の調べ方

❶ **風の向きと強さ** 風がふいてくる向きのことを**風向**（ふうこう）といい，ふいてくる方位を **16 方位**（ほうい）で表す。また，風の強さを
→ 風がものを動かす力
風力といい，その強さは 0〜12 の **13 階級**ある。

❷ **雲の量と天気** 空全体の広さを 10 として，空をおおう**雲**（りょう）
の量(雲量)の割合で天気を表す。
→ 見わたせる広さ
→ 目で見てはかる

3 天気と 1 日の気温の変化

❶ **晴れの日** 1 日の気温は，**朝夕は低く**，日の出前に**最低**になり，**日中は高く**，午後 **2 時ごろ最高**となる。
→ グラフに表すと，山の形になる

❷ **くもりや雨の日** 1 日の気温の変化は**小さい**。
→ 雲が日光をさえぎるから

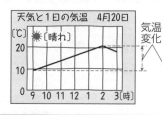

参考 風向と 16 方位
空気の動く向き
北東の風
となる。

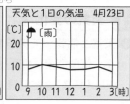

観察 雲量と天気

〔雲量〕		〔天気〕
0〜1	⟶	快晴（かいせい）
2〜8	⟶	晴れ
9〜10	⟶	くもり

✓ 重要 1 日の気温の変化は，天気によってちがいがある。

Q 入試では 〔2〕金光学園中一改

1 次の①〜③にあてはまることばを書きなさい。
　気温は，(①)がよく，(②)が直接あたらない場所で，地面から(③)の高さの所の空気の温度をはかる。

2 右の図は，ある日の気温の変化を表したグラフです。これについて次の問いに答えなさい。
(1) 天気と気温の変化とは，関係がありますか，ありませんか。
(2) この日の天気を，次の**ア〜エ**から選びなさい。
　　ア 1 日じゅう晴れ　　**イ** 1 日じゅうくもり
　　ウ 晴れのちくもり　　**エ** 雨のち晴れ

解　答
1 ① 風通し
② 日光
③ 1.2〜1.5 m
2 (1) 関係がある
(2) ウ
ワンポイント (2)気温は，正午までは上がっているが，午後からは下がっているので，雲におおわれてきたと考えられる。

天気の変化

● 台風の進み方

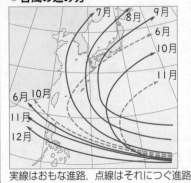

実線はおもな進路，点線はそれにつぐ進路

● 日本の季節と気団（空気のかたまり）

冷たくかんそうした気団
シベリア気団
冬

冷たくしめった気団
オホーツク海気団
つゆ期
初秋

あたたかくしめった気団
小笠原気団
夏

1 天気の変化 📶

❶ **天気と情報**　天気予報は，気象台や測候所による気象観測，**気象衛星ひまわり**からの映像，**地域気象観測システム（アメダス）**などの情報をもとに決められる。

❷ **天気の変化**　日本付近の上空には，偏西風という風が**西から東**へふいている。このため，雨を降らせる雲も西から東へ移動して，天気は西から東へと移っていくことが多い。

✔ **重要**　**日本の天気は，西から東へと変わっていく。**

2 台風 📶

❶ **台風の発生**　南の太平洋上で発生した熱帯低気圧のうち，最大風速が毎秒17.2 m以上になったものを台風といい，夏から秋にかけて発生する。
　→8月〜9月

❷ **台風の大きさ・強さ**　台風はうずの中心に向かって左まわりに強い風がふきこむ。台風の大きさは平均風速が毎秒15 m以上のはん囲の半径で示し，台風の強さは最大風速で分ける。
　→反時計まわり
　→台風の目という

❸ **台風のひ害**　台風は，強風と大雨によって大きな災害をもたらす。その一方で，**水資源のめぐみ**をもたらしている。
　→生活用水，農・工業用水，水力発電

得点＋プラス

参考 アメダス
災害対策のため，日本各地（約1300か所）に設置された自動的に気象観測をする地域気象観測システムをいう。降水量のほか風向，風速，気温，日照などのデータが気象庁へ送られる。

■ **メモ** 天気のいい伝え
朝焼けは雨，夕焼けは明日晴れ。

▶ 朝にじは雨，夕にじは明日晴れ。

参考 雲と天気予想
▶ **入道雲（積乱雲）**
雨が降る。

▶ **うす雲**　雨の前兆。

▶ **すじ雲**　しばらくよい天気が続く。

❶ 気象観測から天気予報までの流れをおさえる。
❷ 日本の天気が西から東へ移って変化することをつかむ。
❸ 季節ごとの天気，つゆ，台風など日本の天気の特ちょうを覚える。

3 季節による日本の天気

❶ 気 団　日本付近の気団は季節の気候にえいきょうする。
　　　　　　→同じ性質をもつ空気のかたまり

❷ 冬の天気　シベリア気団からふき出す風が**北西の季節風**
となり，**日本海側に雪**を降らせる。
　　　　　　→太平洋側は晴れの日が続く　　→冬に決まってふく風

❸ 夏の天気　小笠原気団が発達して，**南東の季節風**がふき，
むし暑い天気となる。
　　　　　　　→夏に決まってふく風

❹ 春と秋の天気　**西**から高気圧と低気圧が交互にやってき
て，周期的に天気が**変化**することが多くなる。
　→空気が安定して晴れる所　　→空気が不安定で雲が多い所
　　　　　　　　　→晴れの日とくもりや雨の日をくり返す

❺ つゆ（梅雨）　6月～7月にかけて，オホーツク海気団と
小笠原気団がぶつかり，雨の多い日が続く。

社会
理科
算数
英語
国語

参考　季節風
　夏と冬の季節ごと
にふく風を**季節風**と
いう。夏の季節風は，
**太平洋から南東の風
がふき**，冬の季節風
は，**大陸（シベリア）
から北西の風がふき**，
夏と冬の気候にえい
きょうをあたえてい
る。

〈冬の雲画像〉　　〈夏の雲画像〉　　〈つゆ（梅雨）の雲画像〉　　〈台風の雲画像〉

Q 入試では　②日本女子大附中－改

1 次の①～⑤にあてはまることばを書きなさい。

(1) 日本の天気は，（①　　）から（②　　）へと変わっていく。

(2) 日本では夏と冬に決まった方向から（③　　）がふく。
　　夏は（④　　）の風，冬は（⑤　　）の風となる。

2 次の問いに答えなさい。

(1) 4日間の日本上空の雲の写真を正しい順に並べなさい。

A　　　　B　　　　C　　　　D

(2) より細かい天気予報をするための地域気象観測システ
ムを何といいますか。

解答

1 (1)① 西　② 東

(2)③ 季節風

　④ 南東　⑤ 北西

2 (1) D→B→A
　　　→C

(2) アメダス

ワンポイント
(1)日本上空の雲は西
から東へ移動するこ
とから考える。雲の
かたまりが日本の西
にあるのはDである。

18 生命と地球
土地のつくりと変化

●**流水のはたらきによる地層のでき方**

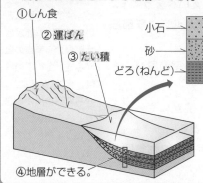

①しん食
②運ぱん
③たい積
④地層ができる。

小石→
砂→
どろ（ねんど）→

●**化石が示すもの**

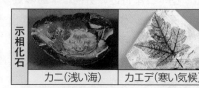

示相化石　カニ（浅い海）　カエデ（寒い気候）

示準化石　サンヨウチュウ（古生代）　アンモナイト（中生代）

1 土地をつくっているもの

❶ **地層のようす**　**小石**や**砂**，**どろ**，**火山灰**などが層になって広がっているしま模様を地層という。１つ１つの層の厚さはちがう。

❷ **地層のつくり**　層をつくっているつぶの色や大きさがちがうので地層がしま模様に見える。

❸ **地層の変形**　地層は，長い年月
の間に大きな力を受け，ななめにかたむいたり，曲がったり（しゅう曲），ずれたり（断層）する。

①赤土（赤茶色）　およそ 1m
②砂（黄色っぽい灰色）　1m
③小石（灰色）0.6m
④砂　貝の化石　1.5m
⑤どろ（灰色）　1.6m

観察 **小石と砂**

川原や地層の中に見られる小石や砂を観察すると，角がとれてまるくなったつぶが見える。これに比べて，火山灰のつぶは**角ばっている**。

〈火山灰〉

曲がった地層

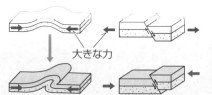
大きな力

ずれた地層

✓**重要**　地層は，広いはん囲に広がって大地をつくっている。

社会
理科
算数
英語
国語

2 地層のでき方

❶ 流水のはたらきと地層　しん食・運ぱんの作用によって，
流水が地層の岩石をけずる　　　流水が石や砂を運ぶ
湖や海まで運ばれた小石や砂は，たい積作用によって**湖**
流水の小石や砂を積もらせるはたらき
底や海底にしずみ，積もる。

❷ 地層の順　地層は，**新しいものが上に積もる。**

❸ 火山灰でできた地層　火山のふん火のときにふき出した
火山灰などが積もってできた地層もある。

❹ 化　石　土砂のたい積で，生き物の死がいや生活のあと
どしゃ
が地層の中にうめられ，その後，かたい部分が化石になる。
当時の気候，地球の歴史，生物の進化がわかる

3 たい積岩と火成岩

❶ たい積岩　**地層が固まってできた岩石**をたい積岩という。
つぶが大きい順に，れき岩，砂岩，でい岩

❷ 火成岩　**マグマが冷え固まってできた岩石**を火成岩という。
安山岩・花こう岩など　岩石が地中でとけたもの

〈砂岩〉

〈れき岩〉

〈安山岩〉

〈花こう岩〉

実験　土砂の積もり方
畑の土をビーカー
に入れ，水を加えて
かきまぜたあと，静
かに置いておく。

れき・砂・ど
ろのまじった
もの
どろ
砂
れき

ことば　化　石
たい積当時のかん
境がわかる示相化石
と時代がわかる示準
化石がある。

Q 入試では　[2] 京都女子中一改

1 次の①，②にあてはまることばを書きなさい。

地層には昔の生物の（①　　　）をふくんだ層や，火山が
ふん火してふき出した（②　　　）が積もった層などもある。

2 次の問いに答えなさい。

(1) 雨が降った次の日に右の地層
ふ
を観察すると，ある層と層の
間から水がしみ出ていました。
それはどこですか。何と何の間と記号で答えなさい。

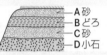
A砂
B どろ
C砂
D小石

(2) Cの層の中にアサリの化石がふくまれていました。C
の層ができた場所を，次のア～エから選びなさい。

ア　湖　　イ　川の上流　　ウ　深い海　　エ　浅い海

解答

1 ① 化石
② 火山灰

2 (1) AとBの間
(2) エ

ワンポイント
(1)どろの層は水を通
しにくいため，Bの
どろの層の上にた
まって，しみ出して
くる。

火山と地しん

● 火山による土地の変化

← 火山活動で盛り上がってできた昭和新山

ふん火をくり返し，大きくなった富士山 →

● 地しんによる土地の変化

← 兵庫県南部地しんでできた断層（野島断層）

↑ 地しんで山くずれがおきた御嶽（おんたけ）山

← 北海道釧路（くしろ）沖地しんでできた地割れ

1 火山のふん火 📊

❶ **ふん火**　地下の**マグマ**が地上にふき出すことを**ふん火**という。
岩石がどろどろにとけたもの↵

❷ **ふん出物**

▶ **よう岩**…マグマがふき出したときの**高温の液体とそれが冷え固まったもの**をよう岩という。冷えるとさまざまな形に変化する。
えきたい

▶ **火山灰**…マグマが**粉状**に飛び散ったものを火山灰という。
かざんばい

火山ガス…二酸化炭素などをふくんだ水蒸気である。

❸ 火山活動による災害

▶ **火さい流**…マグマの破片や火山灰などが，火山ガスといっしょに山を高速で流れくだる現象を火さい流という。
はへん

▶ **よう岩流**…山腹を流れ出るよう岩の流れをよう岩流という。大きなひ害をおこすことがある。
さんぷく

▶ **土石流**…降り積もった火山灰が激しい雨に流され，土石流となって，大きな災害をもたらすことがある。
ふり　つ　　　　　　　はげ
さいがい

火さい流
高温のガスや火山灰・岩石が山腹をかけおりる。

火山ガス（気体）

火山灰，火山れき，火山岩かい，火山だん，軽石（固体でふき出すもの）

よう岩
マグマが火口から流れ出し，山腹をくだる。

マグマ

得点 ➕ プラス

マグマのねばりけと火山の形

ねばりけ		ふん火
大	昭和新山，有珠山	激しい
	浅間山，桜島	
小	キラウエア（ハワイ）	おだやか

2 地しん

① 地しんのしくみ　大陸側の岩ばんに大きな力が
はたらき，**ゆがみ**にたえきれなくなった岩ばん
がもとにもどろうと反発して，地しんがおこる。
　↳プレート

② 地しんの大きさ

▶ **しん度**…地しんの**ゆれの強さ**はしん度で表す。
　↳0〜7 の間を 10 階級に分けている。

▶ **マグニチュード**…**地しんの規模**を表す。
　　　　　　　　　　　　↳きぼ

③ 地しんによる災害
　　　　　↳さいがい

▶ 建物のとうかいと地しん後の**火災**によるひ害。
　↳たおれたり，こわれたりすること

▶ 地すべり，**津波**も大きなひ害をもたらす。
　　　　　↳地しんによる波

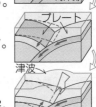

海　海洋側のプレー
トが大陸側のプ
大陸側　レートにしずみ
海洋側　こむ。

プレート　大陸側のプレー
トが海洋側のプ
レートに引きこ
まれる。
津波

大陸側のプレー
トがやがて反発
し，地しんと津
波がおこる。

3 火山・地しんと土地の変化

① 火山活動による土地の変化　火山付近の土地が盛り上がっ
　　　　　　　　　　　　　　　　　　　↳ふきん　　　　　↳も
たり，よう岩によって火山島が陸続きになったり，海底
　　　　　　　　　　　　　桜島(鹿児島県)↲
火山のふん火によって新しい島ができたりする。

② 地しんによる土地の変化　地しんにより，**断層**や**地割れ**，
　　　　　　　　　　　　　　　　　　　　　　　　　↳地層のずれ　↳じわ
土砂くずれなどがおこったり，土地が高くなったりする。
↳どしゃ

参考　**新しい島**
小笠原諸島の西之
↳おがさわらしょとう　↳にし
島新島は，1973 年に
↳しましんとう
生まれた火山による
島である。

Q 入試では　[2] 熊本マリスト学園中―改

1 次の①〜④にあてはまることばを書きなさい。

(1) 地下の（①　　）が，よう岩，火山灰，火山ガスとなっ
て地上にふき出すことを（②　　）という。

(2) 大陸側の岩ばんに大きな力がかかり，（③　　）にたえ
きれずに岩ばんが反発して（④　　）がおこる。

2 次の問いに答えなさい。

(1) ねばりけ
の強いマ
グマでは，
火山の形はどうなりますか。**ア〜ウ**から選びなさい。

ア　　　　イ　　　　ウ

(2) (1)のような形の火山のふん火のようすは，キラウエア
のふん火と比べて，激しいですか，おだやかですか。
　　　　　↳はげ

解　答

1 (1)① マグマ

② ふん火

(2)③ ゆがみ

④ 地しん

2 (1) ア

(2) 激しい

❗要注意　(2)マグマ
のねばりけが強い火
山は，激しいふん火
をする。キラウエア
は，マグマのねばり
けが弱い火山。

1 けんび鏡の使い方

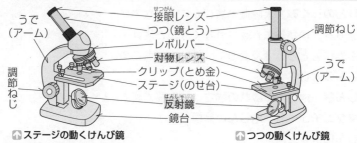

うで（アーム）、接眼レンズ、つつ（鏡とう）、レボルバー、対物レンズ、クリップ（とめ金）、ステージ（のせ台）、反射鏡、鏡台、調節ねじ

調節ねじ、うで（アーム）

⬆**ステージの動くけんび鏡**　　⬆**つつの動くけんび鏡**

①レボルバーを回し，最初は低い倍率にしておく。接眼レンズをのぞき，反射鏡を上下左右にかたむけて明るく見えるようにする。

②プレパラートがステージの穴の真ん中にくるように置き，クリップ（とめ金）でとめる。

③横から見ながら調節ねじを回し，対物レンズとプレパラートをできるだけ近づける。（つつの動くけんび鏡では，対物レンズをプレパラートのすぐ上まで下げる。）

④接眼レンズをのぞきながら調節ねじを回してプレパラートをゆっくり下げ，はっきり見える所でとめる。（つつの動くけんび鏡では，調節ねじを回してつつを上げ，はっきり見える所でとめる。）

⬆**けんび鏡観察の順序**（ステージの動くけんび鏡の場合）

2 そう眼実体けんび鏡の使い方

・直射日光のあたらない，明るく**水平**な場所に置く。

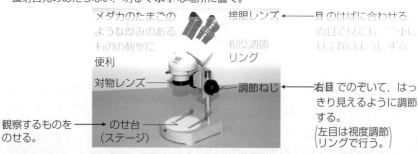

メダカのたまごのような厚みのあるものの観察に便利

接眼レンズ　←　**目**のはばに合わせる。両目で見ても，二重に見えないようにする。

視度調節リング

対物レンズ

調節ねじ　←　**右目**でのぞいて，はっきり見えるように調節する。（左目は視度調節リングで行う。）

観察するものを　→　のせる。

のせ台（ステージ）

両目で見るため立体的に観察できる。**プレパラートをつくる必要がない**ので，花のつくりや小動物，火山灰などを観察するのに適している。

③ 温度計の使い方

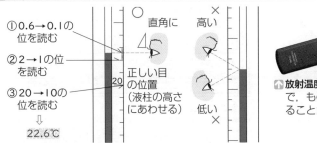

①0.6→0.1の
位を読む

②2→1の位
を読む

③20→10の
位を読む
⇩
22.6℃

○ 直角に

正しい目
の位置
（液柱の高さ
にあわせる）

× 高い

× 低い

↑放射温度計…ものにふれない
で，ものの表面の温度をはか
ることができる。

- **温度計を使うときの注意点**
  - ▶ 液だめにさわったり，息をふきかけたりしない。
  - ▶ 直接太陽の光があたらないようにする。
  - ▶ 20～30 cm はなれて，目を液柱の高さと同じにして目盛りを読む。

④ 星座早見の使い方

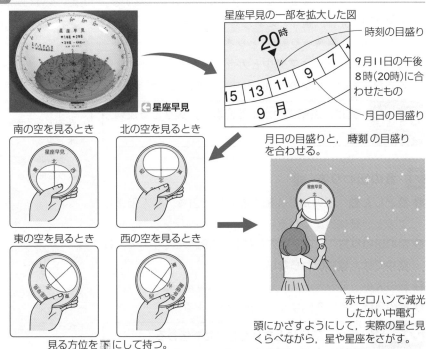

←星座早見

星座早見の一部を拡大した図

時刻の目盛り

9月11日の午後
8時（20時）に合
わせたもの

月日の目盛り

月日の目盛りと，時刻の目盛り
を合わせる。

南の空を見るとき　　北の空を見るとき

東の空を見るとき　　西の空を見るとき

見る方位を下にして持つ。

赤セロハンで減光
したかい中電灯
頭にかざすようにして，実際の星と見
くらべながら，星や星座をさがす。

社会
理科
算数
英語
国語

物質とエネルギー
光と音

● 光の**反射**

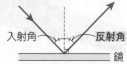

入射角　　反射角
鏡

● **音の大小としん動のふれはば**

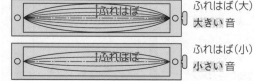

ふれはば（大）
大きい音

ふれはば（小）
小さい音

● 光の**くっ折**

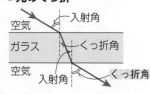

空気　　入射角
ガラス　　くっ折角
空気　入射角　　くっ折角

● **音の高低としん動の数**

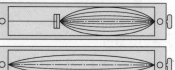

しん動の数（多）
高い音

しん動の数（少）
低い音

1 光の進み方 📶

❶ **光の直進**　光は，空気や水，ガラスなどの中を直進する。
　　↳ まっすぐに進む
❷ **光の反射**　光は，鏡などにあたると，反射する。
　　↳ はね返る
　そのとき，入射角＝反射角 となる。
❸ **光のくっ折**　光は，空気中とガラス中などのように，質
のちがうものへななめに出入りするとき，くっ折する。
　　　　　　　　　　　　　　　　　↳ 折れ曲がって進む

✓ **重要**　光は，空気中や水中を直進し，鏡などで反射する。

2 音の伝わり方 🔊

❶　　　ものがしん動すると音が出る。しん動がと
まると，音は出なくなる。
❷ **音の伝わり方**　音は，空気などをしん動させて伝わる。**真
空中では，音は伝わらない。**
❸ **音の大小**　音の大小は，しん動のふれはばによる。
❹ **音の高低**　音の高低は，しん動の数による。
　　　　　　　　　　　↳ 1秒間にしん動する数

✓ **重要**　音は，空気などをしん動させて伝わる。

得点➕プラス

参考 光のくっ折

空気
水　　　　境の面

▶ 空気→水
　境の面から**遠ざ
かる**ように曲がる。
▶ 水→空気
　境の面に**近づく**
ように曲がる。

コイン
水面でくっ折した光
の先にコインがうき
上がって見える。

3 光と音の性質

❶ 光の性質

▶**光と明るさ・温度**…光を集めると明るく，温度も**高く**なる。

・**鏡**で日光を反射させて光を集める。

・**とつレンズ**で日光を集める。
　↳ レンズを通った光が一点に集まる所をしょう点という

▶**光ともののあたたまり方**

・光を**はね返すもの**，光を**通すもの**は，
　アルミニウムはく，白いもの↲　　　　　とう明なもの↲
　あたたまり**にくい**。

・光を吸収するものは，あたたまりやすい。
　　　　　　　黒いもの↲

❷ 音の性質

▶**音の反射**…音は，ものにあたると，**反射**する。ガラス，金属のように表面が**かたく，なめらか**なものは，音をよく**反射**する。
↳ 入射角＝反射角

▶**音の吸収**…布，スポンジのように表面が**やわらかく，でこぼこ**なものは，音を**吸収**しやすい。

↓鏡で光を集める　　**↓とつレンズで光を集める**

最も明るくあたたかい。

最も明るく温度が高くなる。

↓光ともののあたたまり方

アルミニウムはく｜白の絵の具をとかす。｜水道水｜黒の絵の具をとかす。

光をはね返す。　光を通す。　光を吸収する。

あたたまりにくい。　**あたたまる。**

参考	光と音の速さ
光の伝わる速さは1秒間に約30万km。音は，1秒間に約340m。

Q 入試では [2] 奈良教育大附中―改

1 次の①〜③にあてはまることばを書きなさい。
　(1) とう明なものは光を（①　　　）やすくあたたまりにくいが，黒いものは光を（②　　　）しやすくあたたまりやすい。
　(2) 音が出ているとき，そのものは（③　　　）している。

2 次の問いに答えなさい。
　(1) 図1で，入射角と反射角はa〜dのうち，それぞれどれですか。
　(2) 箱に3枚の鏡が入っています。図2のように光源装置の光を入れたとき，光が3枚の鏡に反射して進む道すじを，ものさしを使ってかきなさい。

図1

図2

鏡　　鏡
　　鏡

解 答
1 (1)① 通し
　　② 吸収
　(2)③ しん動
2 (1)入射角：b
　　　反射角：c
　(2)

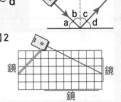

鏡　　　鏡
　　鏡

理科（社会／理科／算数／英語／国語）

22 物質とエネルギー 空気や水の性質

●空気の見つけ方

空気は水の中で**あわ**として見ることができる。

●とじこめた空気と水

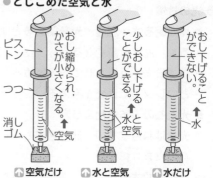

ピストン

つつ

消しゴム

おし縮められ，かさが小さくなる。↑空気

少しおし下げることができる。↑水と空気

おし下げることができない。↑水

⇧空気だけ　⇧水と空気　⇧水だけ

---

1 とじこめた空気や水

❶ **とじこめた空気**　とじこめた空気に力を加えると，**手ごたえを感じる**。このとき，空気は**おし縮められている**。
 →おしもどす力がはたらくから　　　空気の体積（かさ）が小さくなる←

❷ **とじこめた水**　とじこめた水をおし縮めようとしても，おし縮められない。水の体積は変わらない。

❸ **とじこめた水と空気**　とじこめた水と空気に力を加えると手ごたえを少し感じる。このとき，空気はおし縮められるが，水はおし縮められない。

> ✓ **重要**　**空気はおし縮められるが，水はおし縮められない。**

❶ **空気でつはつ**　おし縮められた空気が，**もとにもどろうとして**，前玉をはじき飛ばす。

❷ **水でっぽう**　おし棒のおす力で水をおして，水を飛ばす。

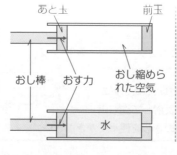

あと玉　　前玉

おし棒　おす力

おし縮められた空気

水

社会
理科
算数
英語
国語

3 空気と水の性質の利用 ▮▮▯

❶ ペットボトルロケット

水の入ったペットボトルの中に空気を入れていくと，空気がおし縮められ，もとにもどろうとする力で水をおし，その力でゴムせんがはずれて，ペットボトルは勢い（いきお）よく飛んでいく。

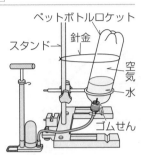

ペットボトルロケット
スタンド 針金
空気
水
ゴムせん

❷ エアーポット

ボタンをおすと，ポット内の空気がおし縮められる。おし縮められた空気はもとにもどろうとする力で湯をおし，その力で湯は，注ぎ口から出ていく。

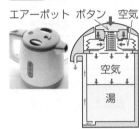

エアーポット ボタン 空気
空気
湯

実験 見えない空気

水が落ちないのはどうしてだろう。

フラスコの中の空気がとじこめられていて，ろうとの水と入れかわることができないからである。空気の出口をつくると，水は落ちていく。

Q 入試では [2] お茶の水女子大附中−改

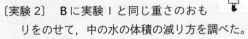

1 次の①〜③にあてはまることばを書きなさい。

(1) 空気は目に見えないが，水の中では(①　　　)になるので，目で見ることができる。

(2) とじこめた空気に力を加えると，(②　　　)を感じる。このとき，空気は(③　　　)られている。

2 右の図のような注射器A，Bを用意し，次の実験を行った。あとの問いに答えなさい。

〔実験1〕　Aにおもりをのせて，中の空気の体積の減り方を調べた。

〔実験2〕　Bに実験1と同じ重さのおもりをのせて，中の水の体積の減り方を調べた。

(1) 実験1において，おもりを重くしていくと，中の空気のおし返す力はどのように変化しますか。

(2) 実験1と2において，中の空気と水の体積の減り方はそれぞれどうなりましたか。

A B ピストン
空気 水
せん

解　答
1 (1)① あわ
(2)② 手ごたえ
③ おし縮め
2 (1) だんだん大きくなる。
(2) 空気の体積は大きく減ったが，水は減らなかった。

ワンポイント

(1)中の空気はおし縮められ，ピストンをおし返す力は，だんだん大きくなる。

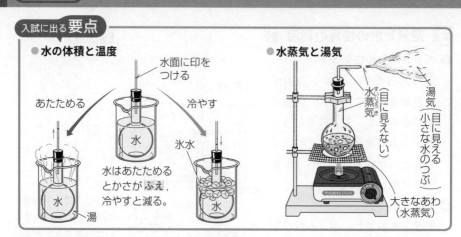

入試に出る**要点**

●水の体積と温度

水面に印をつける

あたためる　　　冷やす

水はあたためる
とかさがふえ，
冷やすと減る。

湯

氷水

●水蒸気と湯気

湯気（目に見える 小さな水のつぶ）

水蒸気（目に見えない）

大きなあわ
（水蒸気）

1 水と温度

❶ **水の体積変化と温度**　水は，温度が上がると体積が**ふえ**，温度が下がると体積が**減る**。
↳かさ

❷ **水→水蒸気**　水は，**100**℃でふっとうする。水が水蒸気になると，体積は水のときより**大きく**なる。
↳100℃以上にはならない
↳約1700倍になる

❸ **水→氷**　水は**0**℃で氷になる。氷の体積は水のときより**大きく**なる。
↳全部氷になると0℃以下になる
↳水の体積の約1.1倍になる

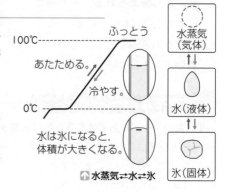

ふっとう
100℃

あたためる。
冷やす。

0℃

水は氷になると，
体積が大きくなる。

⇧水蒸気⇄水⇄氷

水蒸気（気体）
↑↓
水（液体）
↑↓
氷（固体）

2 水の**状態変化**

水が，**氷（固体）⇄水（液体）⇄水蒸気（気体）**と状態が変わることを水の**状態変化**という。
↳水の三態変化

❷ **固体（氷）**　氷のように，体積も形も決まっていて，入れ物によって形が変わらないものを**固体**という。
↳氷以外では金属

❸ **液体（水）**　水のように，体積は決まっているが，形が自由に変わるものを**液体**という。
↳水以外ではアルコール

❹ **気体（水蒸気）**　水蒸気のように，体積も形も自由に変わるものを**気体**という。
↳水蒸気以外では空気

+プラス

注 状態変化

固体，液体，気体と状態が変わっても，性質そのものは変わらない変化である。

水以外の物質も状態変化をする。

3 水蒸気と湯気

① **水蒸気** 水が熱せられて気体に変わったもので，目に見えないものを**水蒸気**という。水を熱するとしだいに水が減っていくのは，水が次々と水蒸気に変化していくからである。

（状態変化←）

② **湯気** 水を熱したときに出る白いけむりのようなものを**湯気**という。湯気は，水蒸気が空気中で冷えて，小さな水のつぶになったものである。水蒸気は気体であるが，湯気は気体ではない。湯気を熱すると，また，とう明な水蒸気になる。

（→気体）
（→液体）

③ **水蒸気の性質** 水蒸気は，空気と同じ**気体**である。気体の水蒸気は，冷えるとまた**もとの液体**(水)にもどる。

☑ **重要** 水は温度によって，固体(氷)，液体(水)，気体(水蒸気)と状態を変える(状態変化)。

参考 状態変化と体積・重さ

固体，液体，気体と状態が変化すると，体積は変化するが，重さは変わらない。いっぱんに体積は，固体，液体，気体の順に大きくなる。

水は例外で，液体(水)より，固体(氷)のほうが体積が大きい。

社会
理科
算数
英語
国語

Q 入試では ［2 広島女学院中－改］

1 次の①～⑤にあてはまることばを書きなさい。
(1) 水は（①　　）℃で氷になり，（②　　）℃でふっとうする。
(2) 水は温度によって，（③　　）(氷)，（④　　）(水)，（⑤　　）(水蒸気)と状態が変わる。

2 次の文は，水がそれぞれすがたを変えるようすについてのものです。文中の（　）の中にあてはまることばを下から選びなさい。
(1) 洗たく物がかわくのは，（①　　）が（②　　）に変わるからです。
(2) ふっとうしているお湯の中のあわは（③　　）です。
(3) やかんでお湯をふっとうさせます。やかんの口から出ている白く見えるものは，（④　　）です。
　　ア 氷(固体)　**イ** 水(液体)　**ウ** 水蒸気(気体)

解 答

1 (1)① 0
　　　② 100
　　(2)③ 固体
　　　④ 液体
　　　⑤ 気体
2 (1)① イ
　　　② ウ
　　(2)③ ウ
　　(3)④ イ

入試に出る**要点**

●空気の体積と温度 ●ものの種類と熱の伝えやすさ

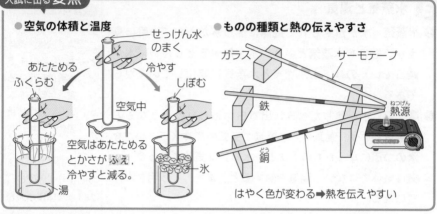

あたためる　ふくらむ　せっけん水のまく　冷やす　しぼむ　空気中
空気はあたためるとかさがふえ、冷やすと減る。　湯　氷
ガラス　サーモテープ　鉄　銅　熱源
はやく色が変わる➡熱を伝えやすい

1 空気と温度

❶ **空気の体積変化と温度** 空気は、温度が上がると体積が**ふえ**、温度が下がると体積が**減る**。

❷ **空気のぼう張** 図1のように、しぼんだゴムまりを電熱器上であたためると、**ふくらむ**。また、図2のようにフラスコを手であたためると、ガラス管の先から空気の**あわが出てくる**。これらは、空気がぼう張したためである。

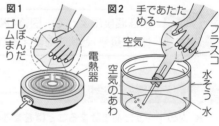

図1　しぼんだゴムまり　電熱器
図2　手であたためる　空気　フラスコ　空気のあわ　水そう　水

2 金属と温度

金属も、空気や水のようにあたためると、長さが**のびたり**、体積が**ふえ**たりする。冷やすと、**縮んだり**、体積が**減っ**たりする。

❷ **金属ののび縮み** のび縮みの割合は、**金属の種類**によってちがう。
アルミニウム＞銅＞鉄

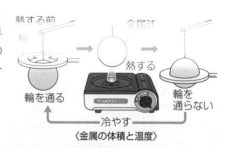

熱する前　輪　輪を通る　金属球　熱する　冷やす　輪を通らない
〈金属の体積と温度〉

 重要 温度による体積変化は、空気 ＞ 水 ＞ 金属 の順に大きい。

合格への アドバイス
① 空気・金属の温度と体積変化の関係をおさえる。
② 金属ののび縮みの割合をつかむ。
③ 伝導・対流・放射の熱の伝わり方の特ちょうを覚える。

③ もののあたたまり方

① 金属のあたたまり方 熱は，**あたためた所から順に遠くへ伝わっていく。**このような熱の伝わり方を伝導という。

金属（銅，鉄など）は，ガラス，水，木より熱を伝えやすい。
→ 熱を伝えにくい

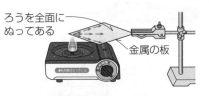

〈金属の板のあたたまり方（伝導）〉

② 空気や水のあたたまり方 **あたためられた空気や水は軽くなり，**上に上がる。やがて流れができ，全体があたたまる。このような熱の伝わり方を対流という。

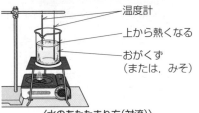

〈水のあたたまり方（対流）〉

③ 日光やストーブによるあたたまり方

日光やストーブからの熱は，**直接あたたかさが伝わる。**このような熱の伝わり方を放射という。伝導や対流は，熱を伝えるものが必要だが，放射による熱は真空中でも伝わる。

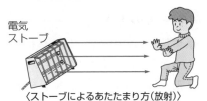

〈ストーブによるあたたまり方（放射）〉

Q 入試では ［2］ 清風南海中－改

① 次の①〜③にあてはまることばを書きなさい。
(1) 熱が，熱源から順に伝わることを（①　　）という。
(2) 水は（②　　），日光は（③　　）によって熱を伝える。

② 次の問いに答えなさい。
(1) 金属板の×印を加熱したときの点A〜Cに熱が伝わるまでの時間を選びなさい。

正方形の金属板　水を入れたビーカー

→ 等号は同時の意味　→ 不等号は 短い < 長い の意味
ア A＝B＝C　　**イ** A＜B＜C　　**ウ** C＜B＜A
エ B＜A＝C　　**オ** A＝C＜B

(2) ビーカーの×印を加熱したときの水の動きを選びなさい。

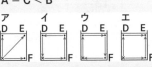

解　答
① (1)① 伝導
(2)② 対流
③ 放射
② (1) オ
(2) ウ

ワンポイント
(1)熱源から点A，点Cまでのきょりは等しい。熱源から点Bまでは，正方形の対角線にあたる。

社会
理科
算数
英語
国語

24. ものと温度　119

物質とエネルギー
もの の 重 さ と ば ね の 性 質

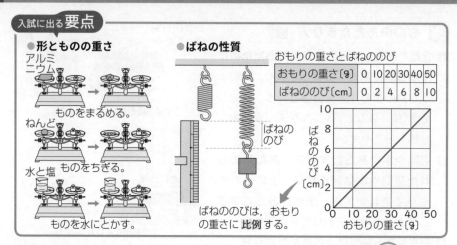

●**形とものの重さ**

アルミニウム
ものをまるめる。

ねんど
ものをちぎる。

水と塩
ものを水にとかす。

●**ばねの性質**

ばねののび

おもりの重さとばねののび

おもりの重さ〔g〕	0	10	20	30	40	50
ばねののび〔cm〕	0	2	4	6	8	10

ばねののびは，おもりの重さに **比例** する。

1 ものの重さ

❶ **体積とものの重さ** 同じ体積でも，ものによって**重さ**はちがう。同じ重さでも，ものによって体積はちがう。

❷ **形とものの重さ** ものをまるめる，ちぎる，のばす，あるいは水にとかすなど，ものの形や状態がいろいろ変わっても，ものの重さは変わらない。
↳固体，液体，気体

✓ **重要** 　同じ体積でも，ものによって重さはちがう。

2 ばねの性質

❶ **ばねののびと重さ** ばねののびは，つり下げたおもりの重さに比例する。↳ばねばかり，台ばかりに利用

▶**上下（直列）につなぐ**…2つのばねに100gの重さがかかる。
↳それぞれのおもりの重さ

▶**横（並列）につなぐ**
2つのばねに50gの重さがかかる。
↳おもりの重さの半分がかかる

（※ばねの重さは考えないものとする）

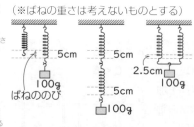

5cm

ばねののび
100g

5cm

5cm

100g

5cm

2.5cm

100g

参考 ものの重さ

▶**同じ体積（10cm³）**

木　　ガラス　　鉄

約　　　約　　　約
6g　　25g　　80g

▶**同じ重さ（10g）**

鉄　　ガラス　　木

約　　　約　　　約
1.3cm³ 4cm³ 17cm³

ばねの利用

台ばかり

ばねばかり

<table>
<tr><td>合格への
アドバイス</td><td>❶ ものの重さは，形や状態によって変わらないことをおさえる。
❷ ばねののびと重さの比例の関係をつかむ。
❸ 上皿てんびんの使い方と重さのはかり方を覚える。</td></tr>
</table>

3 上皿てんびん

❶ 上皿てんびんの使い方

ふれの中心・中央
左右のふれの中心が目盛りの中央と同じ位置にある。
〈つりあっているとき〉

皿はどちらか一方に重ねておく
〈上皿てんびんの持ち運び方〉
両手に持って運ぶ

調節ねじ　目盛り板
針
皿　　　　　　調節ねじ
うで　　　　　調節ねじを回して，つりあわせる。
支点　　　　　調節ねじが中央にあるもの
〈上皿てんびんのしくみ〉

うでの番号
うでが上がっている側の調節ねじを支点から遠ざかる向きに動かして，つりあわせる。
〈調節ねじの動かし方〉
調節ねじ
調節ねじがうでの両はしにあるもの

❷ 重さのはかり方　同じくらいの重さの分銅をのせ，分銅の

ほうが重いときは次に軽い分銅にかえ，分銅のほうが軽いときは分銅を加えるなどしてつりあわせる。

✔ **重要**　**分銅は，重いものから静かにのせる。**

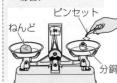

参考　ものの重さをはかるとき（右ききの場合）
ねんど　　ピンセット
分銅

参考　決まった重さをはかりとるとき（右ききの場合）
分銅　　薬包紙

社会
理科
算数
英語
国語

Q 入試では　[2] 開明中

1 次の①～③にあてはまることばを書きなさい。
  (1) 同じ体積の木と鉄では，（①　　　）のほうが重い。また，同じ重さの木と鉄では，（②　　　）のほうが体積が大きい。
  (2) ばねののびは，つり下げたおもりの重さに（③　　　）する。

2 15gのおもりと20gのおもりをつるすと，ばねはそれぞれ右の図のような長さになりました。次の問いに答えなさい。

天じょう　18cm　15g
天じょう　20cm　20g

ばね全体の長さ〔cm〕 20 16 12 8 4 / 0 5 10 15 20 おもりの重さ〔g〕

  (1) このおもりの重さとばね全体の長さの関係を示すグラフをかきなさい。
  (2) おもりをつけていないとき，ばね全体の長さは何cmですか。
  (3) 22.5gのおもりをつるしたとき，ばね全体の長さは何cmになりますか。

解　答

1 (1)① 鉄　② 木
(2)③ 比例

2 (1)

ばね全体の長さ〔g〕 20 16 12 8 4 / 0 5 10 15 20 おもりの重さ〔g〕

(2) 12 cm

(3) 21 cm

!要注意

(3) 10gで4cmのびるので，22.5gでは9cmのびる。

26 ふりこの性質

入試に出る要点

●ふりこのきまり

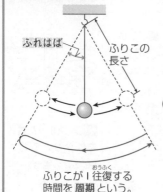

ふれはば
ふりこの長さ

ふりこが1往復する時間を周期という。

●ふりこの性質

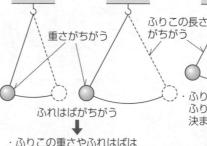

重さがちがう
ふれはばがちがう

ふりこの長さがちがう

・ふりこの重さやふれはばは周期に関係しない。

・ふりこの周期は、ふりこの長さで決まる。

ふりこの長さが短いほど周期は短い。

※ふれはばは、ふれのはしからはしまでの角度をさすこともある。

1 ふりこのきまり

❶ **ふりこの周期** ふりこが1往復する時間を周期という。

❷ **ふりこの運動**

▶おもりの速さは、右の図のAとCでは0、Bのとき最もはやい。

▶Bでの速さは、ふれはばが、大きいほどはやい。

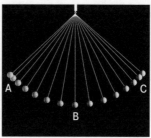

〈ふりこの運動のストロボ写真〉

❶ **おもりの重さやふれはば** ふりこの長さが同じとき、おもりの重さを変えても、ふれはばを変えても、ふりこの周期は同じ。
重くしても軽くしても↵　大きくしても小さくしても↵

❷ **ふりこの長さ** ふりこの長さを長くすると周期は長くなり、短くすると周期は短くなる。

✓ **重要** ふりこの周期は、ふりこの長さによって決まる。

得点➕プラス

参考 ストロボ写真

光を一定時間ごとに出し、その間カメラのシャッターを開いたままにしておくと、一定時間ごとの運動のようすが記録できる。

ことば ふりこの等時性

ふりこは、ふれはばやおもりの重さに関係なく、ふりこの長さが一定ならば周期は変わらない。この性質をふりこの等時性という。発見者は、イタリアのガリレオ・ガリレイである。

3 ふりこの周期

①おもりの重さを変える。

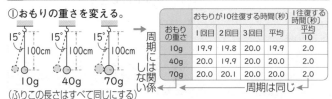

おもりの重さ	おもりが10往復する時間〔秒〕				1往復する時間〔秒〕
	1回目	2回目	3回目	平均	平均10
10g	19.9	19.8	20.0	19.9	2.0
40g	20.0	19.9	20.0	20.0	2.0
70g	20.0	20.1	20.0	20.0	2.0

周期には関係しない → 周期は同じ

（ふりこの長さはすべて同じにする）

②おもりのふれはばを変える。

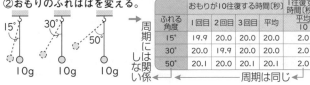

ふれる角度	おもりが10往復する時間〔秒〕				1往復する時間〔秒〕
	1回目	2回目	3回目	平均	平均10
15°	19.9	20.0	20.0	20.0	2.0
30°	20.0	19.9	20.0	20.0	2.0
50°	20.1	20.0	20.1	20.1	2.0

周期には関係しない → 周期は同じ

③ふりこの長さを変える。

ふりこの長さ	おもりが10往復する時間〔秒〕				1往復する時間〔秒〕
	1回目	2回目	3回目	平均	平均10
25cm	10.0	10.1	10.0	10.0	1.0
50cm	14.1	14.2	14.1	14.1	1.4
100cm	20.0	19.9	20.0	20.1	2.0

（おもりの重さ，ふれる角度は同じにする）

周期に関係する → 周期は変わる

参考 ふりこの長さ
　同じ角度でふると，ふりこの長さが長いほどおもりの速さははやくなるが，1往復の時間は長くなる。
（おそくなる）
上
おもり
下
（はやくなる）

↑メトロノーム

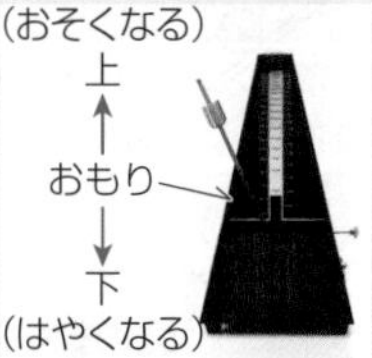

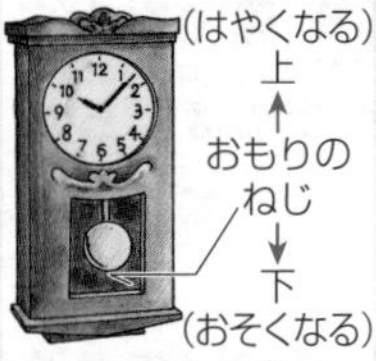

（はやくなる）
上
おもりのねじ
下
（おそくなる）

↑ふりこ時計

社会
理科
算数
英語
国語

Q 入試では ［2］学習院中─改

1 次の①～④にあてはまることばを書きなさい。

(1) ふりこの周期は，ふりこの（①　　）によって決まり，おもりの重さや形，（②　　）には関係がない。

(2) ふりこの長さが長いと周期は（③　　），ふりこの長さが短いと周期は（④　　）。

2 図1のふりこを用いて，1往復にかかる時間を測定しました。次の問いに答えなさい。

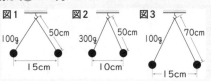

図1　50cm　100g　15cm
図2　50cm　300g　10cm
図3　70cm　100g　15cm

(1) 図2の条件に変えると，1往復にかかる時間はどうなりますか。

(2) 図3の条件に変えると，1往復にかかる時間はどうなりますか。

解答

1 (1)① 長さ
　　② ふれはば
(2)③ 長く
　　④ 短い

2 (1) 同じである。
　　（変わらない）

(2) 長くなる。

ワンポイント
(1)おもりの重さを重くして，ふれはばを小さくしても，ふりこの周期は変わらない。

もの動くようす

●**おもりの速さとはたらき**

高さを変える

同じ
おもりの重さ,
坂のかたむき,
ものの重さ

おそい

はやい

⇒短い

長い

↑**おもりを置く高さを変える**

●**おもりの重さとはたらき**

A 軽い

B 重い

同じ
坂のかたむき,
おもりの高さ,
ものの重さ

⇒短い

長い

おもりの重さは,AよりBのほう
が重いので,Bのほうがものを動
かす力が **大きく** なる。

↑**ころがるおもりの重さを変える**

1 風で動かそう ▮▮▯

❶ **風のはたらき** 風にはも
のを動かすはたらきがあ
る。

❷ **風の強さとはたらき** も
のにあてる風が強いほど,
ものははやく,遠くまで動く。

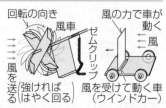

回転の向き

風車

風の力で車が
動く

風

ゼムクリップ

風を送る

強ければ
はやく回る

風を受けて動く車
(ウインドカー)

2 ゴムで動かそう ▮▮▯

❶ **ゴムの性質** ゴムには,
のばしたりねじったりす
ると,もとの形にもどろ
うとする性質がある。

❷ **ゴムのはたらき** のばし
たりねじったりしたゴムは,もとにもどろうとするとき,
ものを動かす。
→引っぱる ゴムの性質◀

❸ **ゴムの強さとはたらき** ゴムののばし方やねじり方を大
きくすると,ものを動かすはたらきが大きくなる。

輪ゴム

輪

ロケット カエル

✔ **重要** 風やゴムには,ものを動かすはたらきがある。

得点➕プラス

観察 風の強さ
風を送る機械には
風の強さを切りかえ
るスイッチがあるが,
自然の風や手で送る
風の強さは,**旗の動**
きで決めることにし
よう。

実験 ゴムの性質

わりばし

セロハン
テープ

▶わりばしに輪ゴム
をはさみ,何回も
ねじってから手を
はなしてみよう。

3 おもりのものを動かすはたらき

❶ おもりの速さとはたらき

▶ おもりを**高い**位置から ころがすほど，速さは **はやく**なる。

▶ おもりが**はやいほど**，ものを動かすはたらきは**大きい**。

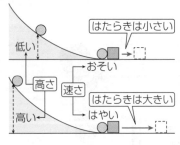

❷ おもりの重さとはたらき

▶ 高さが同じならば，おもりの重さを変えても速さは**同じ**になる。
　→ 速さは重さに関係しない

▶ おもりが**重いほど**，ものを動かすはたらきは**大きい**。

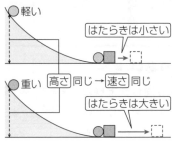

参考 スポーツとしょうとつ

　スポーツにはものとものをしょうとつさせて，もの（ボールなど）を動かしているものが多く，サッカー，野球，ゲートボール，ボウリング，テニス，バレーボールなどがある。

社会
理科
算数
英語
国語

Q 入試では [2] 関西大第一中一改

1 次の①～③にあてはまることばを書きなさい。

(1) 風で車を動かすとき，強い風と弱い風では，（①　　　）をあてたときのほうが長いきょりを動かせる。

(2) おもりがものを動かすはたらきは，おもりが（②　　　）動くほど，おもりが（③　　　）ほど大きい。

2 右の図のようなしゃ面をつくり，おもり A（30 g），B（70 g），C（50 g）を高さ30 cm からころがしました。次の問いに答えなさい。

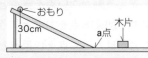

(1) おもりが a 点を通るときの速さはどのようですか。
　ア おもり A が最もはやい　イ おもり B が最もはやい
　ウ おもり C が最もはやい　エ ３つとも同じ速さ

(2) おもり A，B，C が木片にあたると，木片の動いたきょりが最も大きくなるのはどれですか。記号で答えなさい。

解答

1 (1)① 強い風
(2)② はやく
③ 重い

2 (1) エ
(2) B

❗要注意 (1)高さが同じなら，しゃ面をころがっているときのおもりの速さは，重さには関係しない。
(2)ものを動かすはたらきは，おもりの重さに関係する。

てこのしくみとはたらき

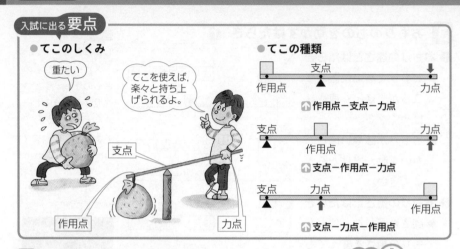

● てこのしくみ

重たい

てこを使えば、楽々と持ち上げられるよ。

支点

作用点

力点

● てこの種類

支点

作用点　　　　　　　　　　　力点

⬆**作用点－支点－力点**

支点　　　　　　　　　　　力点

作用点

⬆**支点－作用点－力点**

支点　　　力点

作用点

⬆**支点－力点－作用点**

1 てんびんのつりあい 📊

❶ **てんびん**　支点から**同じきょり**の所に**同じ重さ**のおもりをつり下げると**水平**につりあう。この**しくみ**をもった棒などを**てんびん**という。
　→てんびんは重いほうにかたむく

支点からのきょり　支点からのきょり

支点

おもり

❷ **上皿てんびん**　てんびんのつりあいを利用して**重さ**をはかる道具である。

2 てこのしくみ 📊

❶ **てこのしくみ**　てこには、**力点・作用点・支点**がある。

　▶ てこを支える動かない点を支点という。

　てこの3点　てこに力を加える点を力点という

　▶ ものに力がはたらく点を作用点という。

❷ **てこのつりあい**　てこがつりあうときは、**支点**を中心に右と左へかたむけるはたらき（**力×きょり**）が等しい。

▶ **支点が中にあるてこ**

　$A × C = B × D$

　支点にかかる力の大きさは、（**C＋D**）となる。
　→上向きの力

実験用てこ

D〔g〕

A〔cm〕　B〔cm〕

C〔g〕　作用点　支点　力点

右へかたむける

左へかたむける

実験 てんびんの形

太さのちがう棒

水平につりあう支点

A　B

A＝Bとなり、てんびんとなる。

参考 上皿てんびんのしくみ

うでの長さが等しい

支点　　うで

上皿てんびんも、うでが支点で支えられていて、支点から等しいきょりに皿がある。

① てんびんのしくみとつりあいをおさえる。
② てこのしくみとつりあう条件を覚える。
③ てこのはたらきを利用した道具のしくみをつかむ。

▶**支点がはしにあるてこ**

$A \times C = B \times D$

支点にかかる力の大きさは、$(C-D)$となる。
（上向きの力　または D−C）

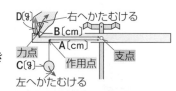

参考　てこの損得

作用点のおもりを力点で動かすとき、その力はおもりの重さの半分となる⇒得。しかし、作用点でAからBまでおもりを動かすには、力点でCからDまで2倍のきょりを動かすことになる⇒損。

このように、てこを利用した道具は、力で得をすると、きょりで損をすることが多い。

✅ **重要**　てこがつりあうとき、支点を中心に右と左へかたむけるはたらき（力×きょり）が等しい。

3 てこのはたらき

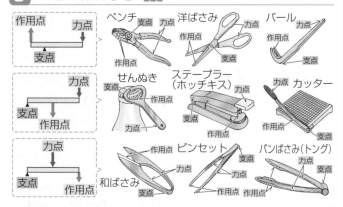

ペンチ　洋ばさみ　バール
せんぬき　ステープラー（ホッチキス）　カッター
和ばさみ　ピンセット　パンばさみ（トング）

Q 入試では ［2］帝塚山学院中一改

1 次の①〜⑤にあてはまることばを書きなさい。

(1) てこを支えている点を（①　），力を加える点を（②　），力がはたらく点を（③　）という。

(2) （④　×　）=（⑤　×　）のとき図のてこは水平になる。

A〔cm〕　B〔cm〕
○C〔g〕　△D〔g〕

2 次の問いに答えなさい。

アイウエオカ‖キクケコサシ

(1) 右の図のとき、てこは右側、左側のどちらにかたむきますか。

(2) (1)を水平にするには、右側の**サ**のおもり2個を**キ〜シ**のどこにつり下げればよいですか。

(3) (1)を水平にするには、**ア〜シ**のどこにおもり1個をつり下げればよいですか。

解答

1 (1)① 支点
　　　 ② 力点
　　　 ③ 作用点
　 (2)④ A×C
　　　 ⑤ B×D
　　　（④⑤順不同）

2 (1) 右側
　 (2) ケ
　 (3) ウ

社会　理科　算数　英語　国語

入試に出る**要点**

●もののとけ方

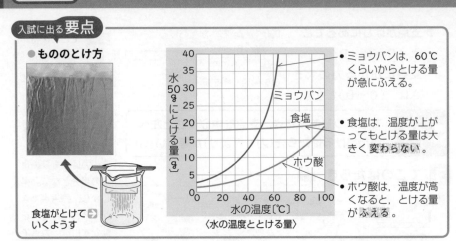

食塩がとけて→
いくようす

〈水の温度ととける量〉

- ミョウバンは，60℃くらいからとける量が急にふえる。

- 食塩は，温度が上がってもとける量は大きく変わらない。

- ホウ酸は，温度が高くなると，とける量がふえる。

1 もののとけ方ととける量 📊

❶ **水よう液** ものが水にとけた**とう明な液**を水よう液という。
　→時間がたってもとけたものは出てこない
　水よう液の重さ＝水の重さ＋とけたものの重さ

　水よう液のこさ〔%〕＝とけたものの重さ÷液の重さ×100
　　　　　　　　　　　　　　　　　　　→水の重さ＋とけたものの重さ

❷ **水の量ともののとける量** 一定量の水にとけるものの量
　　　　　　　　　　　　　　　　→決まった量
には**限度**があり，とけるものの量は，水の量に**比例**する。
　　　　　　　　　　　　→水の量をふやすと，とけるものの量もふえる

❸ **水の蒸発と結しょう** 食塩水を熱すると水が蒸発して，
食塩の白いつぶが残る。このつぶを**結しょう**という。
　　　　　　　　→食塩の結しょうは立方体

☑ **重要** 　**一定量の水にとけるものの量には限度がある。**

2 水の温度ともののとけ方 📊

　　　　　　　　水温によって，もののとける量
には限度がある。

▶ **ホウ酸**…水温が上がると，水にとける量は**ふえる**。

▶ **食　塩**…水温が上がっても，水にとける量はあまり変
わらない。

❷ **水温の変化と結しょう** 高温のホウ酸の水よう液を冷や
すと，その温度ではとけきれなくなったホウ酸が白いつ
ぶとなって出てくる。これを**ろ過**すると結しょうが残る。

(得点) ➕ プラス

実験 メスシリン
ダーの使い方

メスシリンダーは
決まった量の水(液
体)の体積(かさ)を
はかりとるのに使う。

例 50 mL をはかる

はじめ，50 の目盛
りより少し下まで水
を入れる。次に，ス
ポイトで水を入れて，
50 の目盛りに水面
を合わせる。

水面のへこんだ所
の面アと目盛りの線
のイが重なって見え
るように水を入れる。

❶ ものが水にとけたときの水よう液の特ちょうをおさえる。
❷ 水の量や温度によるもののとけ方のようすをつかむ。
❸ 同体積のものの重さとうきしずみの関係を覚える。

❸ ろ過のしかた

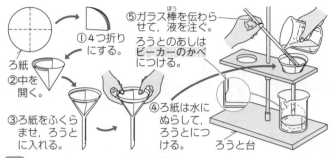

①4つ折りにする。

ろ紙
②中を開く。

③ろ紙をふくらませ、ろうとに入れる。

④ろ紙は水にぬらして、ろうとにつける。

⑤ガラス棒を伝わらせて、液を注ぐ。
ろうとのあしはビーカーのかべにつける。

ろうと台

3 もののうきしずみ

❶ **水とうきしずみ** ものが水にうくかどうかは、もの1cm³
（→水1cm³の重さは1g）（1mL）
の重さが**1g**より重いか、軽いかによって決まる。

▶ **1cm³の重さを比べる** 木0.4g＜水1g＜鉄7.9g
水にうく ← 水にしずむ

❷ **液体とうきしずみ** 同体積の重さが **液体＜もの** ならば、
ものはしずみ、**もの＜液体** ならばものはうく。

▶ **同体積の重さを比べる** 水＜たまご＜食塩水
水にしずむ ← → 食塩水にうく

参考 水の温度ともののとけ方

▶温度を上げたとき、とける量がふえるもの…さとう、ホウ酸、ミョウバン、リュウ酸銅など。

▶とける量があまり変わらないもの…食塩など。

▶とける量が減るもの…水酸化カルシウムなど。

注意 不等号＜，＞
A＞Bは、AはBより大きいことを表す。A＜Bは、AはBより小さいことを表す。

例 水＜たまご⇒たまごは同体積の水より重い。

Q 入試では ［2］関西大第一中一改

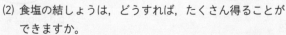

1 次の①～③にあてはまることば・数を書きなさい。

(1) 食塩水の重さ＝（①　　　）の重さ＋（②　　　）の重さ

(2) 100gの水に25gの食塩をとかしたときのこさは
（③　　　）％。

2 次の問いに答えなさい。

(1) 60℃の水100gにショウ酸カリウムをとけるだけとかして20℃まで冷やすと、何gの結しょうが出ますか。

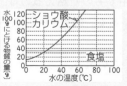

水100gにとける物質の重さ〔g〕
120 100 80 60 40 20 0
ショウ酸カリウム
食塩
0 20 40 60 80 100
水の温度〔℃〕

(2) 食塩の結しょうは、どうすれば、たくさん得ることができますか。

解答

1 (1)① 水　② 食塩
（①②順不同）

(2)③ 20

ワンポイント

(2) 25÷（25＋100）×
100＝20〔％〕

2 (1) 80g

(2) 加熱して水を
蒸発させる。

要注意

(1) 110－30＝80〔g〕

● **燃え方と空気の通り方**

ろうそくの火はびんの下から新しい空気が入り、いつまでも燃える。

せんこうのけむり

ねんど

せんこう

ろうそく

ふた　すきまがなく、空気が出入りしない。

↓

しばらくして消える。

下にすきまはあるが、古い空気にじゃまされて、新しい空気が入らない。

↓

しばらくして消える。

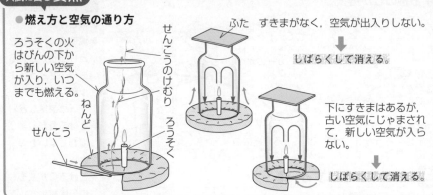

1 ものが燃えるしくみ ▮▮

❶ **ものの燃え方と空気**　ろうそくや木、紙などが燃え続けるには、**新しい空気**が必要である。
　　→空気が出入りしていること

❷ **ものが燃えるしくみ**　ものが燃えると、空気中の**酸素**の一部が使われて、**二酸化炭素**ができる。

❸ **木のむし焼き**

　▶木は燃えているとちゅうで**木炭**になる。木炭が燃えたあとに**灰**が残る。

　▶木を空気に**ふれないように熱する**と、白いけむりの気体やかっ色の液体が出て、**固体**が残る。
　　むし焼き→　→木ガス　木タール、木さく液→　→木炭

注意 炭素をふくまない鉄やイオウなどは、燃えても二酸化炭素が出ない。

試験管の口を少し下げる

割りばし

白いけむり（燃える）

かっ色の液体

🔙 **木のむし焼き**

　　　　　　　　　　　　　　　　　　　　　　　　空気の成分

❶ **空気の成分**　空気中でものが燃えるのは、空気中にふくまれる**酸素**のためである。**酸素が不足する**と火は消える。

❷ **酸素の性質**

　▶色・におい・味のない気体。

　▶水にとけにくい。

　▶空気より少し重い。
　　→空気の約1.1倍の重さ

　▶**ものを燃やすはたらきがある**。酸素そのものは燃えない。
　　→酸素中では、空気中よりものの燃え方が激しい

酸素21%

その他1%

ちっ素78%

二酸化炭素は全体の0.03〜0.04%

❸ 酸素のつくり方

▶ **二酸化マンガン**に**うすい過 酸化水素水**を注ぐと発生。
　→ オキシドール

▶ 酸素の水にとけにくい性質 を利用して，水上置かん（法） で集める。

ろうと
うすい 過酸化水素水 （オキシドール）

水上置かん（法）

集気びん

酸素

二酸化マンガン

水

〈酸素の発生〉

3 ものが燃えたあとの空気

❶ ろうそくや木などが燃えると，二酸化炭素ができる。

❷ 二酸化炭素の性質

▶ 色・におい・味のない気体。

▶ 水にとけやすい。

▶ 空気より重い。
　→ 空気の約1.5倍の重さ

▶ **石灰水**を**白くにごらせる**。
　せっかいすい

❸ 二酸化炭素のつくり方

石灰石にうすい塩酸を注ぐと発生。
　→ 主成分は炭酸カルシウム

ろうと
うすい塩酸

下方置かん（法）

石灰石

二酸化炭素は水も上置かん（法）でも集められる。

〈二酸化炭素の発生〉

✓ 重要 | ものが燃えるときには酸素が使われ，あとに は二酸化炭素ができる。

注意 過酸化水素が 分解して，酸素が発 生するとき，二酸化 マンガンは変化しな い。二酸化マンガン のように，ほかのも のの反応を助けるが， 自分自身は変化しな いものを**しょくばい** という。

参考 **植物と二酸化 炭素**

　植物は二酸化炭素 と水を原料に，日光 のエネルギーを使っ て，でんぷんをつく る。

参考 炭酸カルシウ ムをふくむものには 貝がら・チョーク・ 大理石などがある。
　　だいりせき

社会
理科
算数
英語
国語

Q 入試では ［2］ 逗子開成中

1 次の①〜③にあてはまることばを書きなさい。

　二酸化炭素は，空気より（①　　）く，水にとけ（②　　） い気体で石灰水を（③　　）性質がある。

2 下の図のように，2か所に穴をあけた円とう形の容器を 火のついたろうそくにかぶせたところ，ろうそくは燃え 続けました。このときの空気の流れを矢印で表した図と して正しいものを，次から選び，記号で答えなさい。

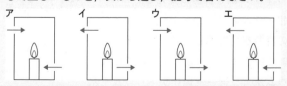

ア　　　　　　イ　　　　　　ウ　　　　　　エ

解答

1 ① 重
② やす
③ 白くにごらせる

2 エ

❗要注意
あたためられた空気 は上にあがる。

入試に出る**要点**

●水よう液の性質

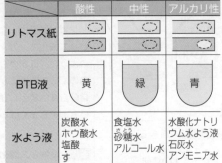

	酸性	中性	アルカリ性
リトマス紙			
BTB液	黄	緑	青
水よう液	炭酸水 ホウ酸水 塩酸 す	食塩水 砂糖水 アルコール水	水酸化ナトリウム水よう液 石灰水 アンモニア水

●水よう液のまぜ合わせ

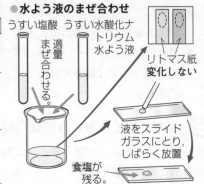

うすい塩酸　うすい水酸化ナトリウム水よう液

適量まぜ合わせる。

リトマス紙
変化しない

液をスライドガラスにとり，しばらく放置

食塩が残る。

1 いろいろな水よう液

❶ **水よう液にとけているもの**　気体（二酸化炭素），液体（さく酸），固体（水酸化カルシウム）がとけたものがある。
　　気体は水温が低いほどよくとける←　　→水にとけたものが炭酸水
　　→水にとけたものがす　　→水にとけたものが石灰水

❷ **水よう液の蒸発**　固体がとけた水よう液を蒸発させると，とけていた固体が残る。気体，液体がとけた水よう液を蒸発させても，あとに何も残らない。

☑ 重要
> **固体がとけた水よう液を蒸発させると，あとに固体が残る。**

2 水よう液の性質

❶ **水よう液の区別**　リトマス紙などの色の変化から，水よう液は，酸性，中性，アルカリ性に分けられる。

▶**酸　性**…青色リトマス紙を赤色に変える。

▶**中　性**…リトマス紙は**変化しない**。

▶**アルカリ性**…赤色リトマス紙を青色に変える。

❷ **水よう液の中和**　酸性とアルカリ性の水よう液をまぜ合わせると，たがいにその**性質を打ち消し合う**。この反応を**中和**という。適量ずつまぜ合わせると水よう液は**中性**になる。
　　水よう液中の新しくできた水以外のものを塩という←

例 塩酸＋水酸化ナトリウム水よう液──→塩化ナトリウム＋水
　　　　　　　　　　　　　　　　　　　　↳食塩

得点➕プラス

実験 炭酸水

水の入ったペットボトルに二酸化炭素を入れ，ふたを閉めてよくふると，ペットボトルがへこむ。

二酸化炭素が水にとけてその分だけ体積が減ったから。

参考 ムラサキキャベツからとけ出す液でも，水よう液の性質が調べられる。

| 赤色 | ピンク色 | むらさき色 | 緑色 | 黄色 |

酸性 ←── 中性 ──→ アルカリ性

💡 合格への
アドバイス

❶ 水よう液にとけている気体・液体・固体をつかむ。
❷ 水よう液の性質と中和のしくみを覚える。
❸ 塩酸や水酸化ナトリウム水よう液と金属の反応をおさえる。

3 水よう液と金属の反応 📊

❶ **塩酸と金属**　アルミニウム，鉄，あえんは塩酸に反
　　↳酸性の水よう液
応し，別のものに変化する。銅は反応しない。

▶ **反　応**…**発熱**し，金属が**あわ**を出し，**とける**。
　　　　　　　　　　　　　　　　　　↳水素
▶ **水　素**…マッチの火を近づけると音をたて燃える。
　　　　　　↳ポッと鳴る

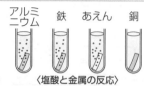

〈塩酸と金属の反応〉

❷ **水酸化ナトリウム水よう液と金属**　アルミニウム
　　↳アルカリ性の水よう液
は**水素**を発生させてとけ，別のものに変化する。鉄，
あえん，銅は反応**しない**。

〈水酸化ナトリウム水よう液と金属の反応〉

✅ **重要**

水よう液	金属	蒸発させて残ったもの	発生する気体
塩酸	アルミニウム	塩化アルミニウム	水素
	鉄	塩化鉄	
	あえん	塩化あえん	
水酸化ナトリウム水よう液	アルミニウム	アルミン酸ナトリウム	
	あえん	あえん酸ナトリウム	

注意　あえんは，うすい水酸化ナトリウム水よう液にはとけないが，高温のこい水酸化ナトリウム水よう液にはとける。

❓ 入試では　[2] 立教池袋中

1 次の①〜⑤にあてはまることばを書きなさい。

(1) BTB 液の色は，酸性で（①　　），アルカリ性で
（②　　）を示す。

(2) 塩酸と水酸化ナトリウム水よう液をまぜ合わせて
（③　　）すると，（④　　）という塩と（⑤　　）ができる。

2 1 つの容器に，塩酸，水酸化ナトリウム水よう液，食塩水，石灰水，炭酸水，
　　　↳かいすい　↳たんさんすい

	実験	予想される結果
ア	BTB 液を加えて色の変化を調べる。	①緑色 ②青色 ③黄色
イ	水よう液をとり，蒸発させる。	①固体が残る ②何も残らない
ウ	石灰水を加える。	①変化がない ②白くにごる
エ	ストローで息をふきこむ。	①変化がない ②白くにごる

アンモニア水のいずれかが入っています。その水よう液が何かを調べるために，表のア〜エの実験を行いました。

(1) ア〜エの 1 つの実験を行うだけで，水よう液の種類が決まるのはどれですか。すべて選びなさい。

(2) アの結果が③であったとき，次にどの実験を行うと，水よう液の種類が決まりますか。

解答

1 (1)① 黄色
　　　② 青色
　(2)③ 中和
　　　④ 塩化ナトリウム（食塩）
　　　⑤ 水
2 (1) ア，ウ，エ
　　　（順不同）
　(2) ウ

❗ **要注意**
(2)酸性の水よう液は，塩酸と炭酸水があてはまる。炭酸水に石灰水を加えると，白くにごる。

理科
社会
算数
英語
国語

入試に出る**要点**

●回路と電流 ●かん電池のつなぎ方

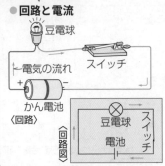

豆電球

電気の流れ　スイッチ

＋　－

かん電池

〈回路〉

〈回路図〉　豆電球　スイッチ　電池

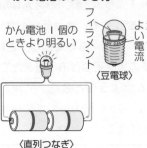

かん電池1個の
ときより明るい

フィラメント

流してよい電流

〈豆電球〉

〈直列つなぎ〉

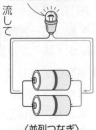

かん電池1個のと
きと同じ明るさ

〈並列つなぎ〉

1　電気の通り道

❶ 回路　かん電池の＋極から出て，－極へかえる電気の通り道を回路といい，電気の流れのことを電流という。

❷ 電流の向き　かん電池の＋極と－極をモーターにつなぐと回転する。　＋極と－極を逆にすると，逆に回転する。
　　　　　　　　　　　電流は＋極から－極の向きに流れる

❸ 導体と絶えん体　金属などの電気を通すものを導体，ガ
　　　　　　　金属でも電気の通りにくいものがある
ラス，ビニル，プラスチックなどの電気を通さないものを
不導体（絶えん体）という。

✅**重要**　電流は，回路の中のかん電池の＋極から出て，－極へ向かって流れる。

2　かん電池のつなぎ方

かん電池の－極に他のかん電池の＋極を順につなぐ方法を，かん電池の直列つなぎという。

▶ かん電池1個のときより豆電球に大きい電流が流れる。

▶ 豆電球は，明るくなり，モーターははやく回転する。

❷ 並列つなぎ　かん電池の＋極どうしと，－極どうしをつなぐ方法を，かん電池の並列つなぎという。

▶ かん電池1個のときと電流の大きさは変わらない。
　　　長時間電流を流すことができる
▶ 豆電球の明るさやモーターの回転の速さは変わらない。

社会
理科
算数
英語
国語

❸ 豆電球のつなぎ方

▶ **直列つなぎ**…豆電球の明るさは，豆電球1個のときより暗い。

▶ **並列つなぎ**…豆電球の明るさは，豆電球1個のときと変わらない。かん電池の電気は，はやくなくなる。

〈直列つなぎ〉

〈並列つなぎ〉

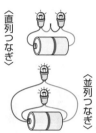

3 光電池のはたらき 📊

❶ **光電池** 太陽の光を電気にかえる装置を光電池という。
 └→太陽電池ともいう

❷ 光のあたり方と光電池の電流の大きさ

▶ **光の強さと電流**…光が強くあたると大きい電流が流れる。

▶ **光のあたる面積と電流**…光のあたる面積を減らすほど電流は小さくなり，光があたらないと電流は流れない。

▶ **光のあたる角度と電流**…光のあたる角度が直角に近くなるほど大きい電流が流れる。

光の量がこれだけちがう。

実験 光電池のはたらき

寒冷しゃ
日光をあてない
日光
けん流計
モーター
〈光の強さと電流〉
黒い紙で光のあたる面積をかえる。
日光
黒い紙
〈光のあたる面積と電流〉
ななめにあてる
日光
直角にあてる
〈光のあたる角度と電流〉

Q 入試では ［2 京都女子中－改］

1 次の①～④にあてはまることばを書きなさい。

(1) かん電池2個を（① ）につないだ場合，かん電池1個のときより流れる電流は（② ）。

(2) 光電池は，光のあたる面積が（③ ）ほど，光のあたる角度が（④ ）に近くなるほど流れる電流が大きい。

2 次の問いに答えなさい。

(1) スイッチa～dをすべて開いたとき，ついている豆電球を，A～Eからすべて選びなさい。

(2) スイッチaだけを閉じたとき，(1)でついていた豆電球で消えるのはどれですか。

(3) スイッチdだけを閉じたとき，ついている豆電球で最も明るいのはどれですか(豆電球は全部同じものとします)。

解 答

1 (1)① 直列
   ② 大きい
(2)③ 広い(大きい)
   ④ 直角

2 (1) A，D，E
(順不同)
(2) A (3) A

👆 ワンポイント

(3)ついている豆電球はA，C，D，Eで，最も大きい電流は豆電球Aを流れる。

33 電流のはたらき
物質とエネルギー

入試に出る要点

● コイルの巻き数と電磁石の強さ

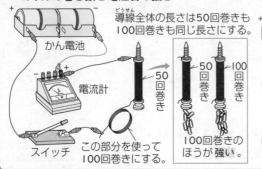

導線全体の長さは50回巻きも100回巻きも同じ長さにする。

かん電池

電流計

スイッチ

この部分を使って100回巻きにする。

50回巻き

50回巻き　100回巻き

100回巻きのほうが強い。

● 電流の大きさと電磁石の強さ

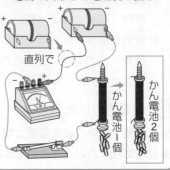

直列で

かん電池1個

かん電池2個

1 電磁石のはたらき ▮▮▮

❶ **コイルと電磁石**　導線を同じ向きに巻いたコイルに電流を流すと，両はしにN極とS極ができ，**磁石と同じはたらきをする。**これに**鉄しん**を入れたものが，電磁石である。
　　　　　磁石の力(磁力)

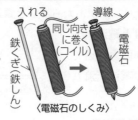

入れる　　　導線

鉄くぎ(鉄しん)

同じ向きに巻く(コイル)

電磁石

〈電磁石のしくみ〉

❷ **電磁石の性質**

▶ 電流を流したときだけ，磁石になる。

▶ 電流の向きを変えて，極を入れ変えることができる。
　　かん電池の極を逆にする

▶ 磁力の強さを変えることができる。
　　磁石の力

✓ 電磁石は，極や磁力の強さを変えることができる。

2 電磁石の強さ ▮▮▮

❶ **コイルの巻き数**　電流の大きさが同じであれば，**コイルの巻き数の多いほうが電磁石の磁力は強くなる。**
　　　　　導線の長さを同じにする

❷ **電流の大きさ**　**かん電池の数を多く**する，**コイルの導線を太く**すると，電流は大きくなり，電磁石の磁力は強くなる。

得点＋プラス

実験 導線の磁力

　1本の導線に電流を流すと，**電流は弱い磁石と同じはたらき(磁力)をもち，方位磁針**が動く。

←電流の向き

磁力の向き　導線

北　　　北

電流の向き

　　しんの材質
しんには，なん鉄を使う。銅，アルミニウム，ガラス，木の棒などを入れても，磁力は強くならない。

① 電磁石のしくみ，磁石とのちがいや性質をおさえる。
② 電磁石の磁力と電流の大きさやコイルの巻き数の関係をつかむ。
③ 電磁石の極の見つけ方を覚える。

社会
理科
算数
英語
国語

❸ 鉄しんの太さ　太い鉄しんのほうが，電磁石の磁力は強くなる。

✔重要　**電流を大きくする，コイルの巻き数を多くする，鉄しんを太くすると，電磁石の磁力は強くなる。**

参考　電磁石の利用

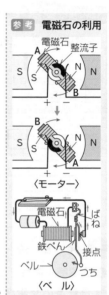

〈モーター〉

〈ベル〉

3 電磁石の極

❶ 電磁石の極　磁石と同じようにN極とS極がある。

▶ かん電池の**極を逆**にすると，電磁石の極も変わる。

▶ コイルの導線の**巻く向きを反対**にすると，電磁石の極も変わる。

N極

❷ 電磁石の極の見つけ方

右手の指先を電流の流れる向きに合わせてコイルをにぎる。親指を開いたとき，親指の向きがN極，反対側にS極ができる。

右手の指先
電流の向き
親指の向きにN極

入試では [2] 三重大附中一・改

① 次の①〜③にあてはまることば・記号を書きなさい。

(1) 右の図のようにコイルの導線を巻き，矢印の向きに電流を流すと，コイルの極は，左側が（①　　）極に，右側が（②　　）極になる。

(2) 電磁石に流れる電流を大きくすると，磁力は（③　　）なる。

② 次の問いに答えなさい。

(1) 図1のように方位磁針の赤くぬってある側が北を向くのは，地球が大きな磁石であるからです。地球の北極は磁石の何極になりますか。

図1
北

図2

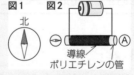
導線
ポリエチレンの管

(2) 図2のように，コイルに電流を流すと，方位磁針の針が図2のように動きました。Ⓐの所に方位磁針を置くと針はどのような向きになりますか。次のア〜エから選びなさい。

ア　イ　ウ　エ

解答

① (1)① S
② N
(2)③ 強く
② (1) S（極）
(2) イ

❗要注意

(1)方位磁針のN極が地球の北極をさしているので，北極はS極になる。

(2)図2のコイルの左側がS極になっているので，右側はN極になっている。

入試に出る**要点**

●電流の大きさと発熱のようす

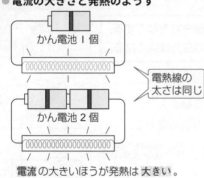

かん電池１個

電熱線の
太さは同じ

かん電池２個

電流の大きいほうが発熱は 大きい 。

●電熱線の太さと発熱のようす

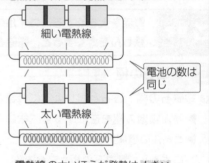

細い電熱線

電池の数は
同じ

太い電熱線

電熱線の太いほうが発熱は 大きい 。

1 発 電 ▮▮

❶ 発電機　電気をつくる装置。

❷ 自転車の発電機をタイヤで
回すと電球に明かりがつく。
**この発電機のしくみはモー
ターに似ている。** このよう

コイル

磁石

電球へ

〈自転車の発電機〉

に，外から力を加えてモーターを回転させると，**モーター
が発電機のはたらきをする。** この発電機を火力，原子力，
　　　　　　　　　　　　　　　　　　　　　　└ 77 %　└ 6 %
水力などで回して電気をつくっている。
└ 8 %

✅ **重要**　モーターを回すと，電気をつくることができる。

2 電流による発熱 ▮▮▮

❶ 電熱線　電流が流れにくく，熱や光を出しやすい金属で
　　　　　　　　　　　　　　　　　　　　　　　　　　きんぞく
　　　　　　　　　　　　ニクロム，タングステン ←
つくった線を電熱線という。

❷ 電流と発熱　大きい電流が流れるほど，電熱線の発熱のし
　　　　　　　　　　発熱量は時間にも比例する ←
かたは大きい。

❸ 電熱線の太さと発熱　電熱線の太さが太いほど，電熱線
の発熱のしかたは大きい。

得点 ➕ プラス

参考 **電気に変かん
される資源の種類と
割合**（2018 年）

地熱および新エネルギー
水力　　　　石油など
　　　9　　7%
原子　　　％
力　　8%　石炭
6%　火力　32
　　　77%　%
天然
ガス38%

新エネルギーは，太
陽光，風力など。

参考 **電熱線**

　電熱線は，熱に強
く，また，熱を多く
出すことが必要であ
る。これに適した金
　　　　　　　てき
属線が**ニクロム線**
（1200 ℃の熱にたえ
る），**タングステン
線**（電球のフィラメ
ントに使われる）で
ある。

✔重要 電流の大きさや電熱線の太さによって，発熱のしかたが変わる。

3 電気の利用

❶ 電流が流れると熱が発生。
(利用例)

電気ストーブ

オーブントースター

ドライヤー

❷ 電流が流れると光が発生。
(利用例)

テレビ

カメラのストロボ

(信号機に利用している)

発光ダイオード

❸ 電流が流れると磁力が発生。
(利用例)

モーター

モーターを利用したもの
ハイブリッドカー，電車，エスカレーターなど

ベル
ベルのしくみを利用したもの
スピーカーなど

参考 発光ダイオード
効率のよい照明として発光ダイオードが使われている。発光ダイオードは，白熱電球とちがって，**電気を直接光に変えるしくみのため**，消費電力が少なく，照明器具だけでなく，信号機などに利用されている。

参考 ハイブリッドカー
エンジンとモーターで走るハイブリッドカーは，減速するときモーターで発電して，バッテリーにじゅう電している。

Q入試では [2] 安田女子中一改

1 次の①〜⑤にあてはまることばを書きなさい。
(1) ニクロム線のように，電流を流すと(①)を発生しやすい金属でつくった線を(②)という。
(2) 電熱線に(③)を流すと発熱する。(④)の太いほうが発熱のしかたは(⑤)。

2 次の文を読んで，(1)，(2)の問いに答えなさい。
わたしたちの生活の中には，電熱線のように電気を利用している器具がたくさんある。けい光灯は，電気を用いて(①)を発生する。磁石と電磁石の性質を利用して，回転し続ける(②)は，そうじ機などに使われている。
(1) ①，②にあてはまることばを書きなさい。
(2) 自然のエネルギーを利用した発電方法を1つあげなさい。

解答
1 (1)① 熱
② 電熱線
(2)③ 電流
④ 電熱線
⑤ 大きい
2 (1)① 光
② モーター
(2) 太陽光発電，風力発電など

1　メスシリンダーの使い方

❶ メスシリンダーを**水平な所**に置く。

❷ はかりたい液体（えきたい）を，はかりとるかさよりも**少しすくなめ**に入れる。

❸ 真横から見ながら，はかりとるかさの目盛（めも）りまで，スポイトを使って少しずつ液体を入れていく。

❹ 目盛りは液面の**へこんだ下の面**（図のCの位置）を真横から見て読む。

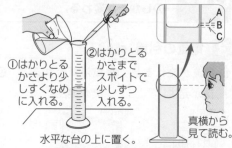

①はかりとるかさより少しすくなめに入れる。
②はかりとるかさまでスポイトで少しずつ入れる。

水平な台の上に置く。
真横から見て読む。

🔼 液のはかり方と目盛りの読み方

❺ 「mL」「cm³」「cc」という表示がされているものもあるが，どれも同じ体積を示している。

❻ メスシリンダーはたおれやすいので，使わないときはケースなどにねかせて入れておく。

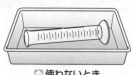

🔼 使わないとき

2　ガスバーナーの使い方

空気 不足
（赤黄色で長いほのお，すすが多い。）

空気が多い
（ポッと音をたてて消える。）

正しいほのお
（無色に近いうすい青色）

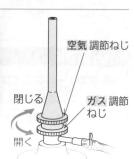

空気 調節ねじ
ガス 調節ねじ
閉じる
開く

❶ 2つの調節ねじが閉まっていることを確かめてから，ガスの元せんをあける。

❷ ガス調節ねじを少しあけて，火をつける。
火はガスライターとマッチのいずれでつけてもよい

❸ ガス調節ねじを回して，**ほのおの大きさを調節**する。

❹ ガス調節ねじをおさえたまま，空気調節ねじをあけていき，**空気の量を調節**して**青いほのお**にする。

❺ 火を消すときは，まず，空気調節ねじを閉（と）じてから，ガス調節ねじを閉じる。最後にガスの元せんを閉める。
消火は，点火と逆の順序で行う

- ❶ メスシリンダーを使って液体のかさを読みとる方法を覚える。
- ❷ ガスバーナー，アルコールランプの点火，消火の方法をおさえる。
- ❸ 上皿てんびんを使ったものの正しい重さのはかり方をつかむ。

3 アルコールランプの使い方

❶ **点 火** アルコールランプの横から火を近づけて点火する。マッチを使う場合は，水を少し入れた燃えがら入れを用意しておく。近くに燃えやすいものを置かないようにする。

↑アルコールランプ

アルコールは8分目まで入れる　しんの長さ5mmくらい

❷ **消 火** アルコールランプのふたをななめ上からすばやくかぶせて消す。その後，一度ふたをとり，はめなおす。
ふたがとれなくなるのを防ぐ←

マッチをする向き

マッチの火を手前から接近させる。

薬品のついていないほう，人のいないほうに向けてする。

燃えがら入れ

↑アルコールランプの点火

ガスライターでつけてもよい。

ふたはすぐ横に

ふたをななめ上からすばやくかぶせる。

↑アルコールランプの消火

4 上皿てんびんの使い方

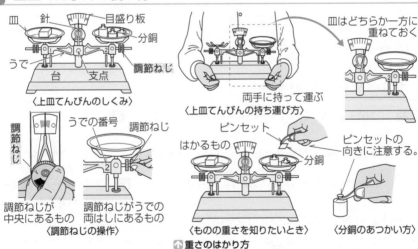

皿　針　目盛り板　分銅

うで　調節ねじ

台　支点

〈上皿てんびんのしくみ〉

両手に持って運ぶ

〈上皿てんびんの持ち運び方〉

皿はどちらか一方に重ねておく

調節ねじ

うでの番号　調節ねじ

調節ねじが中央にあるもの　調節ねじがうでの両はしにあるもの

〈調節ねじの操作〉

ピンセット

はかるもの　分銅

〈ものの重さを知りたいとき〉

ピンセットの向きに注意する。

〈分銅のあつかい方〉

↑重さのはかり方

❶ 水平な台の上に置き，皿を両方のうでにのせ，調節ねじを回して，針のふれが**左右で同じになる**ようにしてつりあわせる。
→針はふれていてもよい

❷ はかりたいものを一方の皿（右ききの人は**左側**の皿）にのせて，もう一方の皿に同じくらいの重さの分銅をのせる。分銅が重すぎたら次に**軽い分銅**にかえる。

❸ つりあったら分銅の重さを調べる。

① 数と計算 数の計算

入試に出る要点

❶ 計算の順序
⑦計算は，ふつう左から右へ順にする。
⑦×，÷は＋，－より先に計算する。
⑦かっこの中は，先に計算する。

❷ 小数のたし算とひき算
位をそろえて，整数と同じように計算し，答えに小数点をつける。

❸ 小数のかけ算とわり算
整数と同じように計算し，小数点の位置に注意して答えに小数点をつける。

❹ 分数のたし算とひき算
分母がちがうときは，通分してから計算する。

❺ 分数のかけ算とわり算
帯分数は仮分数になおし，計算のとちゅうで約分できるときは約分する。

$$\frac{\triangle}{\bigcirc} \times \frac{\diamondsuit}{\square} = \frac{\triangle \times \diamondsuit}{\bigcirc \times \square}$$

$$\frac{\triangle}{\bigcirc} \div \frac{\diamondsuit}{\square} = \frac{\triangle \times \square}{\bigcirc \times \diamondsuit}$$

❻ 小数と分数の混合算
小数を分数になおして計算するほうが簡単になることが多い。

1 整数・小数の計算　入試重要度■■

(1) $64 \div 4 \times 3 - 35 \times 2 \div 14 - 4$　　　　　　　　［愛知淑徳中］

(2) $45 - \{19 - (48 - 9) \div 3\} \times 5$　　　　　　　　［関西大倉中］

(3) $61.2 \div (39.2 - 7.2 \times 4.5)$　　　　　　　　［京都教育大附属桃山中］

(4) $12.04 - (4 \times 0.31 + 6 \div 1.25)$　　　　　　　　［大阪女学院中］

解き方 (1) $\underline{64 \div 4 \times 3} - \underline{35 \times 2 \div 14} - 4 = 48 - \underline{5} - 4 = 39$ ……**答**
①②

(2) $45 - \{19 - \underline{(48 - 9)} \div 3\} \times 5 = 45 - (19 - \underline{39} \div 3) \times 5$
①②

$= 45 - (19 - 13) \times 5 = 45 - 6 \times 5 = 45 - 30 = 15$ ……**答**

> **得点➕プラス**
> かっこの中を先に，
> （　）→{　}の順に
> 計算する。

(3) $61.2 \div (39.2 - 7.2 \times 4.5) = 61.2 \div (39.2 - 32.4)$
①②

$= 61.2 \div 6.8 = 9$ ……**答**

(4) $12.04 - (\underline{4 \times 0.31} + \underline{6 \div 1.25}) = 12.04 - (1.24 + \underline{4.8})$
①③

$= 12.04 - 6.04 = 6$ ……**答**

✓**重要** ×，÷は＋，－より先に計算する。

合格への アドバイス

❶ 計算の順序をしっかり覚えておく。
❷ 小数の計算は整数の計算と同じようにし，小数点の位置に注意する。
❸ 小数と分数の混合算では，ふつう小数を分数になおして計算する。

2 分数の計算

$$\left(1\frac{2}{5}-\frac{1}{7}\right)\div\frac{3}{5}+\frac{4}{7}\times3\frac{1}{3}$$

[明星中]

解き方

$$\left(1\frac{2}{5}-\frac{1}{7}\right)\div\frac{3}{5}+\frac{4}{7}\times3\frac{1}{3}=\left(1\frac{14}{35}-\frac{5}{35}\right)\div\frac{3}{5}+\frac{4}{7}\times\frac{10}{3}=1\frac{9}{35}\times\frac{5}{3}+\frac{40}{21}$$

↑分母を最小公倍数で通分する　　　　　　　↑逆数をかける

$$=\frac{44}{35}\times\frac{5}{3}+\frac{40}{21}=\frac{44}{21}+\frac{40}{21}=\frac{84}{21}=4 \ \cdots\cdots\text{答}$$

✓ **重要** 計算のとちゅうで約分できるときは約分する。

3 小数と分数の混合算

(1) $4.5\div1\frac{4}{5}-\left\{12\times\left(\frac{1}{3}-0.3\right)\div0.25\right\}$ 　　　　　　　　[足立学園中]

(2) $6\frac{3}{4}\div\left(3\frac{1}{2}\div0.4+1\right)-\frac{1}{10}\div(5.2-1.3)$ 　　　　　　　　[愛光中]

解き方 (1) $4.5\div1\frac{4}{5}-\left\{12\times\left(\frac{1}{3}-0.3\right)\div0.25\right\}$

$$=\frac{9}{2}\div\frac{9}{5}-\left\{12\times\left(\frac{1}{3}-\frac{3}{10}\right)\div\frac{1}{4}\right\}=\frac{9}{2}\times\frac{5}{9}-\left(12\times\frac{1}{30}\times\frac{4}{1}\right)$$

$$=\frac{5}{2}-\frac{8}{5}=\frac{25}{10}-\frac{16}{10}=\frac{9}{10} \ \cdots\cdots\text{答}$$

(2) $6\frac{3}{4}\div\left(3\frac{1}{2}\div0.4+1\right)-\frac{1}{10}\div(5.2-1.3)$

$$=\frac{27}{4}\div\left(\frac{7}{2}\div\frac{2}{5}+1\right)-\frac{1}{10}\div3.9=\frac{27}{4}\div\left(\frac{35}{4}+1\right)-\frac{1}{10}\div\frac{39}{10}$$

$$=\frac{27}{4}\div\frac{39}{4}-\frac{1}{10}\div\frac{39}{10}=\frac{27}{4}\times\frac{4}{39}-\frac{1}{10}\times\frac{10}{39}$$

$$=\frac{27}{39}-\frac{1}{39}=\frac{26}{39}=\frac{2}{3} \ \cdots\cdots\text{答}$$

得点➕プラス

次の小数と分数の
関係を覚えておく
と，計算するとき
に便利である。

半分 $0.5=\frac{1}{2},\ 1.5=\frac{3}{2}$

半分 $0.25=\frac{1}{4},\ 0.75=\frac{3}{4}$

$0.125=\frac{1}{8},\ 0.375=\frac{3}{8}$

✓ **重要** 小数と分数の混合算 ➡ 小数を分数になおす。

社会
理科
算数
英語
国語

2 いろいろな計算

❶ 計算のくふう

計算を正確に，しかも簡単にするためには，次の**分配法則**を利用するとよい。

$$○×□+△×□=(○+△)×□$$
$$○×□-△×□=(○-△)×□$$

❷ いろいろな単位

㋐面積の単位

$$1\,km^2=100\,ha$$
$$1\,ha=100\,a=10000\,m^2$$
$$1\,m^2=10000\,cm^2$$

㋑体積・容積の単位

$$1\,L=10\,dL=1000\,mL=1000\,cm^3$$
$$1\,m^3=1000000\,cm^3=1000\,L=1kL$$

㋒時間の単位

$$1\,日=24\,時間，\ 1\,時間=60\,分，$$
$$1\,分=60\,秒$$

❸ □を求める計算（逆算）

$$□+12=27 ⟹ □=27-12 \quad □=15$$
$$□-31=16 ⟹ □=16+31 \quad □=47$$
$$□×7=91 ⟹ □=91÷7 \quad □=13$$
$$□÷12=4 ⟹ □=4×12 \quad □=48$$

1 計算のくふう

(1) $25×0.8-0.25×16-2.5×2.4$　　　　　　　　　［広島女学院中］

(2) $1+8+15+22+29+36+43$　　　　　　　　　　　［洛南高附中］

(3) $\dfrac{1}{2}+\dfrac{1}{6}+\dfrac{1}{12}+\dfrac{1}{20}+\dfrac{1}{30}$　　　　　　　　　［慶應義塾普通部］

解き方 (1) 25，0.25，2.5 に着目し，式をまとめる。

$$25×0.8-0.25×16-2.5×2.4$$
$$=2.5×8-2.5×1.6-2.5×2.4$$
$$=2.5×(8-1.6-2.4)=2.5×4=10 \ \cdots\cdots 答$$

(2) たす数が 7 ずつ増えているから，

$$1+8+15+22+29+36+43$$

$$=(1+43)×7÷2=44×7÷2=154 \ \cdots\cdots 答$$

> **得点➕プラス**
>
> 同じ数ずつ増える数の和
> ＝（最初の数＋最後の数）×数の個数÷2

(3) $\dfrac{1}{2}+\dfrac{1}{6}+\dfrac{1}{12}+\dfrac{1}{20}+\dfrac{1}{30}=\dfrac{1}{1×2}+\dfrac{1}{2×3}+\dfrac{1}{3×4}+\dfrac{1}{4×5}+\dfrac{1}{5×6}$

$$=\left(\dfrac{1}{1}-\dfrac{1}{2}\right)+\left(\dfrac{1}{2}-\dfrac{1}{3}\right)+\left(\dfrac{1}{3}-\dfrac{1}{4}\right)+\left(\dfrac{1}{4}-\dfrac{1}{5}\right)+\left(\dfrac{1}{5}-\dfrac{1}{6}\right)$$

$$=1-\dfrac{1}{6}=\dfrac{5}{6} \ \cdots\cdots 答$$

> **得点➕プラス**
>
> $$\dfrac{1}{○×(○+1)}$$
> $$=\dfrac{1}{○}-\dfrac{1}{○+1}$$

✔ **重要** 分配法則や，2数の差などをうまく利用する。

合格への　アドバイス

❶ 計算問題で共通な数があるときは，分配法則を使うとよい。
❷ 単位のかん算は，いろいろな量の単位間の関係を覚えておく。
❸ □を求める計算は，計算の順序を考え，それと逆に計算していく。

2 概数，いろいろな単位

(1) 四捨五入して 3.14 になる数は□以上□未満です。　　　　　[日本大豊山中]

(2) 8000 秒は，2 時間と□分□秒です。　　　　　　　　　　　[同志社中]

(3) 280 mL + 2.3 L − 0.9 dL + 0.08 m³ = □.□ dL　　　　　　[慶應義塾中]

解き方 (1) 未満はその数より小さい数を表すので，

3.135 以上 **3.145** 未満 ……答

3.135　　　3.145
ふくむ　　　ふくまない

(2) 2 時間は $3600 × 2 = 7200$ (秒)だから，$8000 − 7200 = 800$ (秒)
　　　　　└ 1 時間は 60 × 60 = 3600(秒)

$800 ÷ 60 = 13\frac{1}{3}$ (分)　$13\frac{1}{3}$ 分 = 13 分 **20** 秒 ……答

(3) 単位を dL にそろえると，

280 mL + 2.3 L − 0.9 dL + 0.08 m³

= 2.8 dL + **23** dL − 0.9 dL + 800 dL = 824.9 dL ……答

（得点プラス）
1 L = 10 dL
　 = 1000 mL
　 = 1000 cm³
1 dL = 100 mL
1 m³ = 1000 L
　 = 10000 dL

✔ **重要**　単位のかん算をして，単位をそろえて計算する。

3 □を求める計算

(1) 54 − 2 × (72 − 3 × □) = 6　　　　　　　　　　　　　　[同志社女子中]

(2) $\left(1\frac{2}{3} − □ × 0.75\right) ÷ 3\frac{2}{5} = \frac{5}{12}$　　　　　　　　[東海大付属大阪仰星中]

解き方 (1) 2 × (72 − 3 × □) = 54 − 6　72 − 3 × □ = 48 ÷ 2

3 × □ = 72 − **24**　□ = 48 ÷ 3　□ = 16 ……答

（得点プラス）
A − □ = B → □ = A − B
A ÷ □ = B → □ = A ÷ B

(2) 帯分数を仮分数に，小数を分数になおすと，

$\left(\frac{5}{3} − □ × \frac{3}{4}\right) ÷ \frac{17}{5} = \frac{5}{12}$　$\frac{5}{3} − □ × \frac{3}{4} = \frac{5}{12} × \frac{17}{5}$

$\frac{5}{3} − □ × \frac{3}{4} = \frac{17}{12}$　$□ × \frac{3}{4} = \frac{5}{3} − \frac{17}{12}$

$□ × \frac{3}{4} = \frac{1}{4}$　$□ = \frac{1}{4} ÷ \frac{3}{4}$　$□ = \frac{1}{3}$ ……答

✔ **重要**　□をふくむ部分をひとまとまりと考える。

社会
理科
算数
英語
国語

算数

3 整数の性質

入試に出る要点

❶ 約数と公約数

ある整数をわり切ることのできる整数をその数の約数といい，2つ以上の整数に共通な約数を公約数という。

例 6の約数…1，2，3，6
9の約数…1，3，9
└→6と9の公約数

❷ 倍数と公倍数

ある整数を整数倍した数を，その数の倍数といい，2つ以上の整数に共通な倍数を公倍数という。

例 3の倍数…3，6，9，12，……
4の倍数…4，8，12，16，……
└→3と4の公倍数

❸ 最大公約数と最小公倍数の求め方

（2つの数のとき）　（3つの数のとき）

```
2) 24  36        2) 12  16  24
2) 12  18        2)  6   8  12
3)  6   9        2)  3   4   6
    2   3        3)  3   2   3
                     1   2   1
```

最大公約数　　　　最大公約数
└→公約数のうち最大のもの
2×2×3＝12　　　2×2＝4

最小公倍数　　　　最小公倍数
└→公倍数のうち最小のもの
2×2×3×2×3　　2×2×2×3×1×2×1
＝72　　　　　　　＝48

1 約数と倍数 ▮▮▮

(1) 48の約数は全部で◻個あり，それらの和は◻です。　　　　　[土佐女子中]

(2) 4と12の最小公倍数と，14と21の最大公約数の和は◻です。[熊本マリスト学園中]

(3) 28と42の公約数をすべて書くと ⑦ で，公倍数のうち小さいほうから順に3つ書くと，◻⑦◻です。　　　　　　　　　　　　　　　　　　　　　　[同志社女子中]

解き方 (1) 48＝1×48＝2×24＝3×16＝4×12＝6×8 なので，

48の約数は，1，2，3，4，6，8，12，16，24，48

よって，全部で10個，和は124 ……答

(2) 4と12の最小公倍数は12で，

14と21の最大公約数は7だから，

12＋7＝19 ……答

```
2) 4  12      7) 14  21
2) 2   6          2   3
   1   3
2×2×1×3＝12
```

(3) ⑦ 28と42の最大公約数は14だから，

1，2，7，14 ……答

⑦ 最小公倍数は84だから，

84，168，252 ……答

```
2) 28  42   2×7＝14
7) 14  21   2×7×2×3＝84
    2   3
```

✓重要 　公約数は最大公約数の約数，公倍数は最小公倍数の倍数

❶ 約数と倍数の関係を理解する。
❷ 倍数の個数の求め方がわかり，正しく求められるようにする。
❸ 最大公約数や最小公倍数を問題に正しく利用できること。

2 倍数の個数 ▐▐▐

(1) 200 から 300 の間に，7 の倍数はいくつありますか。　　　[比治山女子中]

(2) 1 から 100 までの整数のうち，3 でも 5 でもわり切れる数は，いくつありますか。

[滋賀大附中]

解き方　(1) 1 から 300 の間は，

300÷7＝42 余り 6 → **42** 個

1 から 199 の間は，

199÷7＝28 余り 3 → **28** 個

よって，200 から 300 の間は，

42－28＝14(個) ……**答**

(2) 3 と 5 の最小公倍数は **15**

よって，100÷15＝**6** 余り 10 より，6 個 ……**答**

（1 から 300 の間）

$7×\textbf{1}＝7$
$7×\textbf{2}＝14$
$\vdots$
$7×42＝294$
　　　　42 個

得点➕プラス
○でも△でも
わり切れる数
＝○と△の最小
公倍数の倍数

✓ **重要**　| 1 から 100 までの□の倍数の個数は，100÷□の商

3 わる数と余り ▐▐▐

(1) 100 以上の整数のうちで，4，5，6 のいずれの数でわっても 3 余るいちばん小さい数を求めなさい。　　　[雲雀丘学園中]

(2) 7 でわれば 5 余り，5 でわれば 3 余る数のうち，100 にもっとも近い数は□です。

[国府台女子学院中]

解き方　(1) 4 と 5 と 6 の最小公倍数は **60**

60 の倍数より 3 大きい数のうち，100 以上でいちばん小さい数は，60×2＋3＝**123** ……**答**

得点➕プラス
4，5，6 でわって **3 余る数**
＝4，5，6 の公倍数＋3

(2) 7－5＝2，5－3＝2

どちらも，わり切るのに **2** 不足していることに着目する。

7 と 5 の最小公倍数は 35 だから，70 と 105 が 100 に近い。

これよりも 2 小さい数は，68 と 103 だから，あてはまる数は **103** ……**答**

✓ **重要**　「わり切れる数＋余り」，「わり切れる数－余り」で考える。

社会
理科
算数
英語
国語

4 数量の関係 割 合

入試に出る要点

① 割 合

もとにする量を1としたときの比べる量を，小数や分数または百分率や歩合で表したもの。

② 割合の3用法

⑦割合＝比べる量÷もとにする量

⑦比べる量＝もとにする量×割合

⑦もとにする量＝比べる量÷割合

③ 小数・分数・百分率・歩合

小数	分数	百分率	歩合
0.1	$\frac{1}{10}$	10 %	1割
0.01	$\frac{1}{100}$	1 %	1分

④ 損 益

⑦定価＝仕入れ値×(1＋利益率)

⑦売り値＝定価×(1－割引率)

⑤ 食塩水のこさ(のう度)

食塩水のこさ＝食塩の重さ÷食塩水の重さ

1 割合と百分率・歩合

(1) ある中学校では，2年生の生徒数は168人で，1年生の生徒数150人より□%多い。 [帝塚山学院中]

(2) ある商品の売上個数は，6月・7月の2か月続けて前の月の売上個数の5%増しになりました。6月の売上個数が420個のとき，7月の売上個数は5月の売上個数より□個多い。 [青山学院中]

(3) お年玉の65%を貯金し，残りの$\frac{3}{5}$を使ったので4900円残りました。もらったお年玉は□円です。 [広島女学院中]

解き方 (1) $(168－150)÷150×100＝12(\%)$ ……答
　　　　　　　　　↑比べる量　↑もとにする量

(2) 7月の売上個数は，$420×(1＋0.05)＝441(個)$

5月の売上個数は，$420÷(1＋0.05)＝400(個)$　よって，$441－400＝41(個)$ ……答

(3) もらったお年玉を1とすると，残ったお金の割合は，線分図から，

$$(1－0.65)×\left(1－\frac{3}{5}\right)＝\frac{7}{20}×\frac{2}{5}＝\frac{7}{50}$$

よって，お年玉は，$4900÷\frac{7}{50}＝35000(円)$ ……答

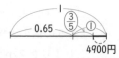

✓ **重要** 割合の3用法のどれを利用するかがわかること。

合格への アドバイス

❶ もとにする量，比べる量が何であるかを正しくつかむ。
❷ 割合に関する出題はかなり多い。特に，損益売買算・食塩水のこ さ（のう度）の問題はよく出題されるので，練習しておくこと。

2 損　益

(1) ある品物 30 kg を 3500 円で仕入れました。これを全部売って 2 割の利益を得る ために，1kg あたりいくらで売ればいいですか。　　　　　[明治大付属中野八王子中]

(2) 仕入れ値が 2000 円の商品に 1 割 5 分の利益があるように定価をつけましたが， 売れなかったので，定価の□割引きで売ったところ 160 円の損になりました。
　　　　　　　　　　　　　　　　　　　　　　　　　　　　　　　　[帝塚山学院中]

解き方　(1) 30 kg の売り値は，　$3500 \times (1 + \underline{0.2}) = 4200$（円）
　　　　　　　　　　　　　　　↑仕入れ値　↑利益率

　　　よって，$4200 \div 30 = 140$（円）……**答**

　　(2) 定価は，$2000 \times (1 + 0.15) = 2300$（円）
　　　　　　　　↑仕入れ値　　↑利益率

　　　売り値は $2000 - \underline{160} = 1840$（円）なので，
　　　　　　　仕入れ値↑　　↑損

　　　$1 - (1840 \div 2300) = 0.2$ より，**2 割** ……**答**

> **得点＋プラス**
>
> 定価＝仕入れ値×（1＋利益率）
> 売り値＝仕入れ値－損
> 割引率＝1－（売り値÷定価）

✅ **重要**　仕入れ値，定価，売り値の関係を理解すること。

3 食塩水のこさ

(1) のう度 12 ％の食塩水 100 g に水を□g 加えると，のう度は 8 ％になります。
　　　　　　　　　　　　　　　　　　　　　　　　　　　　　　　　[多摩大目黒中]

(2) 5 ％の食塩水が 100 g ありました。この食塩水を 20 g こぼしてしまったので， 水を 20 g 加えると，□ ％の食塩水が 100 g できました。　　　[國學院大久我山中]

解き方　(1) 食塩の重さは，$100 \times \underline{0.12} = 12$（g）

　　　　8 ％の食塩水の重さは，$12 \div 0.08 = 150$（g）

　　　　よって，$150 - 100 = 50$（g）……**答**

　　(2) こぼしたあとの食塩水に残った食塩の重さは，

　　　　$(100 - 20) \times \underline{0.05} = 4$（g）

　　　　よって，$4 \div (\underline{80} + 20) \times 100 = 4$（％）……**答**

> **得点＋プラス**
>
> 食塩の重さ＝食塩水の重さ×食塩水のこさ
> 食塩水の重さ＝食塩の重さ÷食塩水のこさ
> 食塩水のこさ＝食塩の重さ÷食塩水の重さ

✅ **重要**　食塩の重さ，食塩水の重さ，食塩水のこさの 関係を理解すること。

5 速さ・平均・比

入試に出る要点

❶ 速 さ
速さ・道のり・時間の関係
⑦速さ＝道のり÷時間
①道のり＝速さ×時間
⑦時間＝道のり÷速さ

（図：道のり／速さ／時間）

❷ 平 均
⑦平均＝合計÷個数（または人数）
①合計＝平均×個数（または人数）

❸ 比
⑦比…AのBに対する割合を，
　A：Bと表したもの。
①比例式…A：BとC：Dの比が等し
　いとき，A：B＝C：Dと表したもの。
　A：B＝C：D ↔ A×D＝B×C
⑦比例配分…ある数量を一定の比に
　分ける方法。

1 速 さ

(1) 100 m を 10 秒で走ると，速さは時速□km です。　［賢明女子学院中］

(2) 時速 40 km の速さで□km 進み，次に時速 50 km の速さで 15 km 進むと，合わせて 54 分かかります。　［京都教育大附属京都中］

(3) 3 km の道のりを，行きは毎時 6 km，帰りは毎時 4 km の速さで往復しました。このとき，往復するのに□分かかります。　［近畿大附中］

解き方　(1)秒速は，100÷10＝10(m)

　　1 時間＝3600 秒だから，秒速 10 m＝時速 36000 m
　　（60×60）　　　　　　　　　　　　　　　　　　（×3600）

　　36000 m＝36 km なので，時速 36 km ……**答**

(2) 時速 50 km で進んだ時間は，(15÷50)×60＝18(分)
　　　　　　　　　　　　　　　時間×60＝分

　　だから，時速 40 km で進んだ時間は，54－18＝36(分)

　　よって，時速 40 km で進んだ道のりは，
　　40×(36÷60)＝24(km) ……**答**

(3) 行きにかかった時間は(3÷6)時間，帰りにかかった
　　時間は(3÷4)時間だから，往復にかかった時間は，
　　(3÷6)＋(3÷4)＝1.25(時間)
　　60×1.25＝75(分) ……**答**

✓**重要**　速さの 3 つの公式を利用する。

合格への
アドバイス

① 速さ，道のり，時間の関係を理解し，公式を利用できること。
② 平均がわかれば，個数（人数）をかけると，合計を求めることができる。
③ 比を利用して解く問題が多いので，比の性質を正確に理解しておく。

2 平　均 📊

男子 18 人，女子 12 人のクラスでテストをしました。男子だけの平均点は 62 点で，
女子だけの平均点は 65 点でした。クラス全体の平均点は何点ですか。　　［土佐女子中］

解き方　男子 18 人の合計点は，62×18＝1116（点）

女子 12 人の合計点は，65×12＝780（点）

よって，クラス全体の平均点は，

(1116＋780)÷(18＋12)＝63.2（点）……**答**

✔**重要**　**合計＝平均×個数，平均＝合計÷個数 を利用する。**

3 比 📊

(1) 3 つのおもり A，B，C の重さの比が A：B＝2：3，B：C＝5：4 のとき，
　　A：C＝□：□ です。　　　　　　　　　　　　　　　　　　　［千葉日本大第一中］
(2) 時速□ km：分速 250 m＝4：3　　　　　　　　　　　　　　　　［公文国際学園中］
(3) 100 円こう貨と 50 円こう貨が合わせて 117 枚あり，それぞれの合計金額の比は
　　5：4 です。50 円こう貨は□枚あります。　　　　　　　　　　　　　［広島学院中］

解き方　(1) A：B＝2：3＝10：15，B：C＝5：4＝15：12 だから，
　　　　　　　　└──B の数をそろえる──┘

A：B：C＝10：15：12

よって，A：C＝10：12＝5：6 ……**答**

(2) 分速 250 m → 時速 15000 m＝15 km
　　　　　　×60　　　　÷1000

□：15＝4：3　□×3＝15×4　□＝60÷3＝20 ……**答**

(3) 50 円こう貨 2 枚で 100 円こう貨 1 枚の金額になる。

（金額）100 円こう貨：50 円こう貨＝5：4

（枚数）100 円こう貨：50 円こう貨＝5：8
　　　　　　　　　　　　　　　　　↓×2

50 円こう貨は，117×$\frac{8}{5+8}$＝72（枚）……**答**

得点➕プラス
ある数量を A：B に分ける
とき，B にあたる量は，
ある数量×$\frac{B}{A+B}$

✔**重要**　**A：B＝C：D のとき，A×D＝B×C**

2つの量の関係

❶ **比例・反比例とグラフ**
　㋐比例…一方の値が 2 倍, 3 倍, ……
　　　となると, 他方の値も **2 倍**, **3 倍**,
　　　……となる。
　㋑反比例…対応する値をとると, その
　　　積はどこをとってもいつも**一定**。
　㋒比例のグラフ…0 (原
　　　点)を通る**直線**になる。

❷ **進行グラフ**
　横じくに時間, 縦
　じくに道のりをと
　って表した, 速さ
　に関するグラフ。

❸ **水量グラフ**
　容器の中に, 一定
　の割合で水を入
　れるときの, 時間
　と水量(水面の高さ)のグラフ。

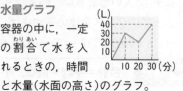

1 比 例 📊

　右の表は, バネののびとおもりの重さ
の関係を表したものです。㋐と㋑をうめ
なさい。

バネののび(cm)	0.5	2	(イ)
おもりの重さ(g)	(ア)	12.8	36.48

[履正社学園豊中中]

解き方 バネののびが 2÷0.5＝4(倍) になっているから, ㋐にあてはまる数は,

12.8÷4＝3.2 ……**答**

おもりの重さが 36.48÷3.2＝11.4(倍) になっているから,

㋑にあてはまる数は, 0.5×11.4＝5.7 ……**答**

別解 12.8÷2＝6.4 より 　㋐0.5×6.4＝3.2 　㋑36.48÷6.4＝5.7

✓重要 **バネののびはおもりの重さに比例する。**

　歯の数が 54 と 42 の 2 つの歯車 A, B があります。A が 7 回転するとき, B は □
回転します。

[甲南中]

解き方 動く歯の数は 54×7＝378 だから,

B の回転数は, 378÷42＝9(回転) ……**答**

得点➕プラス
Aの歯の数×Aの回転数
=Bの歯の数×Bの回転数

✓重要 **2 つの歯車の動く歯の数は同じである。**

① 比例・反比例の考え方と比例のグラフの特ちょうを理解しておく。
② 進行グラフや水量グラフの問題では，グラフをもとに時間と位置，時間と水量などを読みとること。

3 進行グラフ 📊

A君は家から900 m離れている学校に歩いて登校しています。ところが，昨日は家を出発してから4分後，忘れ物をしたことに気づいたため，走って家まで戻り，再び走って学校に行ったところ，いつもより2分遅れて学校につきました。図はそのようすを表したもので，A君の歩く速さと走る速さはそれぞれ一定です。

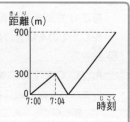

(1) A君の歩く速さは分速何 m ですか。
(2) A君の走る速さは分速何 m ですか。

[関西大第一中－改]

解き方 (1) グラフより，4分で300 m歩いているので，300÷4＝75(m) ……**答**

(2) 分速75 mで家から学校までかかる時間は，900÷75＝12(分)

昨日は家から学校まで12＋2＝14(分)かかり，そのうち4分間は歩いていたので，走った時間は 14－4＝10(分)

走った距離は 300＋900＝1200(m)だから，1200÷10＝120(m) ……**答**

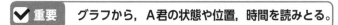

✓ **重要** グラフから，A君の状態や位置，時間を読みとる。

4 水量グラフ 📊

一定の割合で水を入れるA管と水をぬくB管がついた水そうがあります。この水そうにはじめの8分間はBを閉じてAから水を入れ，その後Aを開いたままBも開いて水をぬきました。

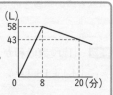

(1) A管からは1分間に何Lずつの水が入りますか。
(2) B管から流れ出る水の量は毎分何Lですか。 [柳学園中－改]

解き方 (1) 58÷8＝7.25(L) ……**答**
　　　　容積↗ ↖時間

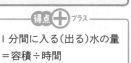
得点 ➕ プラス
1分間に入る(出る)水の量
＝容積÷時間

(2) A，B両方の管を開けたときに減っていく水の量は，毎分 (58－43)÷(20－8)＝1.25(L) だか
　　　　　　　　↖容積　　↖時間

ら，B管から流れ出る水の量は，7.25＋1.25＝8.5(L) ……**答**

✓ **重要** グラフの折れる点はB管を開いたときである。

6. 2つの量の関係　**153**

7 場合の数

入試に出る**要点**

❶ 場合の数

起こり方が全部で何通りあるかを表したものを**場合の数**という。

❷ 並べ方

A, B, C を 1 列に並べるとき, その並べ方を**樹形図**に表すと,

$$A \Big\langle \begin{matrix} B-C \\ C-B \end{matrix} \quad B \Big\langle \begin{matrix} A-C \\ C-A \end{matrix} \quad C \Big\langle \begin{matrix} A-B \\ B-A \end{matrix}$$

これより, 並べ方は 6 通り。

❸ 組み合わせ

A, B, C から 2 つを選ぶとき, その組み合わせを表や{ }で表すと, 次のようになる。

A	○	○		{A, B}
B	○		○	{A, C}
C		○	○	{B, C}

これより, 組み合わせは 3 通り。

1 場合の数

3 段の階段で, 1 歩で 1 段のぼるのと, 1 歩で 2 段のぼるのをまぜてよく, 最後に 1 段しかないときは, 1 段のぼりしかできません。のぼり方は下の 3 通りです。

(1) 4 段の階段をのぼるのぼり方は何通りありますか。

(2) 6 段の階段をのぼるとき, 最後の 1 歩で 1 段のぼるのぼり方は何通りありますか。

[自修館中一改]

解き方 (1) 段数の和が 4 段となるのぼり方を考える。

$1+1+1+1=4$, $1+1+2=4$, $1+2+1=4$, $2+1+1=4$, $2+2=4$

合わせて, 5 通り ……**答**

(2) 6 段のうち, 5 段ののぼり方が何通りあるか考える。

$1+1+1+1+1=5$, $1+1+1+2=5$, $1+1+2+1=5$,
$1+2+1+1=5$, $2+1+1+1=5$, $1+2+2=5$,
$2+1+2=5$, $2+2+1=5$ 合わせて, 8 通り ……**答**

最後の 1 段は必ず 1 歩 → 5 段目までは自由にのぼる

✓ **重要** 1 と 2 を使って, 和が 4, 5 になる場合を考える。

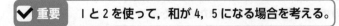

合格への アドバイス

❶ 場合の数を正しく求めるためには，樹形図や表を用いて，重なりや，ぬけ落ちのないようにすることが重要である。
❷ 問題文から並べ方か組み合わせか読みとれるようにしておく。

2 並べ方

ふくろの中に l，2，3，3 の数字を書いた 4 枚のカードが入っています。このふくろからカードを l 枚ずつとり出して，順に並べて 3 けたの整数をつくります。

(1) 3 けたの整数は，全部でいくつつくれますか。

(2) 一の位の数字が 3 となる 3 けたの整数は，全部でいくつつくれますか。

[熊本マリスト学園中]

解き方 (1) 下の樹形図より，全部で **l2** 個 ……**答**

(2) 一の位の数字が 3 になるのは，上の樹形図で ○ 印のついたものだから，全部で **6** 個 ……**答**

別解 (2) 右のように，一の位から逆に決めていくこともできる。

```
一   十   百   整数
    ┌ 2 ‥ 2 l 3
l ──┤
    └ 3 ‥ 3 l 3
    ┌ l ‥ l 2 3
3 ─ 2 ──┤
    └ 3 ‥ 3 2 3
    ┌ l ‥ l 3 3
    3 ──┤
    └ 2 ‥ 2 3 3
```

> ✔ **重要**　樹形図をかいて，すべてを数える。

3 組み合わせ

l0 円玉，50 円玉，l00 円玉を使って 200 円をしはらう方法は何通りありますか。ただし，使わないこう貨があってもよいものとします。

[香蘭女学校中]

解き方　200 円になる 3 種類のこう貨の組み合わせは，下の表から，**9** 通り ……**答**

100 円(枚)	2	1		0					
50 円(枚)	0	2	1	0	4	3	2	1	0
10 円(枚)	0	0	5	10	0	5	10	15	20

> ✔ **重要**　大きな数値を先に決め，ほかを順番に決めていく。

8 図形 角の大きさ

① 三角形の角

㋐三角形の内角の和は 180°

㋑角ア＋角イ＝角ウ

㋒二等辺三角形の2つの内角は等しい。

角エ＝角オ

② 多角形の角

㋐四角形の内角の和は 360°

㋑n 角形の内角の和は 180°×(n−2)

③ 直線と角

㋐2本の直線が交わってできる対頂角は等しい。

㋑平行な2本の直線に1本の直線が交わるとき，同位角は等しく，錯角も等しい。

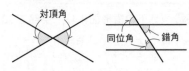

1 三角形の角 📊

次の図で，角アの大きさを求めなさい。

(1)

49°
37°
ア

[京都教育大附属桃山中]

(2)（1組の三角定規）

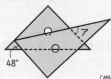

48°

[愛知教育大附属名古屋中]

解き方 (1) 角ア＝49°＋37°＝86° ……**答**

(2)① 48°の角の対頂角なので 48°

　② 180°−(48°＋90°)＝42°

　③ 三角定規の角なので 45°

　④ 三角定規の角なので **30°**

対頂角は等しいので，

角ア＋30°＝42°＋45°

角ア＝(42°＋45°)−30°＝57° ……**答**

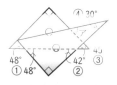
④ 30°
ア
45°
③
48° 42° ②
① 48°

三角定規の角

45° 45°

60°
30°

✔**重要** 1組の三角定規の3つの角の大きさを覚える。

❶ 角度を求める問題で，三角形の内角と外角の関係，対頂角，平行線の同位角・錯角などを利用できるようにしておく。

❷ 多角形の内角の和の求め方を覚えておく。

社会

理科

算数

英語

国語

2 平行線と角 ▮▮

　図の角アは□度です。

ただし，㋕と㋖の直線は平行です。

[桐光学園中]

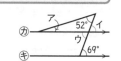

解き方　右の図で，同位角は等しいから，

　角イ＝69°

　よって，角ア＝69°−52°＝17° ……**答**

　別解 右の図で，錯角は等しいので，角ウ＝69°　よって，角ア＝69°−52°＝17°

✓ **重要**　**平行な2本の直線では，同位角や錯角は等しい。**

3 いろいろな角 ▮▮

(1) 右の図の長方形 ABCD において，EF を折り目として折り曲げたとき，角アは何度ですか。 [自修館中]

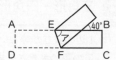

(2) 右の図は，正八角形，正方形，正三角形を組み合わせた図形です。角アの大きさを求めなさい。 [香蘭女学校中]

解き方　(1) 右の図で，平行線の同位角だから，角イ＝**40°**

　角ウ＝角エより，角ウ＝(180°−40°)÷2＝70°

　よって，平行線の錯角だから，角ア＝角ウ＝**70°** ……**答**

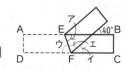

(2) 正八角形，正方形，正三角形の1つの内角の大きさは，それぞれ135°，90°，**60°** だから，

　　　┗ 180°×(8−2)÷8

　角ア＝90°＋**60°**−135°＝15° ……**答**

得点➕プラス

正 n 角形の1つの内角の大きさ
＝180°×(n−2)÷n

✓ **重要**　**折り返した図では，重なる角の大きさは等しい。**

9 平面図形の性質

入試に出る要点

❶ 三角形

　直角三角形…1つの角が直角(90°)。

　正三角形…3つの辺の長さが等しい。
　　また，3つの角はすべて 60°。

　二等辺三角形…2つの辺の長さが等
　　しい。また，2つの角が等しい。

❷ 四角形

　台形…向かいあった1組の辺が平行。

　平行四辺形…向かいあった2組の辺
　　が平行で長さも等しい。

　ひし形…4つの辺の長さが等しい。

　長方形…4つの角がすべて直角。

　正方形…4つの辺の長さ，4つの角
　　の大きさがすべて等しい。

❸ 円とおうぎ形

　直径＝半径×2

　円周＝直径×円周率

　おうぎ形の弧の長さ
　　＝半径×2×円周率
　　×$\dfrac{中心角}{360°}$

❹ 図形の拡大・縮小

　図形のすべての長
　さを，同じ割合で
　のばすことを拡大，
　縮めることを縮小
　という。

1 三角形・四角形の性質

(1) 1辺の長さが等しい正三角形と正方形がくっついています。
　アの角の大きさを求めなさい。　　　　[京都教育大附属京都小中]

(2) 右の図の平行四辺形で，アの角の大きさを求めなさい。
　　　　　　　　　　　　　　　　　　[昭和学院中]

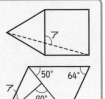

解き方 (1)右の図で，三角形 ABC は

BA＝BC の二等辺三角形だから，

角 ACB＝{180°－(60°＋90°)}÷2＝15°

よって，角ア＝15°＋90°＝105° ……答

(2)右の図で，角イ＝180°－(90°＋50°)＝40°

角ア＋角イ＝64° だから，

角ア＝64°－40°＝24° ……答

平行四辺形

AB＝DC

AD＝BC

角 A＝角C

角 B＝角D

✓ 重要 　三角形・四角形の性質から等しい角を見つける。

❶ 円周やおうぎ形の弧の長さを求める公式を利用して，円を組み合わせた図形のまわりの長さを求めることができるようにしておく。
❷ 図形の拡大・縮小では，対応する辺の長さの比に着目する。

2 円周・おうぎ形の弧の長さ ▮▮▮

次の図で，色のついた部分のまわりの長さを求めなさい。円周率は 3.14 とします。

(1)
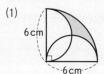
[ノートルダム清心中]

(2) 半径 6 cm の 4 つの円

[プール学院中]

解き方 (1) $6×3.14×\dfrac{90}{360}×2+6×2×3.14×\dfrac{90}{360}$

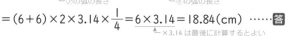
アの弧の長さ　　　　イの弧の長さ

$=(6+6)×2×3.14×\dfrac{1}{4}=6×3.14=18.84$(cm) ……答
×3.14 は最後に計算するとよい

(2) 直線部分は，$6×2×4=48$(cm)

曲線部分は，$6×2×3.14=37.68$(cm)

よって，$48+37.68=85.68$(cm) ……答

得点➕プラス
曲線部分をすべてあわせると，半径 6 cm の円になる。

✅ **重要** 補助線をひいて，公式を利用する。

3 図形の拡大・縮小 ▮▮▯

右の図の正方形⑦の 1 辺の長さを求めなさい。　[灘中]

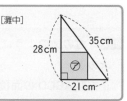

解き方 右の図で，三角形 ADE は三角形 ABC を縮小したものになっている。

BC：AB＝3：4 なので，DE：AD＝3：4

正方形⑦の 1 辺の長さを 1 とすると，

$AD=\dfrac{4}{3}$，$AB=AD+DB=\dfrac{4}{3}+1=\dfrac{7}{3}$

AB が 28 cm だから，$28÷\dfrac{7}{3}=12$(cm) ……答

得点➕プラス
拡大・縮小した図と，もとの図では，辺の長さの比は等しい。

✅ **重要** 縮小 ➡ 三角形のすべての長さを同じ割合で縮める。

社会
理科
算数
英語
国語

10 面積

❶ 面積を求める公式

三角形の面積＝底辺×高さ÷2

長方形の面積＝縦×横

正方形の面積＝1辺×1辺

ひし形の面積＝対角線×対角線÷2

平行四辺形の面積＝底辺×高さ

台形の面積＝(上底＋下底)×高さ÷2

円の面積＝半径×半径×円周率
↳ふつう 3.14

おうぎ形の面積

＝半径×半径×円周率×$\dfrac{中心角}{360°}$

❷ 複雑な図形の面積

複雑な図形の面積は，いくつかの基本的な図形の面積の和や差で求めることができる。

❸ 辺の比と面積の比

右の図で，

BD：DC＝2：3

のとき，三角形

ABD と三角形

ADC の面積の比も 2：3

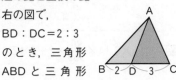

---

1 三角形・四角形の面積

正方形 ABCD があります。図のように，辺 AB，AD，BC を6等分して，それぞれの辺上の1点を結んで色で表した三角形をつくります。この三角形の面積と正方形 ABCD の面積の比を求めなさい。

[帝京大中]

解き方 右の図のように，目もりの数を利用して，ア〜ウの面積を

求める。

正方形 ABCD の面積を 6×6＝36 とすると，

アは 2×5÷2＝5，

イは 2×4÷2＝4，

ウは (1＋4)×6÷2＝15

よって，色のついた三角形は，

36－5－4－15＝12

色のついた三角形：正方形 ABCD＝12：36

＝1：3 ……**答**

色のついた三角形の面積
＝正方形 ABCD－(ア＋イ＋ウ)

✔**重要** **面積の公式が使える図形を利用する。**

合格への
アドバイス

❶ 基本図形を組み合わせた図形が出題されるので，面積を求める公式は必ず覚えておくこと。
❷ 辺の比と面積の比の関係を理解しておく。

2 円・おうぎ形の面積

右の図は，台形とおうぎ形を組み合わせた図形です。色のついた部分の面積を求めなさい。ただし，円周率は3.14とします。

[聖園女学院中]

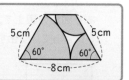

解き方 おうぎ形を右の図のようにア〜ウとすると，アの半径は

5cm，イの半径は 8−5＝3(cm)，ウの半径は 5−3＝2(cm)

おうぎ形ウの中心角は，（360°−60°×2）÷2＝120°

よって，求める面積は，

$$\underbrace{5\times5\times3.14\times\frac{60}{360}}_{\text{⑦の面積}}+\underbrace{3\times3\times3.14\times\frac{60}{360}}_{\text{⑦の面積}}+\underbrace{2\times2\times3.14\times\frac{120}{360}}_{\text{⑦の面積}}$$

＝7×3.14＝21.98(cm²) ……答

✔**重要** 台形の角度を利用して，おうぎ形の中心角を求める。

得点➕プラス

底角が等しい台形では残りの2つの角の角度も等しい。

3 辺の比と面積の比

三角形 ABC の面積は 10cm² です。右の図のように三角形 ABC の辺 CA を A の方に延長して CA：AD＝1：2となるように点 D をとります。同じように，AB：BE＝1：3，BC：CF＝1：4となるようにそれぞれ点 E，F をとり，三角形 DEF を作りました。三角形 DEF の面積は□cm² です。

[青山学院中]

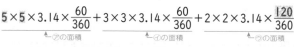

解き方 右の図のように線をひく。CA：AD＝1：2 だから，

三角形 ABC：三角形 ABD＝1：2

よって，三角形 ABD の面積は，10×2＝20(cm²)

同様に，三角形 BED は 60 cm²，三角形 BCE は 30 cm²，

三角形 CEF は 120 cm²，三角形 ACF は 40 cm²，三角形 ADF は 80 cm²，

これらをすべてたして，三角形 DEF の面積は 360 cm² ……答

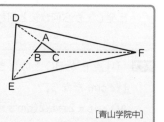

✔**重要** 高さが等しい三角形 ➡ 底辺の比＝面積の比

社会
理科
算数
英語
国語

入試に出る要点

1 点の移動と面積

ある図形の辺上を点が移動することによって，変化する面積を考える。

(1点のとき)

(2点のとき)

2 ひもの移動と面積

図形の頂点などにひもの片方を固定して，もう一方のひものはしの動くはん囲の面積を考える。

3 図形の移動と重なり

2つの図形があって，一方の図形が移動することによってできる2つの図形の重なった部分の面積を考える。

---

1 点の移動と面積

右の図のような台形 ABCD があります。点 P は，一定の速さで頂点 A から B，C を通って D まで辺上を移動します。右下のグラフは，点 P が A を出発してからの時間と三角形 PAD の面積の関係を表したものです。

(1) 台形 ABCD の面積は何 cm^2 ですか。

(2) 三角形 PAD の面積が $108\ cm^2$ になるのは，点 P が A を出発してから何秒後と何秒後ですか。

[土佐塾中]

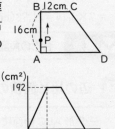

解き方 (1) 点 P が BC 上のとき，三角形 PAD の面積は $192\ cm^2$ だから，

$AD × 16 ÷ 2 = 192(cm^2)$　$AD = 24cm$

よって，$(12 + 24) × 16 ÷ 2 = 288(cm^2)$ ……**答**

> **得点プラス**
> 点 P が BC 上のとき
> 三角形 PAD の面積は一定

(2) 点 P が AB 上のとき，高さ $AP = 108 × 2 ÷ 24 = 9(cm)$

点 P の動く速さは秒速 2 cm なので，

$9 ÷ 2 = 4.5(秒後)$ ……**答**

> **得点プラス**
> 点 P が点 C に移動する時間
> $8 + (12 ÷ 2) = 14(秒)$

点 P が CD 上のとき，高さが 9 cm になるのは，

$(24 - 14) × \dfrac{9}{16} = 5\dfrac{5}{8}(秒)$ より，$24 - 5\dfrac{5}{8} = 18\dfrac{3}{8}(秒後)$ …**答**

> ✔ **重要** 図とグラフから，点 P は 8 秒後に B に着く。

① 図形の辺上を移動する点の問題は，時間の経過にともなって形と面積がどのように変化するかを考える。
② ひもや図形が移動してできる図形は，実際に図をかいて考える。

2 ひもの移動と面積

右の図のような，さく ABCDEF があり，犬が8 m のひもにつながれています。ひものもとはさくにつながれていて，B→C→D→E の間を自由に動けます。さくをこえることはできませんが，A と F の間は自由に通ることができます。犬が動けるはん囲の面積を求めなさい。ただし，円周率は 3.14 とし，犬の大きさやさくの高さは考えないものとする。

[慶應義塾湘南藤沢中一改]

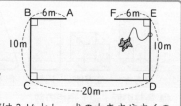

解き方 犬が動けるはん囲は，右の図の通り
BC，CD，DE から 8 m のはん囲と，
A，F を中心とする半径 2 m のはん囲なので，
20×10−2×4+2×2×3.14÷2×2
＝204.56(m²) ……答

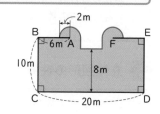

✓ **重要** ひもが移動したときにできる図形をかくこと。

3 図形の移動と重なり

1 辺の長さが 3 cm，6 cm の正方形⑦，⑥が，右の図のように置かれています。いま，正方形⑦を矢印の方向へ毎秒 1 cm ずつ移動させることにします。
(1) 2 秒後に⑦と⑥が重なっている部分の面積は何 cm² ですか。
(2) 重なっている部分の面積が 4.5 cm² になるのは，何秒後と何秒後ですか。

[開明中一改]

解き方 (1) 毎秒 1cm なので，2 秒後は 2 cm 進む。
3×2＝6(cm) ……答
(2) 縦は 3 cm で一定だから，横は 4.5÷3＝1.5(cm)
よって，1.5 秒後 ……答
はなれ始めてから 1.5 秒後の 6＋1.5＝7.5(秒後) ……答

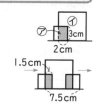

✓ **重要** 2 つの図形が重なった部分の図をかくこと。

12 立体図形の性質

① 基本的な立体図形

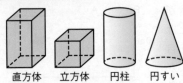

直方体　立方体　円柱　円すい

② 角柱の面・辺・頂点の数

角柱の面の数＝底面の辺の数＋2

角柱の辺の数＝底面の辺の数×3

角柱の頂点の数＝底面の辺の数×2

③ 立体図形の表し方

⑦見取図…立体をある方向から，全体の形がわかるように表した図。

①展開図…立体を切り開いて，1つの平面上に表した図。

⑦投えい図…立体を正面から見た図と真上から見た図を組にして表した図。

④ 立方体の切断

立方体をある平面で切ったときの切り口の形を考える。

---

1 立体図形の性質

(1) 直方体と立方体の性質の共通点として，まちがっているものをすべて選び，記号で答えなさい。

ア 全部で6つの面がある。　　**イ** 長さの等しい辺はすべて平行。

ウ 1つの面と垂直な辺は4つある。　**エ** 平行な2つの面の面積は等しい。

オ 高さがちがっても体積が等しくなるものがある。　　［金城学院中］

(2) 右の立体は底面が正六角形の六角柱です。

① 辺 AB に平行な辺は何本ありますか。

② 面⑦に垂直な面は何個ありますか。

③ 辺 AG に垂直な面は何個ありますか。

［女子学院中］

解き方　(1) 見取図をかいて考えると，**イ，オ** ……答

直方体　立方体

(2) 六角柱の見取図を見て，数えていくと，

① **3**本　② **6**個　③ **2**個 ……答

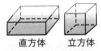

②面が垂直　③辺と面が垂直

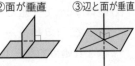

✓重要　**立体図形の辺や面の平行と垂直を理解する。**

社会

理科

算数

英語

国語

2 展開図

同じ大きさの正三角形を8枚使って，右の図1の立体をつくりました。図2は図1の立体の展開図です。

(1) 図2の□に頂点の記号を書き入れなさい。

(2) 図1の立体の辺CB，辺CA，辺CD，辺CFのそれぞれの真ん中の点を直線で結びました。この直線を図2にかき入れなさい。

[金光学園中]

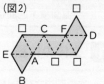

解き方 (1) 右の図のように重なる頂点を点線で結んでいく。

(2) 辺CDと辺CFの真ん中の点を結ぶ直線は，右上の三角形にかく。

答

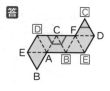

 重要 直線のある面が展開図のどの面かを考える。

3 立方体の切断

右の図の立方体で，点 I, J, K, L, M は各辺の中点とします。次の3点を通る平面で立方体を切るとき，切り口はどのような図形になりますか。

(1) J, C, H
(2) I, K, L
(3) J, M, K

[昭和学院秀英中]

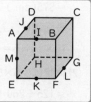

解き方 切り口は，右の図。

(1) 二等辺三角形 …**答**

(2) 長方形 ……**答**

(3) 正六角形 ……**答**

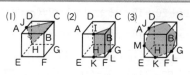

得点プラス
図形の形だけでなく，辺の長さにも着目する。

 重要 立方体の切り口は，三角形から六角形までできる。

13 体積・表面積

❶ 体積を求める公式

直方体の体積＝縦×横×高さ

角柱・円柱の体積＝底面積×高さ

❷ 表面積・側面積の求め方

角柱・円柱の表面積

＝側面積＋底面積×2

角柱・円柱の側面積

＝底面のまわりの長さ×高さ

❸ 複雑な立体の体積

いくつかの基本的な立体の体積の和や差として求める。展開図の場合は、組み立てた立体で考える。

1 立体の体積・表面積

次の図の立体の体積と表面積をそれぞれ求めなさい。

(1)

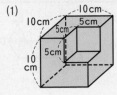

(2)（直方体を組み合わせた立体）

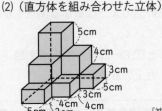

[土佐女子中]

[神戸女学院中]

解き方 (1) 1辺の長さが 10 cm の立方体から、1辺の長さが 5 cm の立方体を切り取った立体である。

体積は、$10×10×10−5×5×5＝1000−125$

$＝875(cm^3)$ ……**答**

表面積は、もとの立方体の表面積に等しいから、

$10×10×6＝600(cm^2)$ ……**答**

得点➕プラス

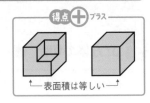

──表面積は等しい──

(2) 体積は、$5×5×5＋(5×5＋5×4×2)×4＋(5×5＋5×4×2＋5×3×2＋4×4)×3$

$＝125＋260＋333＝718(cm^3)$ ……**答**

前から見て、$25＋20＋15＋16＋12＋9＝97(cm^2)$

横から見て、$25＋20＋16＋15＋12＋9＝97(cm^2)$

真上から見て、$25＋20＋15＋20＋16＋15＝111(cm^2)$

表面積は、$(97＋97＋111)×2＝610(cm^2)$ ……**答**

得点➕プラス

前面と後面、左面と右面、上面と下面の表面積は、それぞれ等しい。

✔**重要** いくつかの基本的な立体の体積の和や差で求める。

❶ 立体の体積や表面積を求める公式を覚えて，直方体を積み重ねた立体や穴のあいた立体の問題に利用できるようにする。
❷ 展開図からできる立体を想像し，見取図をかけるようにしておく。

2 角柱・円柱の体積・表面積 📊

右の図は，1 辺の長さが 10 cm の立方体から円柱を切りぬいたものです。このとき円柱の底面の円は，正方形の各辺にぴったりとくっついています。円周率は 3.14 とします。
(1) 体積は何 cm³ ですか。
(2) 表面積は何 cm² ですか。

[武庫川女子大附中]

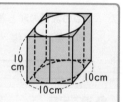

解き方 (1) $10×10×10−5×5×3.14×10=215(\text{cm}^3)$ ……**答**
　　　　　　└─ 立方体の体積 ─┘　└─ 円柱の体積 ─┘

(2) $10×10×4+(10×3.14)×10+(10×10−5×5×3.14)×2$
　　 └─ 立方体の側面積 ─┘　└─ 円柱の側面積 ─┘　　 └─ 底面積 ─┘

　　 $=400+314+43=757(\text{cm}^2)$ ……**答**

底面
10cm
10cm

✓ **重要**　立方体と円柱の体積・表面積の求め方を利用する。

3 展開図からの求積 📊

右の図のように，立体の展開図(A)，(B)があります。円周率は 3.14 とします。
(1) (A)を組み立てた立体の体積を求めなさい。
(2) (B)を組み立てた立体の表面積を求めなさい。

[西南学院中−改]

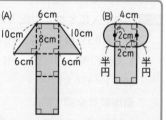

解き方 (1) (A)の立体は**三角柱**になる。

$6×8÷2×6=144(\text{cm}^3)$ ……**答**

(2) $2×2×3.14+4×(4+4×3.14÷2)=12.56+41.12$
　　 └─ 半円×2 ─┘　└ 正方形部分 ┘　└─ 長方形部分 ─┘

　　 $=53.68(\text{cm}^2)$ ……**答**

得点 ➕ プラス
立体の表面積
＝展開図の面積

✓ **重要**　展開図を組み立ててできる立体がわかること。

14 文章題 和と差に関する文章題

入試に出る要点

❶ 和差算

2つの数量の和と差より，

(和＋差)÷2＝大　(和－差)÷2＝小

❷ 過不足算

ある数量の余りや不足のしかたに着目して，その数量を求める問題。

全体の差÷1人分の差＝人数

❸ つるかめ算

2つの単位量のそれぞれの個数の合計がわかっているときに，それぞれの個数を求める問題。

❹ 年れい算

現在と数年前や数年後の年れいの関係から，それぞれの人物の年れいを求める問題。

---

1 過不足算

(1) 何人かの生徒に画用紙を配るのに，1人に8枚ずつ配ると37枚余るので，1人に9枚ずつ配ると，まだ2枚余ります。画用紙は全部で何枚ありますか。 [青雲中]

(2) アメとガムを子どもに配ります。アメはガムより9個多くあります。何人かの子どもにガムを3個ずつ配ると2個余り，アメを4個ずつ配ると2個足りません。子どもは何人いますか。 [開智中]

解き方 (1) 1人に8枚ずつ配るのと9枚ずつ配るのとでは，

37－2＝35(枚) の差が出る。

1人分の差は 9－8＝1(枚) だから，生徒の人数は，

35÷1＝35(人)

画用紙は全部で，

9×35＋2＝317(枚) ……**答**

または，8×35＋37＝317(枚) ……**答**

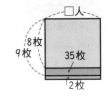

(2) ガムの個数がアメの個数と同じだと考えると，3個ずつ配ったとき，2＋9＝11(個) 余る。

子どもの人数は，

(11＋2)÷(4－3)＝13(人) ……**答**

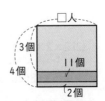

✓ **重要**　過不足算では，数量の関係を面積図に表すとよい。

過不足算・つるかめ算・年れい算の問題は，長文や難問も多いので，数量関係を正しく読みとり，それらを線分図や面積図に表せるようにしておくこと。

2 つるかめ算 ▮▮

パーティー会場に丸テーブルが大小あわせて 22 個あります。大きいテーブルに 8 人ずつ，小さいテーブルに 6 人ずつ座ると 28 人座れないので，大きいテーブルに 12 人ずつ，小さいテーブルに 8 人ずつ座ることにしたら，34 席余りました。大きいテーブルは何個ありますか。 [女子学院中]

解き方 大きいテーブルに 12−8＝4（人）ずつ，

小さいテーブルに 8−6＝2（人）ずつ多く座ると，

28＋34＝62（人）分の席が増えたことになる。

すべて小さいテーブルとすると 2×22＝44（席）増えるはずだから，

大きいテーブルは，（62−44）÷（4−2）＝9（個）……答

✓ **重要**　すべてが小さいテーブルだと仮定して考える。

3 年れい算 ▮▯

(1) 現在，A 君の年れいは 12 才，父の年れいは 54 才です。父の年れいが A 君の年れいの 3 倍になるのは今から何年後ですか。 [東海大付属大阪仰星中]

(2) わたしは兄より 9 才年下で，兄は妹より 12 才年上です。5 年前の 3 人の年れいの合計は 36 才でした。今のわたしの年れいは何才ですか。 [帝塚山学院泉ヶ丘中]

解き方 (1) 父と A 君の年れいの差は，54−12＝42（才）

父の年れいが 3 倍になるときの A 君の年れいを□才とすると，右の図のようになるので，父の年れいが 3 倍になるときの A 君の年れいは，

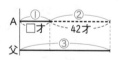

42÷（3−1）＝21（才）よって，21−12＝9（年後）……答

(2) 今の 3 人の年れいの合計は 36＋5×3＝51（才）だから，右の図のようになる。和差算の考え方を利用すると，わたしの年れいは，

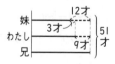

（51−9＋3）÷3＝15（才）……答
わたしと妹の年れいの差

✓ **重要**　□年後には，全員が□才年れいが増える。

15 割合に関する文章題

❶ 分配算

ある数量を決められた差や割合に応じて分けたり, 分けた数量から逆にある数量を求めたりする問題。

❷ 消去算

わからない数量が2つ以上あるとき, それらの数量関係を整理して, ある数量を消去して1つの数量にし, 答えを求める問題。

❸ 相当算

実際の数量とその割合から, もとにする量を求める問題。

もとにする量＝比べる量÷割合

❹ 仕事算

仕事量全体を1として, 単位時間の仕事量や, 仕上げるのにかかる時間などを求める問題。

1日の仕事量＝1÷仕上げるのにかかる日数

1 消去算 ◼◼◼

鉛筆6本とノート3冊の合計金額が660円, 鉛筆5本とノート2冊の合計金額が500円のとき, ノート1冊の値段は鉛筆1本の値段より□円高くなります。

[京都女子中]

解き方 鉛筆1本の値段を②円, ノート1冊の値段を⊘円とすると,

②×6＋⊘×3＝660 ……①

②×5＋⊘×2＝500 ……②

②×3－①×2 を計算すると,

```
  ②×15＋⊘×6＝1500
－)②×12＋⊘×6＝1320
  ②×3       ＝180
```

得点➕プラス

ノートの数が等しくなるように, それぞれの式を変形する。

よって, ②＝180÷3＝60(円)

②より, 60×5＋⊘×2＝500

⊘×2＝200

⊘＝200÷2＝100(円)

したがって, ノート1冊の値段は鉛筆1本の値段より

100－60＝40(円) 高い。……**答**

✓ **重要** 式を何倍かして数をそろえる。

> ❶ 割合の問題では，何を１とするかが重要である。
> 合格への
> アドバイス
> ❷ 相当算の問題は，線分図で表すようにし，正確に数量関係をとらえること。

2 相当算 📊

清子さんはおこづかいの $\frac{1}{3}$ を使って，ボールペンを 12 本買い，愛子さんはおこづかいの $\frac{1}{4}$ を使って，同じボールペンを 7 本買ったところ，残金は清子さんのほうが 240 円多くなりました。このボールペン１本は何円ですか。　　[ノートルダム清心中]

解き方　ボールペンは，

清子さんの残金で　$12 \div \frac{1}{3} \times \frac{2}{3} = 24$（本），

愛子さんの残金で　$7 \div \frac{1}{4} \times \frac{3}{4} = 21$（本）

買うことができる。

よって，$240 \div (24 - 21) = 80$（円）　……**答**

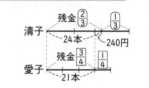

✔**重要**　**もとにする量は，比べる量÷割合　で求める。**

3 仕事算 📊

A 君と B 君が一緒に仕事をすると 15 分，A 君と C 君が一緒に仕事をすると 12 分，B 君と C 君が一緒に仕事をすると 10 分かかります。このとき，A 君一人で仕事をすると☐分かかります。　　[開智中]

解き方　それぞれの１分間の仕事量を A，B，C とすると，

$A + B = \frac{1}{15}$，$A + C = \frac{1}{12}$，$B + C = \frac{1}{10}$　と表せる。

$(A+B) + (A+C) - (B+C) = A \times 2$　より，

$\frac{1}{15} + \frac{1}{12} - \frac{1}{10} = A \times 2$

よって，$A = \frac{1}{40}$ となり，A 君一人で仕事をすると

$1 \div \frac{1}{40} = 40$（分）かかる。　……**答**

> 得点➕プラス
> ２人が一緒に働くときの仕事量
> ＝それぞれの仕事量の和

✔**重要**　**かかった時間＝仕事量÷１分間の仕事量**

16 速さに関する文章題

❶ 旅人算

2人が同じ地点を出発して,

㋐反対方向に進むとき,

　　2人の間かく＝速さの和×進む時間

㋑同じ方向に進むとき,

　　2人の間かく＝速さの差×進む時間

❷ 通過算

列車が鉄橋を通過するとき,

通過時間＝(鉄橋の長さ＋列車の長さ)÷列車の速さ

❸ 流水算

㋐上りの速さ＝船の速さ－流れの速さ

㋑下りの速さ＝船の速さ＋流れの速さ

㋒船の速さ＝(上りの速さ＋下りの速さ)÷2

㋓流れの速さ＝(下りの速さ－上りの速さ)÷2

❹ 時計算

1分間に, 長針は6°動き, 短針は0.5°動く。

1 旅人算 📊

(1) まわりの長さが1100mの池を, A, Bの2人が同じ場所から, 同時に反対方向に歩くと10分で出会い, 同じ方向に歩くと110分でAがBに追い着きます。Bの速さは分速何mですか。 [大妻嵐山中]

(2) 1周1800mのジョギングコースがあります。明君は分速210m, 洋君は分速160mで右回りに走っています。真君は左回りに走り, 明君と4分ごとにすれちがいます。真君は洋君と何分何秒ごとにすれちがいますか。 [東洋英和女学院中]

解き方 (1)A, B2人の分速の和は, 1100÷10＝110(m)

A, B2人の分速の差は, 1100÷110＝10(m)

Bの分速は, p.168の和差算の考え方を利用すると,

(110－10)÷2＝50(m) ……**答**

(2)明君と真君の分速の和は, 1800÷4＝450(m)

真君の分速は 450－210＝240(m) だから,

真君は洋君と 1800÷(160＋240)＝4.5(分)ごとにすれちがう。

4.5分＝4分30秒 ……**答**

> 一度すれちがってから次にすれちがうまでの2人の移動距離の和は, 1周

✅ **重要** 　反対方向では速さの和, 同じ方向では速さの差

① 旅人算の問題は，2人の進む向きが反対方向か同じ方向かを文章から正しく読みとることが重要。
② 通過算・流水算は，公式をしっかり理解する。

② 通過算

> (1) 毎時 90 km の速さで走っている電車が，長さ 1050 m の鉄橋を通過するのに 48 秒かかりました。この電車の長さは□m です。　　　[法政大中]
>
> (2) 時速 72 km，長さ 160 m の電車が午前 8 時 55 分に長さ 8500 m のトンネルに入りはじめました。電車がこのトンネルから完全に出た時刻を「〜時〜分〜秒」の形で求めなさい。　　　[日本大第二中]

解き方 (1) 毎時 90 km＝秒速 25 m

　　　　48 秒間に移動する距離は，25×48＝1200(m)
　　　　　　　　　　　　　　　鉄橋の長さ＋電車の長さ↗

　　　　1200－1050＝150(m) …答

(2) 電車がトンネルに入りはじめてから出るまでに移動する距離は，

　　8500＋160＝8660(m)

　　時速 72 km＝分速 1200 m より，8660÷1200＝$7\frac{13}{60}$(分)

　　午前 8 時 55 分＋7 分 13 秒＝午前 9 時 2 分 13 秒 ……答

✔ **重要**　（トンネルの長さ＋電車の長さ）が移動距離になる。

③ 流水算

> 　上流から下流へ時速 700 m で流れている川があります。太郎さんが下流の A 地点から上流の B 地点までボートをこぐと，ボートは時速 1.6 km の速さで進み，30 分かかりました。太郎さんがボートを同じ力でこぐと，B 地点から A 地点まで何分かかりますか。　　　[甲南中]

解き方 30 分＝0.5 時間 より，A から B まで

　　の距離は，

　　1.6×0.5＝0.8(km)

　　下りの時速は 1.6＋0.7×2＝3(km) だから，
　　　　　　　流れの速さ↗

　　0.8÷3＝$\frac{4}{15}$(時間)　$\frac{4}{15}$ 時間＝16 分 ……答

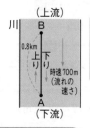

得点➕プラス

下りの速さ
＝上りの速さ＋流れの速さ×2

✔ **重要**　流れの速さ，上りの速さ，下りの速さを整理する。

17 いろいろな文章題

入試に出る要点

❶ 植木算

等しい間かくで木などが並んでいるとき，木などの数と間の数との間にある規則性を利用して木の数や全体の距離などを求める問題。

⑦両はしをふくむとき，
　木などの数＝間の数＋1
⑦両はしをふくまないとき，
　木などの数＝間の数−1
⑦池などのまわりのとき，
　木などの数＝間の数

❷ 周期算

あるきまりにしたがって並んでいる数やものなどから，それぞれの周期性を見つけ出して解く問題。

❸ 方陣算

ご石などを正方形や長方形に並べるとき，1辺の数などを求める問題。

❹ ニュートン算

入場待ちの行列など，絶えず一定の割合で増えたり減ったりすることに注意して考える問題。

1 植木算

(1) 運動場に，次の①，②のような形に50cm間かくで旗を並べます。それぞれ何本の旗が必要ですか。
　① 図1のような，円周の長さが16mの円形に並べます。
　② 図2のように並べます。ただし，はしには必ず旗を置くことにします。

(図1)　(図2)

6m　6m
8m

[柳学園中]

(2) 円形の池のまわりに32本の木を植えました。木と木の間かくは，1m50cmのところが15か所あって，残りは全部90cmです。この池のまわりは何mですか。

[甲南女子中]

解き方 (1)① 50cm＝0.5mだから，
　16÷0.5＝32(本) ……**答**
　② (6×2＋8)÷0.5＝40(本)
　40＋1＝41(本) ……**答**
　別解 (6÷0.5＋1)×2＋(8÷0.5＋1)−2＝41(本)
(2)間かくが90cmのところは，32−15＝17(か所)
　1.5×15＋0.9×17＝37.8(m) ……**答**

円形のとき
旗(木)の数＝間の数

✔ **重要**　池のまわりでは，間の数は木の数と同じになる。

社会
理科
算数
英語
国語

2 周期算 📊

右の図のように，白い玉と黒い玉を並べていきます。

1番目 2番目 3番目 4番目 5番目

(1) 7番目の白い玉は，全部で何個ありますか。

(2) 20番目の白い玉は，全部で何個ありますか。　[愛知教育大附属名古屋中]

解き方 (1) 6番目，7番目の図をかくと，右のようになるので，

6番目 7番目

$$1+5+9+13=28（個）……答$$
$$\underbrace{\quad}_{+4}\underbrace{\quad}_{+4}\underbrace{\quad}_{+4}$$

(2) つながっている白い玉を1列と数えると，2番目は1列，4番目は2列，6番目は3列，……だから，20番目には **10** 列ある。(1)のように，白い玉は列が1列増えるごとに **4** 個ずつ増えるから，10列目は，$1+4×（10-1）=37（個）$

よって，20番目の白い玉は，$1+5+9+……+33+37$
　　　　　　　　　　　　　　　↖右のように考える

$$=38×10÷2=190（個）……答$$

1	+ 5	+ …	+ 37	
+) 37	+ 33	+ …	+ 1	
38	+ 38	+ …	+ 38	

10個

✓ **重要**　白い玉の増え方（4個ずつ増える）に注目する。

3 ニュートン算 📊

ある映画館では開場前に □ 人の行列ができています。この行列に15秒で6人ずつの割合で人が加わります。窓口4つで対応すると行列は15分でちょうどなくなり，窓口を8つにすると6分15秒でちょうどなくなります。　[東京都市大付中]

解き方　6分15秒=6.25分なので，1つの窓口の1分間の仕事量を①とすると，

仕事量：$①×4×15=⑥⓪$，$①×8×6.25=㊿$
　　　　　↳窓口4つのとき　　　↳窓口8つのとき

1分間に増える人数は $6×\dfrac{60}{15}=24（人）$ なので，

増加人数：$24×15=360（人）$，$24×6.25=150（人）$

$⑥⓪-㊿=360-150$ より $①=21（人）$

開場前の人数は，$21×60-360=900（人）$……答

窓口4つ ⑥⓪ 360人
開場前の人数 ⑩
窓口8つ ㊿ 150人

✓ **重要**　1分間に窓口を通る人数を求める。

1 I am Haruka.

ココが要点

- I am Haruka.
  （わたしはハルカです。）

- He is cool.
  （彼はかっこいいです。）

○「～は…です。」の文では，「～は」(主語)のあとに，am，are，is を使う。
am，are，is の使い分けに注意する。

わたしは…です。	I	am	....
あなたは…です。	You	are	....
彼〔彼女〕は…です。	He〔She〕	is	....
わたしたちは…です。	We	are	....
あなたたちは…です。	You		
彼ら〔彼女ら〕は…です。	They		

1 「～は…です。」（肯定文）

◆ （　）に当てはまる語を入れよう。

1. こんにちは，ぼくはケンタです。12才です。
   Hi, (I) am Kenta. I'm 12.

2. あなたは私の友だちです。
   You (are) my friend.

3. こちらはメアリーです。彼女はカナダ出身です。
   This is Mary. She (is) from Canada.

4. トムとメアリーはよい友だちです。
   Tom and Mary (are) good friends.

得点＋プラス

【参考】
I'm は I am の短縮形。

【参考】
from ～で「出身地」を表す。

【参考】
Tom and Mary は「トムとメアリー」の2人なので，They と同じ。

ココが要点

- I'm not happy today.
  （わたしは今日は楽しくないの。）

○「～は…ではありません。」の文：am, are, is のあとに not を置く。

2 「〜は…ではありません。」(否定文)

◆ ( )に当てはまる語を入れよう。

1. ぼくはおなかがすいていません。

   I (am) (not) hungry.

2. あなたは赤ちゃんではありません。

   You (are) (not) a baby.

3. ブラウン先生はオーストラリア出身ではありません。

   Mr. Brown (is) (not) from Australia.

参考 否定文の形
┌ I am ....
└ I am **not** ....

┌ You are ....
└ You are **not** ....

┌ He is ....
└ He is **not** ....

ココが 要点

- Are you hungry? (あなたはおなかがすいていますか。)

  —— Yes, I am. / No, I'm not.

  (はい，すいています。/ いいえ，すいていません。)

  You are ....
  （×）
  → Are you

○「〜は…ですか。」の文：**Are you** …? (文末を上げて発音する。)

3 「〜は…ですか。」(疑問文)

◆ ( )に当てはまる語を入れよう。

1. あなたは疲れていますか。

   —— ええ，疲れています。

   (Are) (you) tired?

   —— Yes, (I) (am).

2. あなたはアメリカ出身ですか。

   —— いいえ，ちがいます。

   Are you from America?

   —— No, (I'm) (not).

3. 彼はあなたの友だちですか。

   (Is) (he) your friend?

参考 疑問文の形

He is ....
（×）
Is **he** …?

—— Yes, he is.
—— No, he isn't.

isn't は is not の 短縮形。

社会
理科
算数
英語
国語

2 Nice to meet you, Mr. Brown!

ココが 要点

- Nice to meet you, Mr. Brown!
  （はじめまして，ブラウン先生。）
- Goodbye, Mary! See you tomorrow.
  （さようなら，メアリー！また明日ね。）

○ あいさつの決まり文句は，どういう場面で使うのかに注意する。

1 いろいろなあいさつ / 学校生活

得点 ➕ プラス

◆ （　）に当てはまる語を入れよう。

1. おはようございます，グリーン先生。
   Good (morning), Ms. Green.

2. やあ，トム。元気ですか。
   —— 元気だよ，ありがとう。あなたはどうですか。
   Hi, Tom. (How) are you?
   —— I'm fine, thank you. And you?

3. どうもありがとう，メアリー。—— どういたしまして。
   (Thank) you very much, Mary.
   —— You are (welcome).

4. さようなら，トム。また月曜日にね。
   Bye, Tom. (See) you on Monday.

5. 金曜日には英語の授業があります。
   We have English (on) (Friday).

参考 あいさつ
Good afternoon.
「こんにちは。」
Good evening.
「こんばんは。」
Good night.
「おやすみなさい。」

参考
「〜先生」は，
Mr. + 姓(男性)，
Ms. + 姓(女性)。

参考
And you? は，
And how are you?
を表す。

on + 曜日「〜曜日に」

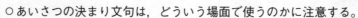

Check Point

絵に合うように，（　）に当てはまる語を入れよう。
We have (math) on (Thursday).
<教科> Japanese「国語」/ math「算数」/ science「理科」
<曜日> Monday「月」/ Tuesday「火」/ Wednesday「水」
　　　 Thursday「木」/ Friday「金」

	月	火	水	木	金
1				国語	
2				算数	
3				理科	
4				体育	
5				社会	
6					

ココが 要点

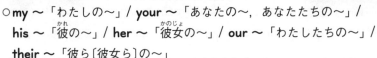

- This is my cap.
  （これはぼくの帽子です。）
- This is Tom's cap.
  （これはトムの帽子です。）

○ my 〜 「わたしの〜」/ your 〜 「あなたの〜，あなたたちの〜」/
his 〜 「彼の〜」/ her 〜 「彼女の〜」/ our 〜 「わたしたちの〜」/
their 〜 「彼ら〔彼女ら〕の〜」

○名まえなどを使って「〜の…」を表す場合は，《名詞 ＋'s …》とする。
Tom's cap / Mary's book / my father's car

2 「だれの持ち物」かを伝える

◆ （ ）に当てはまる語を入れよう。

1. これはトムのかばんです。ぼくのかばんは青色です。
   This is (Tom's) bag. (My) bag is blue.

2. これはあなたのかばんですか。
   —— はい，そうです。
   Is this (your) bag?
   —— Yes, it is.

3. これが彼らの家です。彼らはとてもお金持ちです。
   This is (their) house. They are very rich.

4. メアリーのお父さんは医師で，お母さんは先生です。
   (Mary's) father is a doctor, and (her)
   mother is a teacher.

5. ポールは男性の名まえです。ポーラは女性の名まえです。
   Paul is a man's name. Paula is a (woman's)
   name.

参考 疑問文の形
This is 〜.
Is this 〜?
—— Yes, it is.
—— No, it isn't.

参考
a man's name（「男性
の名まえ」）をヒント
にする。

社会
理科
算数
英語
国語

3 I get up at 6:30 every morning.

ココが 要点

- I get up at 6:30 every morning.
  （わたしは毎朝6時30分に起きます。）
- I go to school with my sister.
  （ぼくは姉〔妹〕といっしょに学校へ行きます。）

○「〜は…します。」の文では，「〜は」（主語）のあとに，「…します」（動詞）を続ける。**get up**「起きる」/ **go**「行く」/ **eat**「食べる」/ **run**「走る」

1 「〜は…します。」（肯定文）

◆ （ ）に当てはまる語を選ぼう。

1. わたしたちは7時に朝ごはんを食べます。
   We (eat) breakfast at 7:00.
2. ぼくは夕食前にイヌを連れて散歩します。
   I (walk) with my dog before dinner.
3. わたしたちは毎晩テレビを見ます。
   We (watch) TV every evening.
4. わたしは9時に寝ます。クマのぬいぐるみといっしょにねむります。
   I (go) to bed at 9:00. I (sleep) with my teddy bear.

   eat / go / sleep / walk / watch

得点➕プラス

参考 **at＋時刻**「〜時…分に」
at 6:30(= six thirty)
at 7:00(= seven)

参考
before dinner
「夕食前に」
after lunch
「昼食後に」

ココが 要点

- I like soccer very much.
  （わたしはサッカーが大好きです。）
- I like 〜.：「わたしは〜が好きです。」
- I have 〜.：「わたしは〜を持っています。」
- I want 〜.：「わたしは〜がほしいです。」

2 「わたしは〜が好きです。」

◆ （ ）に当てはまる語を入れよう。

1. わたしは動物が好きです。

   I （ like ） animals.

2. わたしたちはネコを2ひき飼っています。

   We （ have ） two cats.

3. わたしはイヌがほしいです。

   I （ want ） a dog.

> 参考
> 「〜を飼っている」
> ＝「〜を持っている」
> と考える。

ココが 要点

- Do you play tennis?　（あなたはテニスをしますか。）
  - Yes, I do. / No, I don't.　（don't は do not の短縮形）
    （はい，します。/ いいえ，しません。）
- I don't play tennis.　（わたしはテニスをしません。）
  ○ **Do you 〜?**：You play …（主語＋動詞）の前に **Do** を置く。
  ○ **I don't 〜.**：play（動詞）の前に **don't** を置く。

3 「あなたは〜しますか。」（疑問文）/ 「わたしは〜しません。」（否定文）

◆ （ ）に当てはまる語を入れよう。

1. あなたは自転車通学ですか。
   - はい，そうです。

   （ Do ） you go to school by bike?
   - Yes, （ I ）（ do ）.

2. あなたはニンジンが好きですか。
   - いいえ，好きではありません。

   （ Do ）（ you ） like carrots?
   - No, （ I ）（ don't ）.

3. わたしはコンピュータを持っていません。

   I （ don't ）（ have ） a computer.

> 参考 疑問文の形
> ┌ You go 〜.
> └ **Do** you go 〜?
> by bike「自転車で」
> by bus「バスで」
> by train「電車で」

> 参考 否定文の形
> ┌ I　　have 〜.
> └ I **don't** have 〜.

社会
理科
算数
英語
国語

4 I can play the piano.

ココが 要点

- I can play the piano.
  （わたしはピアノをひくことができます。）
- Can you swim? （あなたは泳げますか。）
  —— Yes, I can. / No, I can't.
  （はい，泳げます。/ いいえ，泳げません。）
- Tom can't ride a unicycle.
  （トムは一輪車に乗れません。）

○「〜することができます」を表すには，「〜する」(動詞)の前に **can** をつける。

○**Can you 〜?**：「あなたは〜することができますか。」

○**I can't 〜.**：「わたしは〜することができません。」

1 「〜することができます」の文

◆ （ ）に当てはまる語を入れよう。

1. ぼくはオムレツを作ることができます。
   I (can) make an omelet.

2. メアリーは速く走れます。トムは高く跳ぶことができます。
   Mary (can)(run) fast. Tom (can)
   (jump) high.

3. あなたは馬に乗れますか。
   —— いいえ，乗れません。
   (Can)(you) ride a horse?
   —— No, I (can't〔cannot〕).

4. あなたのお母さんは英語を話すことができますか。
   —— はい，できます。
   (Can) your mother (speak) English?
   —— Yes, she (can).

5. ペンギンは飛ぶことができません。
   Penguins (can't〔cannot〕) fly.

合格への アドバイス
❶ can を用いて，できることやできないことを表す。
❷ can を用いた疑問文の作り方と答え方をおさえる。
❸ 得意なことの表し方をおさえる。

ココが 要点

- I like swimming. （わたしは泳ぐのが好きです。）
- Tom is good at playing tennis.
  （トムはテニスをするのが上手です。）
- I'm not very good at science.
  （わたしは理科があまり得意ではありません。）

○ **I like +《動詞 + ing》.**：「わたしは〜することが好きです。」
○ **I am good at +《動詞 + ing》.**：「わたしは〜することが得意〔上手〕です。」
○ **I am good at +教科.**：「わたしは〜（教科）が得意です。」

2 「〜するのが好き / 得意〔上手〕」の文

◆ （　）に当てはまる語を入れよう。

1. メアリーは歌うのが得意です。
   Mary is good at （ singing ）.

2. ハルカは人形を作るのが上手です。
   Haruka is good at （ making ） dolls.

3. あなたは日本語を話すのが上手ですね。
   You are good at （ speaking ） Japanese.

4. 母は車の運転があまり上手ではありません。
   My mother is not very good at （ driving ）.

参考
make → **making**
drive → **driving**
最後が e で終わる
動詞は，e を取って
ing を続ける。

参考
Your Japanese is
good. とほめること
もできる。

参考
not + very 〜
「あまり〜ではない」

Check Point

2の文は，《動詞 + er》（〜する人）や，《can 〜 well》（上手に〜できる）を使っ
て表現することもできる。（　）に当てはまる語を入れよう。

1. ＝ Mary is a good （ singer ）.
2. ＝ Haruka （ can ） make dolls （ well ）.
3. ＝ You are a good （ speaker ） of Japanese.
4. ＝ My mother is not a very good （ driver ）.

4. I can play the piano.　183

5 What is this?

- **What** is this? （これは何ですか。）
  — It is a rugby ball.
  （ラグビーのボールです。）

- **Who** is that boy? （あの少年はだれですか。）
  — He is Jim. He is Tom's brother.
  （ジムです。トムの兄〔弟〕です。）

○**What is this〔that〕?**：近くにある物（**this**），遠くにある物（**that**）について
「これ〔あれ〕は何ですか。」とたずねる。

○**What is this〔that〕?** には，**It is 〜.** と答える。

○「〜はだれですか。」とたずねるときは，**Who 〜?** を用いる。

1 「〜は何ですか。」/「〜はだれですか。」

◆ （ ）に当てはまる語を入れよう。

1. あれは何ですか。—— 熱気球です。
   （ **What** ）is that?
   —— It's a hot-air balloon.

2. あの人たちはだれですか。
   —— 観光客ですよ。
   （ **Who** ）are those people?
   —— They are tourists.

3. あなたのお気に入りの色は何ですか。
   （ **What** ）is your favorite color?

4. あなたのお気に入りの歌手はだれですか。
   （ **Who** ）is your favorite singer?

5. あなたは，誕生日のお祝いに何がほしいですか。
   —— イヌがほしいわ。
   （ **What** ）do you want for your birthday?
   —— I want a dog.

得点 ➕ プラス

参考
It's は It is の短縮形。

参考
複数の人や物については，
(this →) **these**,
(that →) **those**
を用いる。

参考 「何が〜ですか。」とたずねる文
You want ☐.
→Do you want ☐?
What do you want?
for your birthday
「誕生日のお祝いに」

ココが 要点

- What colors do you like? （あなたはどんな色が好きですか。）
  —— I like red and orange. （赤色とオレンジ色が好きです。）
- What time do you get up? （あなたは何時に起きますか。）
  —— I get up at 6:30. （6時30分に起きます。）
- ○ **What ＋名詞**：What color(s)〔sport(s), subject(s)〕do you like? で，「どんな色〔スポーツ，教科〕が好きですか。」とたずねる。
- ○ **What time ～?**：「何時に～ですか。」と「時刻」をたずねる。

2 「どんな～が好きですか。」/「何時に～ですか。」

◆ （ ）に当てはまる語を入れよう。

1. あなたはどんな教科が好きですか。
   —— 数学と理科が好きです。
   (What) (subject(s)) do you like?
   —— I like math and science.

2. 日本にはどんな食べ物がありますか。
   —— すしやそばがあります。
   (What) foods do you (have) in Japan?
   —— We (have) *sushi* and *soba*.

3. あなたは何時に寝ますか。—— たいてい9時に寝ます。
   (What) (time) do you go to bed?
   —— I usually go to bed at 9:00.

 参考
「どんな食べ物を持っているか」と考える。

 参考 ひん度
usually「たいてい，ふつうは，いつもは」
always「いつも」
sometimes「ときどき」

◆ Check Point

（ ）に当てはまる語を入れよう。
「時刻」を問う：What (time) is it? （何時ですか。）
　　　　　　—— It's 5:45. （5時45分です。）
「曜日」を問う：What (day) is it today? （きょうは何曜日ですか。）
　　　　　　—— It's Wednesday. （水曜日です。）

6 When is your birthday?

- When is your birthday? （あなたの誕生日はいつですか。）
  —— It's July 19th. （7月19日です。）
- Where is my cap? （ぼくの帽子はどこにありますか。）
  —— It's on the bed. （ベッドの上にあります。）

○「いつ〜ですか。」とたずねるときは，**When 〜?** を用いる。

○「どこに〜ですか。」とたずねるときは，**Where 〜?** を用いる。

1 「いつ〜ですか。」/「どこに〜ですか。」

◆ （ ）に当てはまる語を入れよう。

1. あなたのお兄さんの誕生日はいつですか。
   —— 4月1日です。
   (When) is your brother's birthday?
   —— It's (April) 1st.

2. わたしたちのチケットはどこにありますか。
   —— 台所のテーブルの上ですよ。
   (Where) are our tickets?
   —— They are (on) the kitchen table.

3. あなたはどこの出身ですか。
   —— ニュージーランドの出身です。
   (Where) are you from?
   —— I'm from New Zealand.

得点 ➕ プラス

参考 日付の言い表し方

April 1st（＝first）
May 2nd（＝second）
June 3rd（＝third）
July 19th
　（＝nineteenth）

絵に合うように，（ ）に当てはまる語を入れよう。

My computer is (on) the desk. （机の上に）

My racket is (by) the desk. （机のそばに）

My balls are (in) the box by the desk.
　　　　　　　　（机のそばの箱の中に）

My shoes are (under) the desk. （机の下に）

社会

理科

算数

英語

国語

ココが 要点

● How do you usually come to school?
（あなたはいつもはどうやって学校へ来るのですか。）
—— By bus. （バスで来ます。）

● How is your grandfather? （おじいさんの調子はいかがですか。）
—— He is very well, thank you.
（とても元気です，ありがとう。）

○ **How ～?**：「どうやって～ですか。」と「方法」をたずねる。

○ **How is ～?**：「～はどんなようすですか。」と「状態」をたずねる。

2 「どうやって～ですか。」/「～はどんなようすですか。」

◆ （ ）に当てはまる語を入れよう。

1. 駅へはどう行ったらいいのでしょうか。
（ How ） can I get to the station?

> 参考
> **get to ～**「～に着く」

2. あなたはカレーライスをどのようにして作るのですか。
（ How ） do you make curry and rice?

3. きょうのフロリダの天気はどうですか。
—— 晴れです。
（ How ）（ is ） the weather in Florida today?
—— It's sunny.

> 参考
> フロリダにいる人に，電話などで天気をたずねている場面。

👆 Check Point

《How old〔tall, big, many＋複数名詞〕～?》で，「どのくらい～ですか。」と「年齢，背の高さ，大きさ，数」などをたずねる。（ ）に当てはまる語を入れよう。

How （ old ） are you? —— I'm 13.
How （ tall ） are you? —— I'm 150 centimeters tall.
How （ big ） is your house? —— It's not very big.
How （ many ） comic books do you have? —— I have about 30.

ココが 要点

- We have an old castle in our town.
  （わたしたちの町には古いお城があります。）
- In spring, we can see beautiful cherry blossoms.
  （春には，美しい桜の花を見ることができます。）
- ○ **We have 〜 in our town.**：「わたしたちの町には〜があります。」
- ○ **We can 〜.**：「わたしたちは〜することができます。」

1 わたしたちの町を紹介する

◆ （　）内の語（句）を正しく並べかえよう。

1. わたしたちの町には動物園があります。
   We (a zoo / have / in) our town.

2. そこでは馬に乗ることができます。
   We (a horse / can / ride) there.

3. わたしたちの町から富士山を見ることができます。
   We (can / from / Mt. Fuji / see) our town.

4. 8月には，夏祭りがあります。
   We (have / in / the summer festival) August.

5. わたしたちはゆかたを着て，おどりを楽しむことができます。
   We wear *yukata*, and we (enjoy / dancing / can).

6. あなたの町にはどんな行事がありますか。
   What events (do / have / in / you) your town?

得点 ➕ プラス

参考　場所
zoo「動物園」
stadium
「スタジアム」
museum
「博物館，美術館」
temple「寺」
shrine「神社」

参考
enjoy dancing
〔shopping, hiking, camping〕「おどり〔ショッピング，ハイキング，キャンプ〕を楽しむ」
enjoy 〜ing で「〜することを楽しむ」という意味。

解答 1. have a zoo in　　2. can ride a horse　　3. can see Mt. Fuji from
4. have the summer festival in　　5. can enjoy dancing
6. do you have in

❶ We have ～. や We can ～. を用いて自分の町を紹介する。
❷ 道案内でよく用いる表現を確認する。
❸ 「命令」,「禁止」,「勧誘」の基本表現をおさえる。

ココが 要点

- Go straight along this street.
  （この通りに沿ってまっすぐ行ってください。）
- Turn right at the second corner.
  The library is on your left.
  （２つめの角を右に曲がってください。
  図書館は左手にあります。）

○「～しなさい」（命令）：**Go** straight. や **Turn** right. のように，動詞から始める。道案内でもこの形を使う。

○**Don't ＋動詞 ～.**「～してはいけません。」（禁止）
  ：**Don't play** soccer here. （ここでサッカーをしてはいけません。）

○**Let's ＋動詞 ～.**「(いっしょに)～しましょう。」（勧誘）
  ：**Let's play** soccer. （サッカーをしようよ。）

社会 理科 算数 **英語** 国語

2 道案内をする / 「禁止」・「勧誘」をする

◆ （ ）に当てはまる語を入れよう。

1. まっすぐに３ブロック行ってください。
   (Go) (straight) for three blocks.

2. ３つめの角を左に曲がってください。
   (Turn) left (at) the third corner.

3. 郵便局は右手に見えますよ。
   You can see the post office (on) your
   (right).

4. 手を洗いなさい。
   (Wash) your hands.

5. 通りで遊んではいけませんよ。
   (Don't) play on the street.

6. 動物園へ行こうよ。── うん，そうしよう。
   (Let's) go to the zoo. ── Yes, let's.

参考
block「(四方を通りで囲まれた)区画」

参考
on your right「(進行方向に向かって)右手に」

参考
「いや，よそう。」は，No, let's not. となる。

7. We have an old castle in our town. 189

8 We enjoyed our summer vacation in Australia.

ココが 要点

- We enjoyed our summer vacation in Australia.
  (わたしたちはオーストラリアで夏休みを楽しみました。)
- We played volleyball on the beach.
  (わたしたちは浜辺（はまべ）でバレーボールをしました。)
- 過去のことがらは，動詞の過去形（どうし）《動詞＋(e)d》で表す。
  enjoy → enjoyed / play → played / use → used
  I watch TV every evening. (わたしは毎晩（まいばん）テレビを見ます。)
  → I watched TV yesterday evening.
  (わたしはきのうの晩，テレビを見ました。)

1 過去のことがら《動詞＋(e)d》

◆ （　）に当てはまる語を選ぼう。

1. わたしはきのう台所で母の手伝いをしました。
   I (helped) my mother in the kitchen yesterday.
2. 父は，きのう車を洗（あら）いました。
   My father (washed) his car yesterday.
3. ぼくはいつもはバス通学ですが，きのうは歩いて行きました。
   I usually go to school by bus, but I (walked) to school yesterday.
4. トムはナイフを使って，ビンを開けました。
   Tom (used) a knife and (opened) the bottle.
5. わたしたちは，先週，京都と奈良を訪（おとず）れました。
   We (visited) Kyoto and Nara last week.

> helped / opened / used / visited /
> walked / washed

得点 ➕ プラス

参考 日にち
yesterday「きのう」
today「きょう」
tomorrow「あす」

参考
go to school の go
の代わりに walk を
用いる。

参考 週
last week「先週」
next week「来週」
this week「今週」

ココが 要点

- ●We saw koalas and kangaroos in Australia.
  （わたしたちはオーストラリアでコアラやカンガルーを見ました。）
- ●Our vacation was great!
  （わたしたちの休暇は最高でした。）

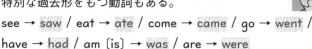

○特別な過去形をもつ動詞もある。

see → saw / eat → ate / come → came / go → went /
have → had / am〔is〕→ was / are → were

社会

理科

算数

英語

国語

2 過去のことがら（特別な過去形）

◆ （ ）に当てはまる語を入れよう。

1. わたしは以前，ネコを飼っていました。
   I（ had ）a cat before.
2. わたしたちは京都へ行きました。
   We（ went ）to Kyoto.
3. リサは去年日本に来ました。
   Lisa（ came ）to Japan last year.
4. わたしたちは夕食に和食を食べました。
   とてもおいしかったです。
   We（ ate ）Japanese food for dinner.
   It（ was ）delicious.
5. わたしたちは古いお寺や神社を見物しました。
   We（ saw ）old temples and shrines.

参考
before「以前」

参考
last year「去年」

参考
for dinner
「夕食として」
What do you have
for dinner?
（夕食には何を食べ
ますか。）

👆 Check Point

（ ）に当てはまる動詞の過去形を入れよう。
meet →（ met ）/ sing →（ sang ）/
speak →（ spoke ）/ run →（ ran ）/
ride →（ rode ）/ buy →（ bought ）

9 Did you enjoy the party?

ココが 要点

You **enjoyed** the party. （あなたはパーティーを楽しみました。）

● Did you **enjoy** the party?

（あなたはパーティーを楽しみましたか。）

—— Yes, I did. / No, I didn't.　（didn't ← did not）

（はい，楽しみました。/ いいえ，楽しみませんでした。）

○ You enjoyed 〜. → **Did** you **enjoy** 〜?

：You enjoyed の前に **Did** を置き，enjoyed を **enjoy** とする。

1 「〜しましたか。」（疑問文）

◆ （　）に当てはまる語を入れよう。

1. トムはパーティーに来ましたか。

　　—— はい，来ましたよ。

　　(Did) Tom (come) to the party?

　　—— Yes, he (did).

2. あなたは宿題をしましたか。

　　—— いいえ，しませんでした。時間がなかったのです。

　　(Did) you (do) your homework?

　　—— No, I (didn't). I didn't have time.

3. すてきなTシャツですね。どこで買ったのですか。

　　That is a nice T-shirt. Where (did) you

　　(buy) it?

4. きのうのパーティーはどうでしたか。

　　—— 最高でした。

　　How (was) the party yesterday?

　　—— It was great.

得点 ➕ プラス

参考 疑問文の形

Tom came 〜.

Did Tom **come** 〜?

参考

do 〜's homework

「宿題をする」

have time

「時間がある」

参考 was [were]の

文の疑問文

The party was ☐.

→**Was** the party ☐?

How was the party?

was [were]を主語の

前に出す。

❶ 過去のことがらを表す疑問文と否定文の作り方をおさえる。
❷ Did you 〜? や Were you 〜? の形をおさえる。
❸ I didn't 〜. や I wasn't 〜. の形をおさえる。

ココが **要点**

I <u>watched</u> TV yesterday.
（わたしはきのうテレビを見ました。）

- I <u>didn't watch</u> TV yesterday.
（わたしはきのうテレビを見ませんでした。）
- I <u>saw</u> Tom this morning, but I <u>didn't see</u> Mary.
（ぼくは今朝トムを見かけましたが，メアリーは見かけませんでした。）
- ○I watched〔saw〕〜. → I **didn't watch〔see〕**〜.
  ：watched〔saw〕の前に **didn't** を置き，watched〔saw〕を **watch〔see〕** とする。

社会 理科 算数 英語 国語

2 「〜しませんでした。」（否定文）

◆ （ ）に当てはまる語を入れよう。

1. きのうは雨がふりました。わたしたちはテニスをしませんでした。
   It rained yesterday. We（ didn't ）（ play ） tennis.

2. わたしたちは神戸へ行きましたが，大阪へは行きませんでした。
   We went to Kobe, but we（ didn't ）（ go ）to Osaka.

3. メアリーはパーティーに来ませんでした。
   Mary（ didn't ）（ come ）to the party.

4. その部屋はとてもせまくて，あまりきれいではありませんでした。
   The room was very small, and it（ wasn't ）very clean.

参考 否定文の形
We played 〜.
→ We **didn't** play 〜.

参考 否定文の形
We went 〜.
→ We **didn't** go 〜.

参考 was〔were〕の文の否定文
was〔were〕のあとに **not** を置く。
wasn't は was not，**weren't** は were not の短縮形。

10 I want to be a nurse.

- What do you want to be in the future?
  （あなたは将来何になりたいですか。）
  —— I want to be a nurse.
  （わたしは看護師になりたいです。）
- ○ I want to be ＋職業 . :「～になりたいです。」

1 「～になりたいです。」

◆ （ ）に当てはまる語を選ぼう。

1. わたしは動物が好きです。動物園の飼育員になりたいです。
   I like （ animals ）. I want to be a （ zookeeper ）.

2. ぼくは理科が好きです。科学者になりたいです。
   I like （ science ）. I want to be a （ scientist ）.

3. わたしは花が好きです。花屋さんになりたいです。
   I like （ flowers ）. I want to be a （ florist ）.

> animals / florist / flowers / science / scientist / zookeeper

参考 職業
doctor「医師」
teacher「教師」
firefighter「消防士」
police officer
「警察官」
bus driver
「バスの運転手」
flight attendant
「飛行機の乗務員」
train conductor
「列車の車掌」

- What do you want to do in junior high school?
  （あなたは中学校で何をしたいですか。）
  —— I want to make many friends.
  （わたしは友だちをたくさん作りたいです。）
- ○「～したい」を表すには，**want to** ～に「～する」（動詞）を続ける。

❶ 将来どんな仕事につきたいかを伝える表現をおさえる。
❷ want to 〜を用いて，相手のしたいことをたずねたり，自分のしたいことを伝える表現をおさえる。

2 「〜したい」の文

◆ （　）内の語(句)を正しく並べかえよう。

1. 夏休みにはどこへ行きたいですか。
   —— オーストラリアへ行きたいです。
   Where (do / go / to / want / you) for the summer vacation?
   —— I (Australia / go / to / to / want).

2. オーストラリアでは何をしたいですか。
   —— コアラとカンガルーを見たいです。
   What (do / do / to / want / you) in Australia?
   —— I (koalas / see / to / want) and kangaroos.

3. 中学校ではどんなクラブに入りたいですか。
   —— ブラスバンドに入りたいです。
   What club (do / join / to / want / you) in junior high school?
   —— I (join / to / want / the brass band).

4. どんな行事を楽しみたいですか。
   —— 体育祭を楽しみたいです。
   What event (enjoy / do / to / want / you)?
   —— I (enjoy / to / the sports day / want).

解答
1. do you want to go / want to go to Australia
2. do you want to do / want to see koalas
3. do you want to join / want to join the brass band
4. do you want to enjoy / want to enjoy the sports day

参考
2つの to に注意。
want to 〜「〜したい」
go to 〜「〜へ行く」

参考
2つの do に注意。
疑問文を作る do と，「〜する」という動詞の do。

参考　学校行事
sports day
「体育祭」
school festival
「学園祭」
chorus contest
「合唱コンテスト」
speech contest
「スピーチ大会」
school trip
「修学旅行」

社会
理科
算数
英語
国語

故事成語・慣用句・ことわざ

① **故事成語**
中国から伝わった、教訓的なもの・**由来**などを表すのが**故事成語**、二つ以上の単語が結びついて元の単語の意味とはちがう意味をもった言葉を**慣用句**、教訓的なものや生活の知恵などを言い表したものを**ことわざ**という。

故事成語
例 五里霧中→どうすべきかわからず、見込みが立たないこと。
例 虎の威を借る狐→強い者のかげにかくれていばる者のたとえ。

② **慣用句** 人の**体の一部**を使ったもの、**動物にたとえたもの**が多い。
例 頭が低い→へりくだる姿勢。例 すずめのなみだ→ほんの少し。
例 猫の額→せまいこと。例 耳が早い→情報を早く知る。
（課題であるという。）

③ **ことわざ** 表現の特徴を知ると覚えやすく、また便利な使い方ができる。→辞書を引く習慣を！
意味を辞書で調べておくこと。

● 何かにたとえて言ったもの
例 あばたもえくぼ・かっぱの川流れ・亀の甲より年の功
● 逆の言い方をしたもの（逆説ともいう）
例 急がば回れ・負けるが勝ち
● 数字を用いたもの
例 石の上にも三年・一寸の虫にも五分の魂

✔ **重要**
熟語や故事成語・慣用句などは、入試によく出るので、一つでも多く覚えるようにすることが大切。

注意 意味をまちがえやすい慣用句やことわざ。必ず辞書で調べておくこと。
・気が置けない
・他山の石
・流れにさおさす
・情けは人のためならず
・木で鼻を括る

参考 数字や同じ漢字を使った四字熟語を覚えよう。
・一期一会　・二転三転
・相思相愛　・絶体絶命
・青息吐息　・正真正銘
・以心伝心　・多事多難

注意 ——線部の漢字をまちがえやすい。意味を辞書で調べておくこと。
・文明開化　・危機一髪
・五里霧中　・単刀直入
・出処進退　・興味津々
・満場一致　・心機一転

次の慣用句とほぼ同じ意味の言葉をあとから選んで、記号で答えなさい。
(1) 目を見張る
(2) こしを上げる
(3) 肩を貸す
(4) 目から鼻へ抜ける
(5) うでが上がる
ア 感心　イ 上達
ウ 実行　エ 助力
オ 利口
（明治大付属中野中－改）

解答
(1) 故障　(2) 奮起
(3) 宣言　(4) 時雨
(1) ア　(2) イ　(3) オ
(4) ウ　(5) エ
(1) ア　(2) ウ　(3) イ
(4) エ　(5) オ

ここでは、いろいろな言葉の意味を正しく理解しよう。

1 熟語　熟語とは、「人間」のように、人と間という二つの単語が意味をもって結びついてできた一つの言葉。

例　学〈がく〉を用いた熟語→**入学・学校・共学・学業**　など。

◆**熟語の意味をつかむ**…熟語の漢字一つ一つを訓読みすると熟語の意味がわかるものが多くある。

例　共学→**共**に**学**ぶ。　例　報告→**報**せて**告**げる。

2 外来語　中国以外の外国から日本に入ってきた言葉を、**外来語**という。外来語の言葉の意味を調べて正しく理解しよう。

例　**コミュニケーション**〈会話・伝達・交流〉、**ガイド**〈案内〉、**トラブル**〈故障〉、**アイディア**〈思いつき〉　など。

3 漢語　中国から伝わった言葉で、音読みで表される。漢語でわかりにくい言葉でも、ほぼ同じ事を言い表す和語（もともと日本にある言葉で、訓読み表記。大和言葉ともいう）を使うと、意味を取りやすくなる。同じ意味を表す漢語―和語の組み合わせに次のようなものがある。

例　調査―調べる　昼食―昼飯　住居―住まい

得点＋プラス

注意　読み方によって意味がちがってくる熟語。

① **上手**　絵が上手だ。〈じょうず〉　舞台の上手。〈かみて〉

② **下手**　絵が下手だ。〈へた〉　舞台の下手。〈しもて〉

③ **一見**　一見役者風だ。〈いっけん〉　一見の客。〈いちげん〉

④ **物心**　物心両面の援助。〈ぶっしん〉　物心がつく。〈ものごころ〉

熟語の読み方には音読みと訓読みの他に、上の漢字を音読み・下の漢字を訓読みする**重箱読み**（団子・番組などと、上の漢字を訓読み・下の漢字を音読みする**湯桶読み**（手本・場所など）がある。

チェックテスト

1 次の——線部のカタカナを漢字で書きなさい。

(1) 車がコショウした。

(2) フンキして勉強する。

(3) 頑張るとセンゲンした。

(4) シグレが降ってきた。

（千葉明徳中）

2 次の外来語と日本語を結び、記号で答えなさい。

(1) メリット　(2) モチーフ

(3) ニーズ　(4) ダイエット

(5) バランス

ア 利点　イ 題材

ウ 減量　エ 均衡

オ 要求

（日本大第二中・他・改）

例　母が先生に申しあげる。

例　先生のお宅にうかがう。

例　お土産を先輩にさしあげる。

例　お手紙を拝見する。

❸　特別な謙譲表現…「お（ご）〜する（いたす）」

例　わたくしが先生の荷物をお持ちします。

丁寧語　相手（聞き手）に対して丁寧に言ったり、物ごとや動作を丁寧に言うときの言葉。

●　「ます」「です」「ございます」などを用いた丁寧な表現。

例　わたくしがまいります。

例　岡本でございます。

例　あれが母校です。

2　敬語の正しい使い方

敬語を用いるとき、次の点に注意する。

❶　尊敬語と謙譲語の混同をしない

例　社長が申されました。　×
　　→社長がおっしゃいました。　○

例　先生、いつうかがいますか。　×
　　→先生、いつおいでになりますか。　○

❷　敬語の重複使用や付け過ぎをしない

尊敬語を用いるべきなのに、謙譲語を用いている。

例　お話しになられる。　×　×
　　→お話になる。　○　○　○

おケーキ　×　　おはし　×

✔重要

「敬語」の使い分けは、多くの生徒が苦手にしていることである。動作の主体や受け手に注目して、「尊敬語」か「謙譲語」かをまず見分けられるようにしよう。

注意

① 「あげる」は謙譲語なので、次のような場合は「あげる」ではなく「やる」を用いる。

例　子どもにこづかいをあげる。×謙譲　→やる。○

例　花に水をあげる。×謙譲　→やってください。

② 「尊敬」表現の特別な形を覚える。

例　お書きになる。

例　ご心配になる。

例　ご心配なさる。

③ 「謙譲」表現の特別な形を覚える。

例　お書きする。

例　ご通知する。

例　ご通知いたします。

例　ご通知申しあげる。

ているものに×をつけなさい。

(1) 先生が宿題をしなさいとおっしゃいました。

(2) 母は、金魚にえさをあげた。

(3) お客様、受付で聞いてください。
　　（筑紫女学園中）

解答

(1)
① さしあげる
② うかがう
③ いらっしゃった（来られた）
④ おっしゃった

(2)
① いただく
② うかがう
③ お届けする

(1) ○
(2) ×
(3) ×

1 敬語とは

会話や文章にするとき、相手(聞き手や読み手)に対して**敬意(敬う・相手を立てる)を表す言葉**。次の三種類がある。

❶尊敬語

相手や話題にする人物などを尊敬する(敬う)ときの言葉。

● **動詞**を使った尊敬語…言う→**おっしゃる** 話す→**お話しになる** など。

例 社長さんが**おっしゃる**。 例 先生が**お話しになる**。

● **助動詞「れる」「られる」**を使った尊敬語…話す→**話される** 来る→**来られる(いらっしゃる)** など。

例 先生が話される。 例 お客さんが来られる(いらっしゃる)。

(注)「いらっしゃる」「おっしゃる」「くださる」「めしあがる」などの尊敬語に変化するような動詞は、助動詞「れる」「られる」を使うより、これらを用いることが多い。

❷謙譲語

自分や自分の身内(家族・勤務先の社員など)を**へりくだって**(謙そんして)言うことにより、**相手に敬意を表すときの言葉**。

● **動詞**を使った謙譲語…言う→**申しあげる(申す)** たずねる→**うかがう** もらう→**いただく** など。

けんじょう
相手を立てること。

みうち

する→**いたす** あげる→**さしあげる**

注意 敬語の重複使用やつけ過ぎをしない。
→お聞きになられる。
→お聞きになる。

例 おご飯→ご飯

注意 敬語には、動作を表する人に対して敬意を表すもの(尊敬語)と、動作を受ける人に対して敬意を表すもの(謙譲語)があるので、どちらに敬意を表しているかを見分ける必要がある。

合格への
アドバイス

❶ 敬語の正しい使い方を身につけよう。
❷ 尊敬語・謙譲語・ていねい語の区別を確実に身につけよう。
❸ 例文で敬語のちがいを確実なものにしよう。

チェックテスト

1 次の敬語に関する問いに答えなさい。

(1) 〜〜〜線部を、——線部に対する敬語表現にしなさい。
① 先生にお礼をやる。
② お客様の意見を聞く。
③ 先生が来た。
④ お客様が申された。

(2) ——線部を謙譲表現にしなさい。
① 早速食べる。
② 先生のお話を聞く。
③ 商品を明日届ける。

2 次の(1)〜(3)の——線部の敬語の使い方が正しいものに○、まちがえ

❶ **助動詞の種類**　れる・られる・ない・そうだ・ようだ・だ　など多くあり、いろいろな意味をもつ。

❷ **助動詞の使い方**　文章中でどのように使われているか、文例で確かめよう。

● **受け身の形として使われるもの。**
例　他人から悪口を言わ**れる**。
例　犬に追わ**れれ**ば、私は逃げる。

● **尊敬の表現として使われるもの。**
例　先生が本を読ま**れる**。
例　社長が家に来ら**れる**。

● **打ち消しの表現として使われるもの。**
例　二度と言い訳は**しない**。
例　外で遊ぶことが出来**ない**。

● **推しはかる言い方**（推量や推定）をするときに使われるもの。
例　今夜は星がきれいだろ**う**。
例　明日は雨が降る**らしい**。

● **希望を表現するときに使われるもの。**
例　妹はゲームを**したがる**。
例　外で思い切り遊び**たい**。

● **他から伝え聞いたこと**（伝聞）を言い表すときに使われるもの。
例　弟はまったく知らない**そうだ**。
例　オリンピックは延期だ**そうです**。

✓重要

助詞や助動詞は、文章を書くときや言葉で会話をするときに、なくてはならないもの。助詞と助動詞の区別の仕方は、助詞は言葉が変化（活用）せず、助動詞は言葉が「れる→れ」のように変化（活用）することだ。

---

②助動詞→まるで牛のような犬だ。（比喩の助動詞）

注意　入試で助詞や助動詞の種類を問われることはあまりないが、上に書いたような使い方があることを知っておくと、文の中で助詞や助動詞を見つけやすくなる。

参考　接続詞と感動詞
①接続詞…文や文節、単語どうしをつなぐ言葉。
例　だから・しかし・また・さらに・つまり・あるいは　など。
例　本を読みたい。しかし時間がない。

②感動詞…感動や呼びかけ・あいさつを表す言葉。
例　おや・まあ・うん・もしもし・はい・さあ・おはよう・えっ　など。

---

(1) 真面目に勉強に取り組んだ。（　）結果は不合格だった。

(2) 人口が減少傾向にある。（　）出生数が少ないからだ。

(3) あなたが好きなのは野球ですか、（　）サッカーですか。

(4) 学校から帰った。（　）何をしようかな。

ア　しかし　　イ　なぜなら
ウ　だから　　エ　それとも
オ　および　　カ　さて

解答

(4)カ	(1)ア	(9)ア	(7)イ	(5)ア	(3)イ	(1)イ
	(2)イ	(10)イ	(8)イ	(6)イ	(4)イ	(2)ア
						(3)エ

社会 | 理科 | 算数 | 英語 | 国語

1 助詞

助詞 自立語について他の語との関係を示したり、文を作るときに他の語についてその語の**はたらき・意味をはっきりさせたりする**もの。また、名詞や他の助詞について主語などの文節を作る。助詞は、その言葉のみでは**文節を作れない**（意味をもたない）ので、**付属語**といわれる。

❶ **助詞の種類** **が・の・で・に・な・より・から・でも** など。

❷ **助詞の使い方**

● 「目」「花」などの**ものの名前**（名詞）につくもの。

例 **目が**覚めた。　例 **花の**美しさに見入る。

例 山頂で二人は出会った。　例 **東京駅に**着いた。

● 語と語をつないだり、意味を加えたりするはたらきをもつもの。

例 雨**でも**降りそうな雲行きだ。

例 野球も**し**たい**し**、サッカーもしたい。

例 寒い**ので**カイロを使う。

2 助動詞

助動詞 文を作るときに他の語についてその語に**意味をつけ加える**はたらきをするもの。助詞と同じく付属語であるが、活用（語形変化）できる。

合格への
アドバイス

❶ 助詞と助動詞の区別を理解し、文例で適切な使い方を身につけよう。

❷ 助詞は、活用（語形変化）がなく、助動詞は活用（語形変化）があることを理解しよう。

得点＋プラス

注意 ①助詞…「目覚めた」でははっきりとした意味をもたないが「目が覚めた」と「が」をつけると意味がはっきりとする。この「が」のような役目をするのが助詞。

②助動詞…「動」は語が変化する（動く）＝活用すると覚えるのもよい。

例 一つの文に助動詞が二つ使われることもある。

例 父は教師で、母は看護師だ。

参考 「な」は助詞・助動詞の両方に使われる。

①助詞→ひどいことをするな。（禁止を表す助詞）

チェックテスト

1 次の各文の──線部について、助詞はア、助動詞はイと答えなさい。

(1) こちらは父で、隣は母です。

(2) 同窓会で会いましょう。

(3) 高野山はすずしいそうだ。

(4) 明日の練習には行かない。

(5) きれいな花がさいた。

(6) 雨が降って試合は中止だ。

(7) ぽちぽちでかけよう。

(8) 物価が上がるらしい。

(9) ここから学校までは遠い。

(10) 水が飲みたい。

2 次の文の（　）に適切な接続詞をあとから選んで記号を入れなさい。

擬態語と擬声語

❶ 擬態語

人や動物などの動きや気持ちを言い表すための言葉。

● 人や動物やものの動き・様子を表すもの。

例　友だちがにっこりと笑顔を見せた。

例　水面からゆらゆらと蒸気が立ち上っていた。

例　人ごみの中をただうろうろ歩き回った。

例　多くの人にじろじろと見られるのは気分が悪い。

● 人の気持ちや感覚を表すもの。

例　一心に本を読んだ。

例　ついうっかり時間におくれてしまった。

例　無事に引っ越しを終え、ほっと一息ついた。

例　難しい問題をじっくりと考える。

❷ 擬声語

動物の声やものの音などをまねて言い表す言葉。擬音語ともいう。

例　強い風で雨戸ががたがたと鳴っている。

例　大勢の人が集い、がやがやとにぎやかなことだ。

例　夕方になるとカラスがぎゃあぎゃあとにぎやかだ。

✔重要

副詞は、ものの状態・性質・程度を表す言葉。例文で使い方をしっかりと覚えること。また、**擬態語**や**擬声語**は、文章でしばしば用いられるので、見分ける力をつけておく必要がある。

注意 文章中から擬態語や擬声語を選ぶ問題がよく出される。

● 擬態とは態度や様子を似せる（まねる）こと、擬声とは声や音を似せること。この意味をしっかりと身につけておくことが大事。

参考 擬態と似た言葉に、何かに例えて言い表す「比喩」がある。

例　君は太陽だ。

例　山田君は星のように輝いている。

次の各文の（　）に適切な擬態語あるいは擬声語をあとから選んで記号で答えなさい。

(1) 小枝に小鳥がとまって（　）鳴いている。

(2) ろう下を（　）走らないこと。

(3) はげしい夕立が（　）降ってきた。

(4) 弟は（　）よくしゃべる。

ア　ざあざあと
イ　ピーピーと
ウ　ばたばたと
エ　ぺらぺらと

解答

(1)イ　(2)ウ　(3)ア
(4)エ
ようやく　とても
ほのぼのと
イ・エ

社会 理科 算数 英語 国語

1 副詞とは ものの**状態・性質・程度**を表す言葉で**動詞・形容詞・形容動詞**などを修飾するはたらきをもつ。また、あとに続く言葉が**特定の表現**になるもの（**呼応するもの**）がある。（「**副**」はそえる・助ける、「**詞**」は言葉、という意味がある。）

❶ 状態を表す副詞

例 ゆっくり 歩く。

例 しばらく 会っていません。

例 ほのぼのと した雰囲気が感じられる。

❷ 程度を表す副詞

例 今朝はとても 寒い。

❸ 呼応の副詞 あとに**特定の「言葉」**が続くもの。（陳述の副詞ともいう）

例 明日は おそらく 雪が降るだろう（**推量**）。

例 決して うそを言わない（**打ち消し**）。

例 なぜ そんなことをしたのですか（**疑問**）。

例 もし 合格できたら（**仮定**）お祝いをしよう。

例 どうか 無理をしないでください（**願望**）。

例 父はいつも 元気だ。（陳述の副詞と もいう）

合格へのアドバイス

❶ 状態や程度あるいは、特別な約束に基づいて用いる副詞（呼応の副詞）を理解しよう。

❷ 擬態語と擬声語のちがい、適切な用い方を身につけよう。

得点＋プラス

注意 副詞とは？と考えるとむずかしそうだが、ものや様子の状態・性質・程度を表す言葉と覚えておこう。

★「呼応」の副詞がやや難しいが、上にあげたもの以外では、

推量→きっと・たぶん

打ち消し→まだ・まったく

疑問→どうして

仮定→たとえ・仮に

願望→ぜひ・どうぞ

打ち消し推量→まさか・よもや

などを覚えて文章で使えるようにしておくことが大切。

チェックテスト

1 次の文章中から、副詞をぬき出して答えなさい。

家を出発してから二時間経ち、ようやく母の実家の長野に到着した。そこには小学五年生の時に見た、とてもなつかしいほのぼのとしたなかの景色があった。

2 次の文で言葉の使い方が不適切なものを答えなさい。

ア おそらく雨だろう。

イ どうしてだれが来るだろう。

ウ まさか負けるとは。

エ たとえ勝利したがうれしくない。

❸ **修飾語** あとにくる言葉（文節）を詳しく説明する言葉。「どんな」「どんなに」と様子などを表すものがある。

例 <u>赤い</u> 夕焼けを見た。 赤い→修飾語

例 イチョウが <u>きれいに</u> 色づいた。 きれいに→修飾語

なお、「夕焼け」「色づいた」は説明されている言葉で、これらを**被修飾語**という。
→［被］には「受ける」という意味がある。

3 文節と文節の関係

❶ **係り受け** 主語・述語、修飾語・被修飾語など、意味の上でもつながりを係り受けという。

❷ その他の文節の関係
● 対等（並立） 二つの言葉が対等の関係。
例 <u>赤く 美しい</u> 花。

● 補助 あとの言葉が前の言葉の意味を補足する。
例 美しい 花が <u>さいて いる</u>。 補助

● 独立 他の言葉と直接のつながり（係り受け）がない。
例 <u>いいえ</u>、花は 好きでは ありません。

● 接続 接続語で前後の言葉をつないだ関係。
例 美しく <u>そして</u> かれんな 花だ。

✓**重要**
修飾語と被修飾語の関係は、あとの言葉に係るのが**修飾語**、受けるのが**被修飾語**。この関係を理解しておく。

ことば 「係り受け」に注意。あとの言葉と結びつくことを「係る」、前の言葉と結びつくことを「受ける」と覚えてもよい。

参考 修飾語の係り方には次のようなものがある。
① 主語を修飾する
修飾語 主語
白い 雲が 浮かんでいる。
② 述語を修飾する
修飾語 述語
雲が たくさん 浮かんでいる。

次の文の──線部が修飾する語を答えなさい。
(1) 満天の星空をながめる。
(2) するどく球筋が変化した。
(3) はげしい雨に降られた。
(4) 白い梅がたくさんさいた。

解答
(1) 私は／ラグビーの／試合を／観戦した。
(2) 新幹線から／富士山が／きれいに／見えた。
(3) 平成から／令和に／時代が／変わった。

(1) 【主】傷は 【述】何
(2) 【主】女優さんは 【述】きれいだ
(1) 【主】私は 【述】中学生だ
(3) 【主】空は 【述】広い
(4) 【主】私は

(1) 星空 (2) 変化した (3) 雨 (4) さいた

社会
理科
算数
英語
国語

1 文とは

文とは **文節**や文節をつくる**単語**から成り立つ。

例 私は家族といっしょに東京に旅行した。

① 文節

意味がわかるところで文を短く切ったときの**言葉のまとまり**。例文を文節に分けると、次のようになる。

私は（ね）／家族と（ね）／いっしょに（ね）／東京に（ね）／旅行した。

「**ね**」「**さ**」「**よ**」などを入れて読むと文節の区切りがよくわかる。

② 単語

文節を言葉の意味ごとに最も小さく分けたもの。

私／は／家族／と／いっしょ／に／東京／に／旅行し／た。

2 文の型

文には次の例のように基本的な三つの型（**文の基本型**）があり、文は主語・述語・修飾語によって構成される。

① 主語

「何が（は）」にあたる文節。「列車が」「水が」「私は」

例 列車が／走る。 →何が（は）どうする。

例 水が／きれいだ。 →何が（は）どんなだ。

例 私は／人間だ。 →何が（は）何だ。

② 述語

「何が（は）」にあたる文節。「どうする」「どんなだ」「何だ」にあたる文節。

得点＋プラス

注意 単語とは、文の最小単位と覚えよう。

参考 文・文節、主語・述語、修飾語などの仕組みや決まりのことを「**文法**」という。文法を理解することは日本語を正しく使うことにもつながる。

注意 文の構造を知るには、まず主語と述語をおさえるようにする。

例 私は東京へ行く。 主語・述語あり。

例 東京へ行く。 主語なし。

例 私は東京へ。 述語なし。

例 述語が省かれている文章もある。

合格へのアドバイス

❶ 文は何から成り立っているかを知ろう。
❷ 文には、主語・述語・修飾語があることを理解しよう。
❸ 主語・述語・修飾語とは、何かを理解しよう。

チェックテスト

1 次の文を文節に分けなさい。

(1) 私はラグビーの試合を観戦した。

(2) 新幹線から富士山がきれいに見えた。

(3) 平成から令和に時代が変わった。

2 次の文の主語と述語になる一文節を答えなさい。

(1) 何、その顔の傷は。

(2) 女優さんは、きれいだ。

(3) 空は広い。

(4) 私は中学生だ。

⑥ 絶好のキカイが到来（とうらい）した。
　体育の時間にキカイ体操をした。

⑦ 車の通行がキセイされた。
　キセイ虫を駆除（くじょ）する。
　故郷（きょう）にキセイした。

⑧ 建築キジュンに沿（そ）った設計。
　中学生の行動キジュンを守る。

⑨ ソウゾウ的な仕事がしたい。
　自分の将来をソウゾウする。

⑩ 国民からのシジを得て当選した。
　コーチのシジに従う。
　有名な先生にシジする。

⑪ コウガイ防止に努める。
　このことはコウガイしないこと。
　町のコウガイに住んでいる。

⑫ 社説のヨウシをまとめる。
　コピーヨウシを準備する。
　ヨウシが整った人。

⑬ 地震（じしん）の発生はヨチできない。
　考えるヨチがない。

機会　器械　規制　寄生　帰省　基準　規準　想像　創造　支持　指示　師事　公害　口外　郊外　要旨　用紙　予知　容姿　余地

---

⑧ 県庁（けんちょう）にツトめる。
　会議の議長をツトめる。
　問題の解決にツトめる。

⑨ 海で魚をトる。
　本を手にトる。
　食事をトる。
　有望な新人をトる。

⑩ 富士山の頂上にタつことができた。
　友人との交流をタつ。
　布をはさみでタつ。

⑪ 問題をトくことができた。
　ありがたい教えをトく。

⑫ お墓に花をソナえる。
　災害にソナえる。

⑬ 社長にカワってあいさつをする。
　大雨で川の流れがカわる。

⑭ 野球大会の一回戦でヤブれた。
　書き損じた紙をヤブる。

⑮ 絵具の色が服にツく。
　郵便（ゆうびん）物が速達でツいた。
　社長の地位にツく。

勤　務　努　獲　取　摂　採　立　断　裁　解　説　供　備　代　変　敗　破　付　着　就

同音異義語

① 車いすにイジョウした。　（移乗）
　 夏なのにイジョウにすずしい。　（異常）

② イシの疎通を欠く。　（意思）
　 兄の進学のイシは固い。　（意志）

③ 呼吸キカンには肺がある。　（器官）
　 日本のキカン産業を調べる。　（基幹）
　 長いキカン海外で生活した。　（期間）

④ 運動場を地域にカイホウした。　（開放）
　 人質がカイホウされた。　（解放）
　 病状がカイホウに向かう。　（快方）
　 子ども会のカイホウを配る。　（会報）

⑤ 算数の問題のカイホウを学んだ。　（解法）
　 雑誌をカンコウする。　（刊行）
　 外国人カンコウ客が多い。　（観光）
　 従来のカンコウに従って行動する。　（慣行）

同訓異字

① 友人にアう。　（会）
　 意見がアう。　（合）

② 正体をアラワす。　（現）
　 伝えたいことを文でアラワす。　（表）
　 紀行文をアラワす。　（著）

③ 責任をオう。　（負）
　 犯人をオう。　（追）

④ 目がサめる。　（覚）
　 お湯がサめる。　（冷）

⑤ 図書室に本をカエす。　（返）
　 生徒を早めにカエす。　（帰）

⑥ 食器をたなにアげる。　（挙）
　 手をアげる。　（上）

⑦ 新幹線はハヤい。　（速）
　 今朝はハヤく目がさめた。　（早）

#	語		対義語
❶	悪評	↔	好評
❷	野党	↔	与党（よとう）
❸	往信	↔	返信
❹	消極	↔	積極
❺	流動	↔	固定
❻	束縛（そくばく）	↔	解放
❼	革新	↔	保守
❽	建設	↔	破壊（はかい）
❾	主観	↔	客観
❿	生産	↔	消費
⓫	興奮（こうふん）	↔	冷静
⓬	安楽	↔	苦労
⓭	分析（ぶんせき）	↔	総合
⓮	具体	↔	抽象（ちゅうしょう）
⓯	現実	↔	理想
⓰	集合	↔	解散
⓱	相対	↔	絶対
⓲	購入（こうにゅう）	↔	売却（ばいきゃく）
⓳	分解	↔	合成
⓴	楽観	↔	悲観
㉑	需要（じゅよう）	↔	供給
㉒	主役	↔	脇役（わきやく）
㉓	帰着	↔	出発
㉔	不備	↔	完備
㉕	国産	↔	舶来（はくらい）
㉖	権利	↔	義務
㉗	玄人（くろうと）	↔	素人（しろうと）
㉘	自立	↔	依存（いそん）
㉙	反抗（はんこう）	↔	服従
㉚	天然	↔	（人工／人造）
㉛	模倣（もほう）	↔	独創
㉜	協力	↔	（妨害（ぼうがい）／分担）
㉝	放任	↔	（統制／干渉（かんしょう））
㉞	大胆（だいたん）	↔	小心
㉟	昇格（しょうかく）	↔	降格
㊱	理論	↔	実践（じっせん）
㊲	直接	↔	間接
㊳	拡大	↔	縮小
㊴	乱読（らんどく）	↔	精読

8 類義語・対義語

類義語

合格へのアドバイス

❶ 同じ漢字が使われている類義語に注意しよう。

❷ 類義語と対義語（反対語）をまちがえないようにしよう。

❶	❷	❸	❹	❺	❻	❼	❽	❾	❿	⓫	⓬
興味	品格	決心	風景	原始	上手	用意	不平	規則	性質	責務	未来
‖	‖	‖	‖	‖	‖	‖	‖	‖	‖	‖	‖
関心	気品	決意	景色	未開	得意	準備	不服	規定	気質	責任	将来

⓭	⓮	⓯	⓰	⓱	⓲	⓳	⓴	㉑	㉒	㉓	㉔
必然	互角（ごかく）	永遠	拡大（かくだい）	改良	休養	節約	綿密	計画	使命	了解（りょうかい）	願望
‖	‖	‖	‖	‖	‖	‖	‖	‖	‖	‖	‖
必至	対等	永久	拡張	改善	静養	倹約	細心	企画	任務	承知	希望

㉕	㉖	㉗	㉘	㉙	㉚	㉛	㉜	㉝	㉞	㉟	㊱
期限	追想（ついそう）	欠乏（けつぼう）	敬服	著名（ちょめい）	機能	進歩	長所	世論	重宝	目標	落胆（らくたん）
‖	‖	‖	‖	‖	‖	‖	‖	‖	‖	‖	‖
期日	回想	不足	感服	有名	作用	向上	美点	民意	便利	目的	失望

㉑ 前代未聞
→ これまで一度も聞いたことがないほどめずらしいできごと。

㉒ 公平無私
→ なにごともかたよらず、私心が入らず公平なこと。

㉓ 品行方正
→ 行いや心がきちんとして模範的であること。

㉔ 絶体絶命
→ 追いつめられてどうしても逃げることができない状況。

㉕ 適材適所
→ 特性や能力に照らして、その人に合った地位や仕事につけること。

㉖ 大同小異
→ 細部のちがいはあるが、全体的にほぼ同じこと。

㉗ 有象無象
→ たくさん集まった、取るに足りない人やもの。

㉘ 自業自得
→ 自分がした悪いことの報いを自分で受けること。

㉙ 針小棒大
→ ちょっとしたことを大げさに言うこと。

㉚ 古今東西
→ あらゆる場所で、あらゆる時代で。

㉛ 本末転倒
→ 物事の重要なところとそうでないところを逆に扱うこと。

㉜ 主客転倒
→ 物事の順序や立場などが逆になること。

㉝ 意味深長
→ 文章や発言に、深い別の意味が隠されていること。

㉞ 無我夢中
→ 我を忘れるほどあることに熱中すること。

㉟ 無病息災
→ 病気をすることなく健康である様子。

㊱ 一望千里
→ 一目で遠くまで見渡せるほど景色が開けていること。

㊲ 有為転変
→ 世の中は常に移り変わり、とどまることはないこと。

㊳ 夏炉冬扇
→ 時期外れで役に立たないもののたとえ。

㊴ 起死回生
→ ほとんどだめと思っていたことを立て直すこと。

㊵ 枝葉末節
→ たいして重要ではない、ささいなこと。

㊶ 広大無辺
→ 広くて果てのないこと。

㊷ 弱肉強食
→ 弱い者の犠牲で強い者が栄えること。

㊸ 出処進退
→ その職にとどまるかやめてしまうかという我が身の振り方。

㊹ 前人未到
→ 今までだれもやらなかったこと。

㊺ 天変地異
→ 自然界に起こる災いや異常な出来事。

㊻ 臨機応変
→ その場の成り行きに合わせて、適切な方法・手段を取ること。

❶ 右往左往
→ うろたえてあちこち動き回ること。

❷ 空理空論
→ 現実とかけ離れた役に立たない考え。

❸ 日進月歩
→ 絶え間なく進歩すること。

❹ 一期一会
→ 一生に一度だけの出会い。

❺ 一挙一動
→ 一つ一つのふるまい。

❻ 以心伝心
→ 言葉にしなくても思いが通じること。

❼ 奇想天外
→ ふつうでは思いつきそうにないくらい考えなどが奇抜であること。

❽ 因果応報
→ やってきたこと（多くは悪いこと）に相応の報いがあること。

❾ 試行錯誤
→ 困難な状態のとき、色々試して失敗をくり返しながら解決に向かっていくこと。

❿ 危機一髪
→ わずかな余地しかなくきわどい状況にあること。

**合格への
アドバイス**

❶ 漢数字を使ったものや、同じ漢字を使った四字熟語を覚えよう。

❷ 四字熟語の意味をしっかりと覚えて、使えるようにしよう。

⓫ 言語道断
→ 言葉では言い表せないほどひどいこと。

⓬ 異口同音
→ 多くの人がそろって同じ意見を言うこと。

⓭ 我田引水
→ 自分の都合のよいようにすること。

⓮ 完全無欠
→ 完全で、少しも欠点や不足がないこと。

⓯ 破顔一笑
→ 顔をほころばせて、にっこりと笑うこと。

⓰ 他力本願
→ 自分でどうにかしようとしないで、他人の力をあてにすること。

⓱ 二転三転
→ 情勢・態度・発言などが次々変わること。

⓲ 千客万来
→ 多くのお客さんが次々にやってくること。

⓳ 心機一転
→ あることがきっかけとなって、心持ちをすっかり変えること。

⓴ 海千山千
→ 経験を積んで、世の中の表も裏も知り尽くしたずるがしこい人のこと。

㉑ 身を削る ➡ 体がやせ細るほど非常に苦労したり心配したりすること。

㉒ 目が高い ➡ 物の良し悪しを見分ける力があるということ。

㉓ 金言耳に逆らう ➡ 格言は、正しく立派すぎて人の感情を害し、聞き入れられない。

㉔ 論より証拠 ➡ りくつを言うよりも証拠を出すほうが明確になるということ。

㉕ 白羽の矢が立つ ➡ 多くの人の中から特別に選ばれること。

㉖ 手が足りない ➡ 何かをしようとしたとき、人数が足りないこと。

㉗ 手塩にかける ➡ 自分でめんどうを見て、大切に育てること。

㉘ へそで茶をわかす ➡ ばかばかしくて仕方がないこと。おかしくてたまらないこと。

㉙ 石の上にも三年 ➡ どんなに辛くても、がまんすれば報われる時が来るということ。

㉚ 氷山の一角 ➡ 表面に現れたことは全体の一部分であるということ。

㉛ 虫がいい ➡ 自分の都合だけを考えて身勝手であつかましいこと。

㉜ 身もふたもない ➡ はっきりと表現しすぎておもしろ味がないこと。

㉝ 他山の石 ➡ 他人の誤った言動も、自分の戒めとして役立てること。

㉞ 根も葉もない ➡ まったくよりどころとなるものがないこと。

㉟ 人を食う ➡ 相手をばかにしたような態度をとること。

㊱ 非の打ち所がない ➡ まったく欠点がないこと。

㊲ 筆をおく ➡ 文章を書くのをやめること。

㊳ 下手の横好き ➡ 下手なのにそのことが好きで熱心にやっていること。

㊴ 船をこぐ ➡ いねむりをしてからだがゆれている様子。

㊵ まな板のこい ➡ 相手のなすがままになるしかないこと。

㊶ 水と油 ➡ おたがいに気がまったく合わないこと。

㊷ さばを読む ➡ 数をごまかして自分の都合のいいようにすること。

㊸ 水のあわ ➡ これまでの努力が無駄になること。

㊹ 耳が痛い ➡ 弱いところをつかれて聞くのが辛いということ。

㊺ 脈がある ➡ 望みや見込みがあるということ。

㊻ 住めば都 ➡ 長く住むと、どんな所でも良く思えてくること。

① 手を焼く
→ 上手くできなくて困っている様子。てこずる。

② 頭が上がらない
→ 相手に負い目を感じ、対等にふるまえない。引け目を感じる。

③ 年寄りの冷や水
→ 年齢にふさわしくないふるまいをすること。

④ 内助の功
→ 外で働く人を家庭内で支える身内の功績。

⑤ 名は体を表す
→ 名前はその人の中身や実質を表しているということ。

⑥ 猫に小判
→ 価値がわからない人には貴重なものを与えても無駄であること。

⑦ 乗りかかった船
→ やりかかった以上、途中でやめるわけにはいかない。

⑧ 根に持つ
→ 深くうらんでいつまでも忘れない。

⑨ 羽をのばす
→ 自由になってのびのびすること。

⑩ 腹が黒い
→ 心に悪い考えを抱いていること。

⑪ 元も子もない
→ 何もかもなくしてしまうこと。

⑫ 鬼の目にも涙
→ 非情な者でも時に感情に流され、優しい態度を取ることがある。

⑬ 風の便り
→ どこからともなく伝わってくるうわさ。

⑭ ひざを進める
→ 強い興味を持ち身を乗り出す。

⑮ 胸を張る
→ 自信のある、堂々とした態度を示す。

⑯ はきだめに鶴
→ その場に不つり合いな立派なものがあること。

⑰ 無用の長物
→ あっても役に立たず、かえって邪魔になること。

⑱ 弱り目にたたり目
→ 不運な状況に不運が重なること。

⑲ 歯に衣着せぬ
→ 遠慮なくずけずけと物を言うこと。

⑳ 郷に入っては郷に従え
→ ちがう土地に行ったらその土地のやり方に合わせるのがよい。

💡 合格への
アドバイス

① 慣用句・ことわざ辞典などで用例や類似する言葉、反対の意味を持つ言葉を調べよう。

② 慣用句・ことわざで使われている漢字の読み方をしっかりおさえよう。

㉑ 顔から**火**が出る
→ はずかしくて、赤面すること。

㉒ **気**は心
→ 手渡すものはささやかでも気持ちがこめられていること。

㉓ **口**が軽い
→ 言ってはいけないことまで言ってしまうこと。

㉔ **芸**は身を助く
→ 身についた特技などが生活の役に立つこと。

㉕ **心**をくだく
→ 何かと心配すること。

㉖ **腰**が低い
→ 他人に対して丁寧で、謙そんしていること。

㉗ **言葉**をにごす
→ あいまいな言い方をすること。

㉘ **小耳**にはさむ
→ 聞くつもりはなくてちらっと聞くこと。

㉙ **後足**で砂をかける
→ 恩義を裏切るだけでなくさらに迷惑をかけて去ること。

㉚ しりに**火**がつく
→ 事態が差しせまって追いつめられた状態。

㉛ **図**に乗る
→ 思い通りになると思ってつけあがること。

㉜ **背**に腹はかえられない
→ 追いつめられて、他を犠牲にするしかないこと。

㉝ 焼け石に**水**
→ わずかばかりの援助では、ほとんど効果がないこと。

㉞ **元**のもくあみ
→ いったんよくなったことが元の悪い状態にもどること。

㉟ **目**が肥える
→ よいものを見慣れて、本物の価値が見分けられること。

㊱ **目**の毒
→ 悪い影響を受けるものや、見ない方がよいもの。

㊲ 盗人に追い**銭**
→ 損をした上にさらに損を重ねること。

㊳ **音頭**を取る
→ 大勢で何かをする時に先頭に立って進めること。

㊴ **烏**の行水
→ 入浴時間が極端に短いこと。

㊵ あげ**足**を取る
→ ちょっとした失言や失敗をとらえて言いがかりをつけたりすること。

㊶ **馬子**にも衣装
→ 立派な服装をすると、だれでも立派に見えること。

㊷ **虫**が知らせる
→ 何か悪い事が起こるのではないかと予感がすること。

㊸ のれんに**腕**押し
→ 少しも手ごたえのない様子。

㊹ **爪**に**火**を灯す
→ 非常に貧しいこと。またはひどくけちである様子。

㊺ 立て板に**水**
→ すらすらとよどみなく話すこと。

㊻ 木で**鼻**を括る
→ 冷たくあしらったり、無愛想に対応したりすること。

❶ 気が置けない
→ 気をつかわなくてもよいこと。

❷ かわいい子には旅をさせよ
→ 子どもは甘やかさないで苦労をさせるほうがよい。

❸ いもを洗うよう
→ たくさんの人がいて混み合っているさま。

❹ 色を失う
→ おどろきやおそれで顔色が青ざめること。

❺ 木に竹をつぐ
→ 物事の前後のつじつまがあわず、話が通じなくなること。

❻ 子はかすがい
→ 夫婦仲が悪くても子どもへの愛情が夫婦の間をつなぎとめること。

❼ 言わぬが花
→ はっきりと口に出さないほうがよいということ。

❽ 馬が合う
→ おたがいに気がよく合うこと。

❾ 馬の耳に念仏
→ いくら忠告しても言うことを聞かないこと。

❿ 絵にかいたもち
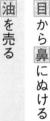
→ 実際には役に立たないこと。

⓫ お茶をにごす
→ その場を適当にごまかすこと。

⓬ 顔が売れる
→ 世間に広く知られるようになること。

⓭ けがの功名
→ 何気ない行動や失敗と思われたことが偶然よい結果をもたらす。

⓮ 舌がまわる
→ よくしゃべる。つまることなくうまく話す。

⓯ 腰を上げる
→ 決心が固まって新たな行動を起こすこと。

⓰ 目から鼻にぬける
→ かしこく、物事の判断などが早いこと。

⓱ 油を売る
→ 無駄話をして仕事をさぼったり、なまけたりすること。

⓲ 雲をつかむよう
→ ものごとがあいまいなようす。

⓳ 腹を割る
→ 本心を包みかくさず話すこと。

⓴ 音をあげる
→ 苦しさにたえられず弱音をはく。降参すること。

27 ゼッタイに約束を守る。（絶対　）

28 家で授業のフクシュウをする。（復習　）

29 お墓の前でお経をトナえる。（唱　）

30 海岸にシオが満ちてきた。（潮　）

31 無理をショウチでお願いする。（承知　）

32 畑をくわでタガヤした。（耕　）

33 長年の苦労がムクわれる。（報　）

34 無線LANナイゾウのパソコン。（内蔵　）

35 牧場で乳牛をカう。（飼　）

36 芭蕉の俳句をカンショウする。（鑑賞　）

37 今や彼女は劇団のカンバン女優だ。（看板　）

38 外国映画をジマクつきでみる。（字幕　）

39 水面からジョウキがあがる。（蒸気　）

40 新しいブショに配属された。（部署　）

41 いくつかのジレイをあげて説明した。（事例　）

42 賃金のカクサを是正する。（格差　）

43 工事はチャクジツに進んでいる。（着実　）

44 有名な絵画のフクセイを手に入れた。（複製　）

45 ふたりはタイショウ的な性格である。（対照　）

46 考え方がイチジルしく異なる。（著　）

47 新しいナイカクが誕生した。（内閣　）

48 モミジが色づく季節。（紅葉　）

49 出かけるシタクができた。（支度　）

50 私はギョカイ類が好きだ。（魚介（魚貝）　）

51 講演のナカばで席を立った。（半　）

52 文章では表現のチョウフクをさける。（重複　）

53 一所ケンメイに走ったが優勝を逃した。（懸命　）

54 センニュウカンを持たない。（先入観　）

55 コーチからのメイカクな指示で動く。（明確　）

56 チームの将来をニナう選手だ。（担　）

❶ 化石のシュウシュウと研究。（収集）

❷ イガイな事実が判明した。（意外）

❸ シュウカンシを買った。（週刊誌）

❹ 日の出のコウケイが美しい。（光景）

❺ ジョウシキのある行動をとろう。（常識）

❻ 勉強のセイカが発揮された。（成果）

❼ 昆虫サイシュウに出かける。（採集）

❽ 大掃除で窓をミガいた。（磨）

❾ 先生が家庭ホウモンに来られる。（訪問）

❿ 社会のキリツをしっかりと守る。（規律）

⓫ 問題の答えにケントウをつけた。（見当）

⓬ 店のリエキを上げる工夫をする。（利益）

⓭ 少年老い易く学ナりがたし。（成）

⓮ 先人のコウセキをたたえる。（功績）

⓯ 彼はボケツをほる行為をした。（墓穴）

⓰ 公衆のメンゼンで暴力を振るう。（面前）

⓱ 大きな音に思わずミガマえた。（身構）

⓲ 名優のオウネンの映画を見た。（往年）

⓳ SNSで情報がカクサンした。（拡散）

⓴ 異なる品種の枝をツぐ。（接）

㉑ シンコクな悩みを抱えている。（深刻）

㉒ 試合は日をノベて実施された。（延）

㉓ シュウトク物を届ける。（拾得）

㉔ 医者の不ヨウジョウ。（養生）

㉕ 爪に火をトモす生活を送る。（灯）

㉖ それは奇想テンガイのできごとだった。（天外）

合格への
アドバイス

❶ 同じ読みでもちがう漢字を使うことがある。使い分けをしっかりと覚えよう。

❷ 特別な読みの漢字を適切に使えるようにしよう。

㉗ 税金をオサめる。（　納　）

㉘ フンキして勉強に励む。（　奮起　）

㉙ その島のコユウ種を保護する。（　固有　）

㉚ 息抜きにコガイを散歩する。（　戸外　）

㉛ 友人の一人はとてもリコテキだ。（　利己的　）

㉜ 舞台の主役をコウタイさせられた。（　交代　）

㉝ 寸断された道路がフッキュウした。（　復旧　）

㉞ 気力をフルい立たせる。（　奮　）

㉟ もののフンベツをしっかりとつける。（　分別　）

㊱ 各地を旅行してケンブンを広める。（　見聞　）

㊲ 劇団のモンカセイとなる。（　門下生　）

㊳ 投票により提案のカヒを問う。（　可否　）

㊴ 人手が足りないので、カセイを求めた。（　加勢　）

㊵ 人情のキビに触れる話。（　機微　）

㊶ 弟のいたずらにはヘイコウした。（　閉口　）

㊷ 部下にサシズをする。（　指図　）

㊸ 主役がアラワれた。（　現　）

㊹ この薬はよくキく。（　効　）

㊺ 父は役場にツトめている。（　勤　）

㊻ 安全を考え、ゴエイをつける。（　護衛　）

㊼ 美しい風景の写真がトれた。（　撮　）

㊽ 急いで用事をスませた。（　済　）

㊾ センモン学校に通う。（　専門　）

㊿ 先生の指導はとてもキビしい。（　厳　）

51 山荘でエイキを養う。（　英気　）

52 前後のミャクラクのない話だ。（　脈絡　）

53 学校のショウコウグチで上履きをはく。（　昇降口　）

54 お坊さんが人の道をトく。（　説　）

55 飛行機をソウジュウする。（　操縦　）

56 妹は何かとモンクが多い。（　文句　）

❶ 街はずれの古いヤカタに住む。（館　）

❷ その決断はクジュウの選択だった。（苦渋　）

❸ 友人はタグいまれな頭脳の持ち主だ。（類　）

❹ 結婚式のシカイを頼まれる。（司会　）

❺ 試合はエンチョウ戦に入った。（延長　）

❻ 警察に行き、罪をコクハクした。（告白　）

❼ アンケートにカイトウする。（回答　）

❽ 大洪水のなかブジに救出された。（無事　）

❾ 長年のガンボウがかなった。（願望　）

❿ 夜空の星をカンソクした。（観測　）

⓫ あまりの忙しさにヒメイをあげる。（悲鳴　）

⓬ 外国でハカクの扱いを受ける。（破格　）

⓭ 遺跡のメンミツな調査がなされた。（綿密　）

⓮ 男女雇用のキカイ均等が図られた。（機会　）

⓯ 約束はケッして忘れない。（決　）

⓰ ヨウリョウよく作業する。（要領　）

⓱ 新しい生活様式がシントウする。（浸透　）

⓲ 大学院のシュウシ課程に進む。（修士　）

⓳ 新人作家の作品がゼッサンされた。（絶賛　）

⓴ 主君にチュウセイを誓う。（忠誠　）

㉑ 彼の身なりはヒンジャクだった。（貧弱　）

㉒ 温暖なキコウの土地。（気候　）

㉓ 海外旅行のキコウ文を出版した。（紀行　）

㉔ 彼の主張はシュウシ一貫している。（終始　）

㉕ カホウは寝て待て。（果報　）

㉖ コウイン矢のごとし。（光陰　）

㉗ 仮説を立証する。（りっしょう）

㉘ 野生動物が生息する熱帯雨林。（せいそく）

㉙ 芝生の雑草を抜いた。（しばふ）

㉚ 朝顔が芽生えた。（めば）

㉛ 両親と言葉を交わす。（か）

㉜ 作品に触らないでください。（さわ）

㉝ 強引に引っ張った打球はヒットだった。（ごういん）

㉞ レンガを垂直に積み上げた。（すいちょく）

㉟ このクイズは難しい。（むずか）

㊱ とても生きた心地がしない。（ここち）

㊲ 模造品にだまされた。（もぞう）

㊳ 母にマフラーを編んであげた。（あ）

㊴ 空が次第に曇ってきた。（しだい）

㊵ 養蚕が盛んな地域。（ようさん）

㊶ 失敗例は枚挙にいとまがない。（まいきょ）

㊷ 自分の尺度で判断しないこと。（しゃくど）

㊸ 人の考え方は千差万別だ。（ばんべつ）

㊹ 古都がすっかり俗化してしまった。（ぞっか）

㊺ 試合の前に思わず武者ぶるいした。（むしゃ）

㊻ 秋の夜長を読書で過ごす。（よなが）

㊼ 同窓会設立の発起人になった。（ほっきにん）

㊽ 太平洋の海原を航海する。（うなばら）

㊾ 店長に直談判をする。（だんぱん）

㊿ 父の最期をみとる。（さいご）

51 髪を落として仏門修行に入った。（しゅぎょう）

52 故郷の年老いた祖父に会いに行った。（としお）

53 主人公の心情を踏まえて読む。（ふ）

54 目測を誤って落球した。（もくそく）

55 もう弱気になるとは意気地がない。（いくじ）

56 冬至にはゆず風呂に入る。（とうじ）

220　2. 漢字の読み (2)

❶ 破竹の勢い。（ はちく ）

❷ 出題の意図がわかった。（ いと ）

❸ 夢がかなって有頂天になる。（ うちょうてん ）

❹ 礼儀作法を学ぶ。（ さほう ）

❺ 暑いので水浴びをした。（ あ ）

❻ 先生の車に便乗させてもらった。（ びんじょう ）

❼ 洗濯でニットのセーターが縮んだ。（ ちぢ ）

❽ 落語を学ぶために弟子入りした。（ でし ）

❾ 我が家は食堂を営んでいる。（ いとな ）

❿ 弓道場で弓を射た。（ い ）

⓫ 子犬が健やかに育つ。（ すこ ）

⓬ バイオリンで名曲を奏でた。（ かな ）

⓭ 素直な性格が好かれている。（ すなお ）

⓮ 政治家が全国を遊説する。（ ゆうぜい ）

⓯ 素早く危険を察知する。（ さっち ）

⓰ 神社で祝詞をあげてもらった。（ のりと ）

⓱ 現金を出納する。（ すいとう ）

⓲ 入試には自信をもって臨みたい。（ のぞ ）

⓳ 言葉の原義を調べる。（ げんぎ ）

⓴ どんな楽器でも弾きこなせる。（ ひ ）

㉑ 塩分を加減した。（ かげん ）

㉒ 世間の耳目を集める話題。（ じもく ）

㉓ 秋の花を愛でる。（ め ）

㉔ 新規事業に参入する。（ さんにゅう ）

㉕ めきめきと頭角を現してきた。（ とうかく ）

㉖ 医者を志す。（ こころざ ）

合格への アドバイス

❶ 音読みと訓読みを区別しよう。

❷ 送りがなのつけ方を意識して読もう。

❸ 熟語には特別な読み方をするものがあることをおさえよう。

㉗ 家を留守にする。（るす　）

㉘ お年寄りを敬う気持ちをもつ。（うやま　）

㉙ 選手としての第一線を退く。（しりぞ　）

㉚ 寒さが和らいできた。（やわ　）

㉛ パーティーの計画を練る。（ね　）

㉜ 仕事を快く引き受ける。（こころよ　）

㉝ 先生の言葉を胸に刻んで卒業した。（きざ　）

㉞ 年末に家族で帰省する。（きせい　）

㉟ 入試問題は易しかった。（やさ　）

㊱ お墓に花を供えた。（そな　）

㊲ 不思議な現象に出合った。（げんしょう　）

㊳ 家族の安否を気づかう。（あんぴ　）

㊴ 機械を自在に操る。（あやつ　）

㊵ キャプテンに就任した。（しゅうにん　）

㊶ 小言を並べる。（こごと　）

㊷ 争いを見事に裁く。（さば　）

㊸ 往来に人だかりができた。（おうらい　）

㊹ 重いかばんを提げる。（さ　）

㊺ 上背のある選手。（うわぜい　）

㊻ 踊りの所作を練習する。（しょさ　）

㊼ 試合は息詰まる熱戦になった。（づ　）

㊽ 最高の評価に値する。（あたい　）

㊾ 地味な選手だが貴重な戦力だ。（じみ　）

㊿ 参加者の点呼をとる。（てんこ　）

51 それは机上の空論だよ。（きじょう　）

52 徒党を組んで悪事を働く。（ととう　）

53 幕を垂らした。（た　）

54 本心を見抜かれた。（みぬ　）

55 算盤塾に通う。（そろばん　）

56 事故現場に花を手向けた。（たむ　）

❶ 判断を議長に委ねる。（ゆだ　）

❷ 神が宇宙を創造した。（そうぞう　）

❸ ファンの期待に応えたい。（こた　）

❹ 彼はチームの要だ。（かなめ　）

❺ 険しい山道を行く。（けわ　）

❻ すっかり秋の気配が感じられる。（けはい　）

❼ 無駄な時間を費やしてしまった。（つい　）

❽ やわらかな口調で話してくれた。（くちょう　）

❾ 昔を思い出して感傷にひたる。（かんしょう　）

❿ 直ちに出発しなさい。（ただ　）

⓫ 山の頂に立つ。（いただき　）

⓬ 著しい進歩がみられる。（いちじる　）

⓭ 気圧配置から天気を予測する。（よそく　）

⓮ 自分の姿を鏡に映す。（うつ　）

⓯ 暖かい日差しの下で食事をとる。（もと　）

⓰ 神社で守り札をもらった。（ふだ　）

⓱ 大きな宿命を負って生きる。（お　）

⓲ 近所の寺の境内を散歩する。（けいだい　）

⓳ 命運を分けた一戦だった。（めいうん　）

⓴ 多くの鳥が群れて飛んでいる。（む　）

㉑ 相手はけた外れの強さだった。（はず　）

㉒ 万葉集に傾倒する。（けいとう　）

㉓ ミカンがすっかり熟れてきた。（う　）

㉔ 早く早くと急かされた。（せ　）

㉕ 額に汗して働く。（ひたい　）

㉖ 席が空いたので座った。（あ　）

写真所蔵・提供・協力一覧（敬称略・五十音順）

王滝村／大島良／鎌倉市防災安全部総合防災課／気象庁／京都国立博物館／宮内庁
三の丸尚蔵館／宮内庁正倉院事務所／ColBase（https://colbase.nich.go.jp）／国土交
通省京浜河川事務所／国立国会図書館／慈照寺／島津理化／中宮寺／中尊寺／東京
大学史料編纂所／徳川美術館イメージアーカイブ／DNPartcom／長崎歴史文化博
物館／長谷川敏／ピクスタ／平等院／法隆寺／北海道観光連盟／美祢市歴史民俗資
料館／横浜開港資料館　ほか

本書に関する最新情報は，当社ホームページにある本書の「サポート情報」
をご覧ください。（開設していない場合もございます。）

中学入試 全科の総まとめ

編著者　総合学習指導研究会	発行所　**受験研究社**
発行者　岡本泰治	©株式会社 **増進堂・受験研究社**

〒550-0013　大阪市西区新町2−19−15

注文・不良品などについて：(06)6532-1581（代表）／本の内容について：(06)6532-1586（編集）